中国职业发展指南丛书

CHINA CAREER
DEVELOPMENT GUIDELINES

中国职业发展指南

·建筑建材职业卷·

中国职业发展指南丛书编委会　组织编写

中国人事出版社

图书在版编目（CIP）数据

中国职业发展指南．建筑建材职业卷 / 中国职业发展指南丛书编委会组织编写．-- 北京：中国人事出版社，2024. -- ISBN 978-7-5129-2080-4

Ⅰ．D669.2-62

中国国家版本馆 CIP 数据核字第 2024GK8837 号

中国人事出版社出版发行

（北京市惠新东街 1 号　邮政编码：100029）

*

北京利丰雅高长城印刷有限公司印刷装订　　新华书店经销

787 毫米 × 1092 毫米　16 开本　22.25 印张　331 千字

2024 年 11 月第 1 版　　2024 年 11 月第 1 次印刷

定价：98.00 元

营销中心电话：400-606-6496

出版社网址：https://www.class.com.cn

中国职业发展指南丛书专家委员会

《中国职业发展指南·建筑建材职业卷》编委会

前言

近年来，我国职业发展教育和就业创业指导方兴未艾、成效显著。目前全国各省区市普遍设立了学生职业体验中心，对学生进行职业引导、职业认知、职业规划和职业发展教育。从就业服务情况看，在全国公共就业服务机构和人力资源服务机构中，职业指导师、创业指导师专业化程度越来越高，在促进劳动者高质量就业方面的作用越发凸显。我国职业发展教育和就业创业指导工作起步较晚，特别是有关国家职业分类体系和职业类型的图书品种不多，社会迫切需要一套解读权威、系统地介绍我国职业结构和职业类型的参考书籍。

中国职业发展指南丛书（以下简称《指南》）是对《中华人民共和国职业分类大典（2022年版）》（以下简称《大典》）的再创作、科普化，总体遵循《大典》分类原则及其基本的职业信息描述，通过信息补充采集、整理、挖掘，进一步丰富有关劳动者职业角色特征和劳动力市场特征的职业信息；重点选取社会关切度较高的新职业、数字职业、绿色职业以及社会急需紧缺的职业，创新《大典》有关大类、中类、小类归类办法，以职业族或职业簇为依据对所解读的职业重新归类，以专业视角、平实语言、生动多元化形式创作就业人员和学生读得懂、用得上、有感知的《大典》科普版。

《指南》聚焦高质量发展和国家重大战略需求，系统解读我国职业结构变迁过程中涌现的新职业，数字职业，绿色职业以及因技术进步、职业活动内容已发生重大调整的社会急需紧缺职业。《指南》近期出版6卷，分别为《中国职业发展指南·新职业卷Ⅰ》（此卷已于2022年10月出版）、《中国职业发展指南·新职业卷Ⅱ》、《中国职业发展指南·数字职业卷》、《中国职业发展指南·绿色职业卷》、《中国职业发展指南·建筑建材职业卷》、《中国职业发展指南·人力资源和商务职业卷》。各卷选取若干代表性职业，各职业均从十个方面进行研究描述，即职业情景（职业的一天）、职业定义概况、主要工作职责、薪酬福利待遇、知识技能要求、专业教育现状、就业创业信息、职业贯通发展、职业发展前景及职业发展政策支持等，使劳动者和学生能够快速、系统地了解该职业基本概况。

《指南》收录的职业涉及制造业，建筑业，信息传输、计算机服务和软件业，交通运输、仓储及邮政业，农业，金融业，租赁和商务服务业，卫生健康、社会保障和社会福利业等领域。其功能主要表现在指导院校学生进行职业规划和就业分析，使其对所学专业及意向发展的就业领域拥有基础认知，利于更合理地规划个人职业发展方向；为现有从业人员在转岗、换岗及晋升的过程中提供新职业知识技能支持，便于其了解相邻、相近职业情况，有助于顺利实现工作角色转换；为退役军人群体、待业人员、失业人员等提供职业知识技能的学习参考，使其了解职业和行业领域的发展前景，有益于确定目标职业及发展方向；为院校、企业里从事就业、创业指导规划的人员提供有关职业的政策指引和信息参考；也可作为人力资源管理和服务专业人员的业务指导工具书。

《指南》专家委员会及编委会由中国人事科学研究院、中国劳动和社会保障科学研究院、中联研究院、《大典》修订专家委员会等机构的有关专家共同组成，编者来自行业协会、高等职业院校、科研院所等各企事业单位。特别感谢中联企业管理集团有限公司、北京东方雨虹防水技术股份有限公司、北京市顺义区东方雨虹职业技能培训学校、北京智训通教育科技有限公司、深圳市学到在线教育科技有限公司在本卷编写过程中给予的大力支持。作为该领域开创性的研究探索，编写过程及结果难免存在认识不全面、理解不深刻、表述不规范等问题，恳请广大读者不吝批评指正，使《指南》在体系、内容、时效及实用性方面不断提高与完善。

编委会

2024 年 5 月

目录

建筑和市政设计工程技术人员 L①

职业编码：2-02-18-01

人民对美好生活的向往，就是我们的奋斗目标，这是习近平总书记在十八届中共中央政治局常委同中外记者见面时作出的庄严宣示。建筑和市政设计工程技术人员，是人力资源社会保障部公布的一种职业，从事城市规划设计，创建美好的城市，让人们享受城市的美好。建筑和市政设计工程技术人员负责建筑与市政工程的研究、设计、规划、施工等工作，确保项目能够按照相关标准和规范顺利完成。

一、建筑和市政设计工程技术人员的一天

记录时间：2023 年 8 月 18 日 **记录人：黄某彬**

上午工作情况

8 点 30 分至 10 点：

1. 与项目经理和施工团队开会，了解施工进展和解决问题。（班前会商）

2. 与客户讨论设计需求和要求，提供专业建议和解决方案。（工作商洽）

3. 开始进行建筑和市政工程的设计方案编制，考虑建筑结构、材料、排水系统、道路布局等方面。（方案设计）

4. 分析和评估设计方案的可行性和效果，提出优化建议和改进措施。（方案研讨）

①《中华人民共和国职业分类大典（2022 年版）》中，将具有环保、低碳、循环特征的职业标识为 L；将数字职业标识为 S。

10 点至 12 点：

1. 与相关设计团队成员进行协作和讨论，共同完善设计方案（如图 2-02-18-01-01 所示）。（方案优化）

图 2-02-18-01-01　与设计团队成员讨论设计方案

2. 使用计算机辅助设计软件，进行建筑和市政工程的图纸绘制和修改。（方案绘制）

3. 进行室内和室外照明设计，考虑照明效果和能源消耗等因素。（细部设计）

4. 调研和评估建筑材料市场，选择最合适的材料供应商。（材料调研）

5. 评估设计方案的成本和预算，并进行成本控制。（成本核算）

6. 参与技术会议和项目讨论，提供专业意见和建议。（技术磋商）

下午工作情况

14 点至 16 点 30 分：

1. 前往工地现场检查施工进展和质量，与施工人员沟通协调，解决问题。（现场沟通）

2. 与监理人员和政府部门相关人员进行沟通，确保工程符合相关法规和标准。（合规确认）

3. 参与现场会议，讨论施工进度和质量控制措施，提供专业建议和指导。（施工服务）

4. 进行现场测量和勘察，确保设计方案的准确性和可行性。（现场踏勘）

5. 调查和评估土地和环境状况，为工程设计提供参考和建议。（环境调查）

6. 参与项目管理，制定项目计划和安排进度，监督工程进度和质量（如图 2-02-18-01-02 所示）。（项目管理）

图 2-02-18-01-02 在工地现场监督工程进度

16 点 30 分至 18 点：

1. 解决工程中的技术问题和困难，调整设计方案和施工计划。（技术支撑）

2. 编制工程报告和文档，提交给相关部门和客户，记录工程进程和成果。（资料编制）

3. 进行工程质量检查和验收，确保工程质量符合标准和要求。（质量检验）

4. 参与专业培训和学习，不断提高自身技术能力和提升知识水平。（学习进修）

二、什么是建筑和市政设计工程技术人员

职业定义。建筑和市政设计工程技术人员是从事建筑物、构筑物和市政工程设计，工程项目管理、咨询及技术服务的工程技术人员。

定义解读。建筑和市政设计工程技术人员是指在建筑与市政工程领域从事设计、绘图、项目管理、技术咨询等工作的专业人员。他们负责参与、协助或独立完成各类建筑与市政工程的设计与施工图，为工程的顺利进行提供技术咨询和支持，确保工程的质量和进度。建筑和市政设计工程技术人员工作范围广泛，涉及城市规划、住宅建筑、商业建筑、公共建筑、公路桥梁、道路交通、给水排水、环境保护等各个领域。

关联职业。根据《中华人民共和国职业分类大典（2022 年版）》，建筑和市政设计工程技术人员的关联专业技术人员主要包括：土木建筑工程技术人员、风景园林工程技术人员、供水排水工程技术人员、工程勘察与岩土工程技术人员、城镇燃气与供热工程技术人员、环境卫生工程技术人员、道路与桥隧工程技术人员、港口与航道工程技术人员、民航机场工程技术人员、铁路建筑工程技术人员、水利水电建筑工程技术人员等。

相应岗位。建筑和市政设计工程技术人员对应的具体岗位包括但不限于：建筑设计师、结构工程师、给排水工程师、电气工程师、暖通工程师、全过程咨询师、园林景观设计师、城市规划师、市政工程师、施工工程师、建筑管理工程师、BIM 工程师、项目经理、工程监理、设备工程师、建筑材料工程师、建筑绘图员、建筑工程预算员等岗位。

三、建筑和市政设计工程技术人员的主要工作职责

1. 研究、设计建筑和市政工程项目布局、风格、规模、功能，准备材料、造价和工期资料。具体职责包括：收集工程项目环境、地质、水文等技术资料，进行文件的质量把关，充分了解业主的需求及合同条件，分析项目的控制因素，初步确定项目方案。

2. 参与制定工程设计的设计任务书，明确设计要求。具体职责包括：明确工作范围，包括图纸表述、详细设计、说明和其他文件交付、提交方法等；还要求

说明计划的工作量、制作的文档质量需求。

3. 跟进本专业方案设计、初步设计及施工图设计。具体职责包括：在项目开启阶段进行设计项目策划，在重要节点进行会议沟通，严格按照设计进度，在中间节点进行中期审查，最后进行图纸会签等工作。

4. 对专业的设计质量负责，确保设计成果质量符合要求。具体职责包括：审核本专业各阶段设计成果，负责项目文件、资料的收集整理，做好文件资料及变更设计文件归档。

5. 协调管理所属专业与相关专业的设计工作。具体职责包括：对涉及多个专业之间协调配合的工作，有机调动不同专业人员探讨同一项目，提高图纸设计质量、减少设计问题、减少设计变更。

6. 进行设计技术交底，提供建筑和市政工程项目建设过程的设计技术服务。具体职责包括：做好与施工单位、监理单位及业主的技术交底工作，把握工程设计意图，解释设计文件。

7. 处理现场发生的本专业技术问题。具体职责包括：做好施工现场设计后续服务工作，及时处理施工过程中的相关设计问题，根据现场情况出具变更文件。

8. 提供建筑和市政工程项目策划、规划、立项等技术咨询服务。具体职责包括：编写投资项目可行性研究报告、项目建议书、项目申请报告、资金申请报告，规划咨询，评估咨询等。

四、建筑和市政设计工程技术人员的薪酬福利待遇

平均薪酬水平。建筑和市政设计工程技术人员的薪酬福利待遇情况因地区和公司而异，相对来说，大城市的建筑和市政设计工程技术人员薪酬较高，福利待遇较好，但除薪酬外，福利待遇通常都会包括五险一金、补贴、带薪年假等。一般来说，建筑和市政设计工程技术人员的基础薪酬为 6000~8000 元 / 月，中级技术人员的薪酬可达到 10000~15000 元 / 月，高级技术人员的薪酬超过 20000 元 / 月。此外，一些大型企业还会提供年终奖金、员工福利和培训机会等额外福利。

与类似职业对比。与其他类似职业相比，建筑和市政设计工程技术人员的薪酬水平较为稳定。与建筑设计师、土木工程师等类似职业相比，建筑和市政设计

工程技术人员的薪酬水平相对较低，但也较为稳定。与施工工程师、市政工程师等类似职业相比，建筑和市政设计工程技术人员的薪酬水平相对较高。具体见表 2-02-18-01-01。

表 2-02-18-01-01　类似职业薪酬水平

职业名称	薪酬水平（元/月）
建筑和市政设计工程技术人员	6000~20000
建筑设计师	8000~30000
土木工程师	8000~25000
施工工程师	4000~15000
市政工程师	5000~18000

五、从事建筑和市政设计工程技术人员工作需要哪些本领

建筑和市政设计工程技术人员需具备的知识和技能见表 2-02-18-01-02。

表 2-02-18-01-02　建筑和市政设计工程技术人员需具备的知识和技能

职业功能	工作内容	知识和技能要求
项目调研	需求确认	确认项目布局、风格、规模、功能、造价和工期、合同条件、控制因素等。要求具备良好的沟通能力
	环境调查	收集工程项目环境、地质、水文等技术资料。要求具备良好的数据收集、归纳、处理、分析能力
	报告编制	编制投资项目可行性研究报告、项目建议书、项目申请报告、资金申请报告、规划咨询、评估咨询等
项目设计	绘图建模	熟悉 CAD、天正、鸿业、BIM 等制图、建模、效果图渲染、虚拟仿真等行业软件。使用计算机相关设计软件，进行建筑和市政工程的图纸绘制和修改
	评估造价预算	熟悉广联达等造价软件，能评估成本和预算，并进行成本控制

续表

职业功能	工作内容	知识和技能要求
项目设计	明确设计任务	明确工作范围，包括图纸表述、详细设计、说明和其他文件交付、文件格式及其提交方法等；还要求说明计划的工作量、制作的文档质量需求
	现场踏勘	进行现场测量和勘察，确保设计方案的准确性和可行性
	方案设计	在项目开启阶段进行设计策划，在重要节点进行会议沟通，严格按照设计进度，在中间节点进行中期审查，最后进行图纸会签等工作。充分考虑建筑结构、材料、排水系统、道路布局等
	细部设计	进行室内和室外照明设计，考虑照明效果和能源消耗等因素
	材料选定	调研建筑材料市场，选择最适合的材料供应商
	文件归档	审核本专业各阶段设计方案，负责项目文件、资料的收集整理，做好文件、资料及变更设计文件的归档
项目磋商	项目商洽	与客户讨论设计需求和要求，提供专业建议和解决方案
	方案优化	与相关设计团队成员进行协作和讨论，共同完善设计方案
	技术磋商	参与技术会议和项目讨论，提供专业意见和建议
	合规确认	与监理人员和政府部门进行沟通，确保工程符合相关法规和标准
项目交底	技术交底	做好与施工单位、监理单位及业主的技术交底工作，贯彻工程设计意图，解释设计文件
	施工服务	参与现场会议，讨论施工进度和质量控制措施，提供专业建议和指导，及时处理施工过程中的相关设计问题，根据现场情况出具变更文件

续表

职业功能	工作内容	知识和技能要求
项目检验	技术支持	解决工程中的技术问题和困难，调整设计方案和施工计划
	质量检验	进行工程质量检查和验收，确保工程质量符合标准和要求
项目编制	项目培训	能制订培训体系与计划，编写讲义并对相关人员开展知识、计划、管理方法培训
	技术指导	能够独立指导相关人员开展有关工作
	资料编汇	编制工程报告和文档，提交相关部门和客户，记录工程进程和成果
业务提升	学习进修	参与专业培训和学习，不断提升自身技术能力和知识水平

六、建筑和市政设计工程技术人员的专业教育现状

（一）相关专业

在中国，建筑与市政工程类专业都属于工科专业，各普通本科院校和职业学院都设有相关专业，主要有建筑学、土木工程、市政工程、交通工程等，并开设相关课程和实践教学，培养学生的专业知识和技能。院校开设的相关专业主要包括以下几个方向：建筑学，涉及建筑设计理论、建筑结构、建筑材料等；市政工程，涉及城市规划、市政道路、市政给排水和交通工程等；土木工程，涉及土木结构设计、地基工程、桥梁工程、建筑内外给排水系统设计和施工等；建筑电气工程技术，涉及建筑电气系统设计和施工；工程管理，涉及建筑施工管理和工程项目管理等；建筑材料工程技术，涉及建筑材料性能和应用，以及建筑工程施工技术等。

（二）开设相关专业的院校（排名不分先后）

★ 相关院校：清华大学、同济大学、中国建筑科学研究院、北京建筑大学、哈尔滨工业大学、西南交通大学、华中科技大学、南京大学、华南理工大学、长沙理工大学、重庆大学、吉林建筑大学等。

◆ 相关院校：上海城建职业学院、广州城市职业学院、成都农业科技职业学院、重庆工贸职业技术学院、河北建筑职业技术学院、湖南工程职业技术学院、浙江建设职业技术学院、广东建设职业技术学院、深圳职业技术大学等。

七、建筑和市政设计工程技术人员的就业创业信息

建筑和市政设计工程技术人员是建筑行业中不可或缺的人才，他们负责各种建筑与市政工程的设计、规划、施工等工作。随着中国城市化进程的加快和建筑业的快速发展，建筑和市政设计工程技术人员的就业前景十分广阔。

按区域看，就业需求情况主要为：

1. 华北地区：作为中国经济的核心地区，华北地区的城市化进程迅速，建筑产业也蓬勃发展。北京、天津、河北等地对建筑和市政设计工程技术人员需求量大，就业机会较为丰富。

2. 东北地区：东北地区的建筑业发展相对滞后，但随着政府对东北地区的振兴计划，建筑和市政设计工程技术人员的需求量也在逐渐增加。辽宁、吉林等地的建筑业就业机会逐渐增多。

3. 华东地区：作为中国经济最发达的地区之一，华东地区的建筑业规模巨大，建筑和市政设计工程技术人员的需求量也很大。上海、江苏、浙江等地的建筑业就业机会较为丰富。

4. 中南地区：中南地区的建筑业也有较好的发展，特别是广东等沿海地区对建筑和市政设计工程技术人员需求量较大。

5. 西南地区：西南地区的建筑业也在快速发展，重庆、四川等地的建筑和市政设计工程技术人员需求量逐渐增加。

按代表城市看，就业需求情况主要为：北京、上海、广州和深圳需求量大，南京、杭州和青岛需求量较大，成都、武汉和重庆需求量逐渐增加。

从各个行业看，就业需求情况主要为：

1. 建筑设计机构：各大规模的建筑设计机构是建筑和市政设计工程技术人员的主要就业单位，如中国建筑设计院、中国建筑设计研究院等。

2. 市政工程公司：市政工程的发展也为建筑和市政设计工程技术人员提供了就业机会，如北京市市政工程研究院等。

3. 建筑施工企业：建筑施工企业也需要建筑和市政设计工程技术人员进行施工图纸的编制和工程进度的监督。

注：以上机构信息仅供参考，不代表编写出版方对其推荐或认可。

八、建筑和市政设计工程技术人员的职业贯通发展

建筑和市政设计工程技术人员可以在工程设计、施工管理、项目管理等方面有所发展。通过积累项目经验和专业知识，他们可以晋升为高级设计师、项目经理、技术总监等职位。同时，他们也可以选择进修研究生或相关的专业学位，提升自己的学术背景和专业能力。

从具体职业岗位晋升看，晋升考虑的主要方面有学历和学术背景、工作经验、技术能力、管理能力等。建筑和市政设计工程技术人员的职业发展路径通常可以分为以下几个阶段：

1. 初级工程师：从事建筑与市政设计工程技术相关工作的初级职位。主要负责工程设计、图纸绘制、项目调查等基础工作。

2. 中级工程师：具备一定工作经验和专业技能的职位。在项目设计中担任技术负责人，负责项目的整体设计和管理。

3. 高级工程师：比中级工程师具备更高的专业知识和更丰富的工作经验。在建筑与市政工程设计领域有较高的技术水平和管理能力。

4. 技术负责人 / 项目经理：负责项目的整体规划、设计、施工和管理等工作。需要具备较高的技术能力和项目管理能力。

5. 部门负责人 / 设计院院长 / 工程总监：在设计院或建筑公司等单位担任管理职位，负责组织和管理团队，制定公司发展战略和项目计划。

建筑和市政设计工程技术人员的职业贯通发展如图 2-02-18-01-03 所示。

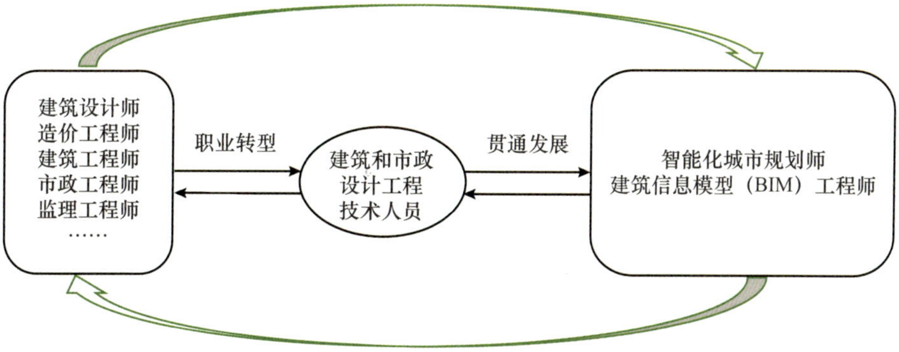

图 2-02-18-01-03 建筑和市政设计工程技术人员的职业贯通发展

九、建筑和市政设计工程技术人员的发展前景

从市场供需看。随着人们对于生活环境和城市基础设施质量及对建筑质量和环境友好性要求的提高，以及城市人口数量增长、城市化进程加快、城市更新加速，建筑与市政基础设施建设需求呈现持续增加、不断增长的趋势。建筑和市政设计工程技术人员在城市规划、土木工程、建筑设计等领域中发挥着重要作用，就业机会很大。特别是在二、三线城市快速发展和新型城镇化建设过程中，对建筑和市政设计工程技术人员的需求更为旺盛。同时，随着科技的进步和工程技术的发展，建筑和市政设计工程技术人员将面临更多的机遇和挑战，具备较高技术水平和丰富实践经验的人员将更有竞争力。

从产业发展看。新兴领域的发展，如绿色建筑、智能建筑以及可持续城市发展，也为建筑和市政设计工程技术人员提供了更多的发展机遇。随着科技的进步和传统工程技术的不断创新，建筑和市政设计工程技术人员需要不断学习和更新知识，掌握新技术和新材料，以应对复杂多变的项目需求。例如，BIM 的应用已经成为建筑设计的重要工具，能够提高设计效率和质量，因此对 BIM 的熟练掌握成为建筑和市政设计工程技术人员的必备能力。此外，随着智慧城市和可持续城市发展概念的兴起，建筑和市政设计工程技术人员在绿色建筑、智能化城市规划等领域也有着广阔的发展空间。例如，绿色建筑的设计将注重能源效益、环境友好和人类健康，需要建筑和市政设计工程技术人员深入了解绿色建筑相关的技术和标准。

从政策红利看。政府对于基础设施建设一贯重视，提供了一系列的政策支持，鼓励和支持城市化建设，城市更新、交通基础设施建设等，为建筑和市政设计工程技术人员创造了广阔的市场。此外，政府还加强了对于环境保护和绿色建筑的要求，这对建筑和市政设计工程技术人员来说也是一个挑战。同时，政府的政策支持对建筑和市政设计工程技术人员的职业发展也起到积极的推动作用。

十、相关内容链接

国家职业标准：暂缺。

相关政策文件：见表 2-02-18-01-03。

表 2-02-18-01-03　建筑和市政设计工程技术人员相关政策文件

发布或通过时间	发布或通过机构	文件名称
2019 年 4 月	全国人民代表大会常务委员会	《中华人民共和国城乡规划法》

供稿：广东开放大学（广东理工职业学院）张博

土木建筑工程技术人员

职业编码：2-02-18-02

人民生活离不开“衣、食、住、行”。“衣”需要修建厂房进行纺纱、织布、制衣；“食”需要筑渠灌溉、修筑粮仓、建食品加工厂房；“住”需要建设广厦千万间；“行”需要修建铁路、公路、隧道、机场、码头等，这些都是土木建筑工程的一部分。由此可见国民经济的各行各业都离不开土木建筑工程所提供的基础设施。如何保证建筑材料选用符合设计要求，如何制订施工技术方案开展分部工程施工，如何组织施工以保障建设项目如期完工，如何控制建筑工程的成本，如何保证施工安全，如何保证工程质量，这是土木建筑工程技术人员的职责所在。

一、土木建筑工程技术人员的一天

记录时间：2023 年 8 月 24 日　　记录人：张某瑞

上午工作情况

6 点至 11 点：（为了避开中午炎热时段，工人开工比较早）

1. 在施工现场，给工人开晨会，进行当天各工种施工交底和安全注意事项提醒。（安全教育）

2. 在项目部会议室开项目管理晨会，进行前一天工作总结和制定当天专项施工方案。（评价与方案制定）

3. 携带全站仪，指导放线员到 1# 楼 11 层进行施工放线，确定结构构件的定位。（施工放线）

4. 安排检测刚运来的钢筋的材料性质和混凝土的强度等级并记录上报。

（材料检验）

5. 到2#楼指导垂直运输、人员安排和材料堆放。（人材机管理）

6. 巡视各分项工程，对照图纸进行钢筋、构件尺寸等信息核对。（巡检）

11点至12点：

1. 返回项目部，在管理平台上传现场施工照片并填写工作记录。（档案更新）

2. 查看施工方案，确定管辖的其他楼的施工进度，做下午的工作计划。（方案制订）

下午工作情况

15点至18点：（避开天气最热的时段）

1. 巡检3#楼的模板工程情况，并解决现场的技术问题。（施工指导）

2. 巡检5#楼时发现施工流水与施工方案不符，叫停并及时整改。（施工指导）

3. 迎接甲方领导检查，组织接待工作。（工作接待）

4. 回到1#楼督促施工进度，保证晚上计划浇筑的工作面按时完工，如图2-02-18-02-01所示。（进度控制）

18点至20点：

1. 邀请监理对浇筑工作面进行验收，针对提出的问题督促工人整改。（质量管理）

2. 写工作记录，整理隐蔽验收的资料，随时电话沟通施工现场。（资料整理）

晚上工作情况

20点至次日6点：（浇筑混凝土时，会有夜班）

1. 邀请监理对浇筑工作面进行二次验收，对接搅拌站，确保混凝土供应，组织混凝土工上工。（施工控制与管理）

2. 浇筑混凝土，现场技术指导，确保施工安全和工程质量。（施工管理）

图 2-02-18-02-01　督促施工进度

二、什么是土木建筑工程技术人员

职业定义。土木建筑工程技术人员是从事工业与民用建筑、市政基础设施等建造施工、监督管理的工程技术人员。

定义解读。土木建筑工程技术人员是负责建筑工程施工过程中的技术指导和技术管理工作的专业人员，负责施工图的解读和分析，制定施工方案和施工工艺，并组织施工过程中的技术指导和现场管理工作。技术管理是指负责制定施工计划和施工方案，并确保施工过程中符合相关法律法规和标准；还需要协调各个专业部门，解决技术难题，确保施工进度和质量。资源管理是指对材料、设备和人力资源进行有效的管理，确保施工所需资源的供应和利用充分，并控制成本。施工现场管理是指监督施工现场的安全管理，确保操作人员遵守安全规范并采取措施预防事故发生，协调各个专业部门之间的配合，解决现场问题。质量控制是指检查和评估施工过程中的质量问题，提出改进意见，确保项目达到设计要求。技术支持是指在施工过程中，针对技术难题或变更请求时提供技术支持和解决方案，确保施工顺利进行。

关联职业。密切相关的职业有监理工程师、建筑设计师、结构工程师、建筑设备工程师、建筑质量检验员等。监理工程师负责对施工现场进行监督和管理，确保施工过程符合设计要求和规范要求。建筑设计师负责进行建筑设计和方案制定，与工程技术人员密切协作，确保设计和施工方案的可行性。结构工程师负责进行建筑结构计算和设计，与工程技术人员密切协作，确保结构的稳定性和安全性。建筑设备工程师负责建筑设备的选型、安装和调试，与工程技术人员密切协作，确保设备的正常运行和施工进度。建筑质量检验员负责对施工过程中的质量进行检测和评估，与工程技术人员密切协作，确保施工质量符合标准和规范要求。以上是土木建筑工程技术人员常见的密切关联职业，他们共同合作，确保建筑工程的顺利进行并保证工程质量。

相应岗位。施工员、造价员、质量员、资料员、材料员、安全员、预算员、建筑信息模型技术员等。

三、土木建筑工程技术人员的主要工作职责

1. 编制建设项目任务书、标书，组织工程招投标活动。
2. 编制和管理工程量清单、概算、预算和结算。
3. 按照施工组织设计和施工图纸，制定施工工艺和施工方案。
4. 验收工程材料、设备，组织指导检验检测工程施工原材料、成品、半成品。
5. 报告工程进度和质量情况，与相关部门进行沟通和协调。
6. 负责施工现场的管理和协调，进行施工进度和质量的控制。
7. 组织施工班组进行工程施工，指导施工人员进行施工作业。
8. 编制安全文明施工专项方案，负责施工现场的安全管理，确保施工过程中的安全生产。
9. 定期检查施工现场的工程质量，及时发现和解决质量问题。
10. 协助施工项目经理进行施工合同的签订和履行。
11. 参加施工现场的技术交底和工作会议，协助解决技术问题。

12. 收集整理工程施工技术资料，做好施工现场的文档管理和档案整理工作。

13. 参与施工现场的安全、质量和技术培训，提高专业水平。

四、土木建筑工程技术人员的薪酬福利待遇

平均薪酬水平。土木建筑工程技术人员的工资水平通常较高。根据个人的职位等级和工作经验，薪酬有所差异。一般而言，经验丰富的高级技术人员薪酬较高，而初级技术人员薪酬较低。此外，工作地区和公司规模也会对薪酬产生影响。以下是不同城市土木建筑工程技术人员平均薪酬举例：北京该职业的平均薪酬为15000~20000 元 / 月，上海平均薪酬为 12000~18000 元 / 月，广州平均薪酬为10000~15000 元 / 月，武汉平均薪酬为 8000~12000 元 / 月。

与类似职业对比。据职友集网 2021 年数据显示，中级监理工程师、中级建筑设计师、中级结构工程师、中级建筑设备工程师的薪酬一般要高于中级土木建筑工程技术人员的薪酬，中级建筑质量检验员的薪酬要低于中级土木建筑工程技术人员的薪酬，具体见表 2-02-18-02-01。

表 2-02-18-02-01　类似职业薪酬水平

职业名称（中级）	薪酬水平（元 / 月）
监理工程师	15000~25000
建筑设计师	10000~20000
结构工程师	12000~20000
建筑设备工程师	10000~18000
建筑质量检验员	5000~8000

五、从事土木建筑工程技术人员工作需要哪些本领

该职业从业人员需具备的知识和技能有：工程建设相关法律法规、施工组织策划和管理、施工工艺和施工技术、施工进度成本控制、工程质量和质量检验、安全生产和环境保护、工程材料和材料试验、工程测量和测量仪器使用等知识。核心技能是组织、沟通、协调、控制与管理。

根据《建筑与市政工程施工现场专业人员职业标准》，土木建筑工程技术人员需具备的知识和技能见表 2-02-18-02-02。

表 2-02-18-02-02　土木建筑工程技术人员需具备的知识和技能

职业功能	工作内容	专业技能
施工组织策划	施工方案制定	能参与编制施工组织设计和专项施工方案
	质量计划准备	能参与编制施工项目质量计划
	项目安全策划	能参与编制项目安全生产管理计划；能参与编制安全事故应急救援预案
	标准实施计划	能组织确定工程项目应执行的工程建设标准及强制性条文；能参与制定工程建设标准贯彻落实的计划方案
	材料管理计划	能参与编制材料、设备配置计划及管理制度
施工技术管理	工程图纸识读	能识读施工图和其他工程设计、施工等文件；能编写技术交底文件，并实施技术交底
	仪器设备使用	能正确使用测量仪器，进行施工测量
施工进度成本控制	施工进度控制	能正确划分施工区段，合理确定施工顺序；能进行资源平衡计算，参与编制施工进度计划及资源需求计划，控制调整计划
	工程成本控制	能进行工程量计算及初步的工程计价
质量安全环境管理	工程质量控制	能确定施工质量控制点，参与编制质量控制文件、实施质量交底
	质量问题处理	能识别质量缺陷，并进行分析和处理；能参与调查、分析质量事故，提出处理意见
	工程质量测评	能评价材料、设备质量；能判断施工试验结果；能进行工程质量检查、验收、评定
	环境安全管理	能组织实施项目作业人员的安全教育培训；能识别施工现场危险源，并对安全隐患和违章作业进行处置；能参与项目文明工地、绿色施工管理
	安全事故处理	能参与安全事故的救援处理、调查分析

续表

职业功能	工作内容	专业技能
施工信息资料管理	工程技术资料管理	能记录施工情况，编制相关工程技术资料；能利用专业软件对工程信息资料进行处理
	资料汇总与移交	能汇总、整理、移交质量、安全、材料和机械设备等资料

六、土木建筑工程技术人员的专业教育现状

（一）相关专业

目前已有较多院校开设了与该职业相关的专业，涉及普通本科院校、高职院校、中职学校等。普通本科院校专业有土木工程、建筑学、给排水科学与工程、工程管理、工程造价、道路桥梁与渡河工程等。高职院校专业有智慧城市管理技术、建筑工程技术、装配式建筑工程技术、建筑钢结构工程技术、智能建造技术、地下与隧道工程技术、土木工程检测技术、建筑智能化工程技术、工程造价、建设工程管理、建设工程监理、市政工程技术、城乡规划等。中职学校专业有建筑工程检测、装配式建筑施工、建筑智能化设备安装与运维、建筑工程造价、建设项目材料管理、建筑水电设备安装与运维、古建筑修缮等。

（二）开设相关专业的院校（排名不分先后）

★ 相关院校：清华大学、北京工业大学、同济大学、上海交通大学、南京理工大学、浙江大学、中南大学、西安建筑科技大学、重庆大学、哈尔滨工业大学等。

◆ 相关院校：湖北城市建设职业技术学院、上海城建职业学院、辽宁建筑职业学院、浙江建设职业技术学院、宁波职业技术学院、山西工程科技职业大学、四川建筑职业技术学院、黑龙江建筑职业技术学院、长江职业学院、武汉工程职业技术学院等。

七、土木建筑工程技术人员的就业创业信息

土木建筑工程技术人员可以就业的单位有：建筑施工企业、监理单位、建筑咨询公司、建筑材料供应公司、建筑项目管理公司、建筑评估公司、房地产开发公司、城市规划和建设管理部门、教育和研究机构等。

1. 建筑施工企业：中国建筑集团有限公司、中国交通建设集团有限公司、中国铁建股份有限公司、中国水利水电建设集团有限公司、中国冶金建设集团公司、中国电力建设集团有限公司、中国中化控股有限责任公司、中国石油工程建设有限公司、中国化学工程集团有限公司、中国船舶重工集团有限公司等。

2. 房地产开发公司：万科企业股份有限公司、保利发展控股集团股份有限公司、绿地集团、华润置地有限公司、融创中国控股有限公司、中国金茂（集团）股份有限公司、海航集团有限公司、绿城中国控股有限公司等。

注：以上机构信息仅供参考，不代表编写出版方对其推荐或认可。

八、土木建筑工程技术人员的职业贯通发展

该职业发展路径主要有四条：

1. 专业技术路线，在建筑工程技术领域深耕细作，通过不断学习和积累经验，提升自己的专业技术能力，可以逐步晋升为高级工程师、主任工程师等职位，成为该专业领域的专家。

2. 管理路线，通过学习和实践，提升自己的管理能力，逐步从技术工作转向管理工作，可以晋升为施工经理、项目经理等职位，负责项目的组织和协调工作。

3. 教育科研路线，对教学和科研有兴趣的人员，可以选择进入高校或研究机构从事教学和科研工作，可以担任教授、研究员等职位，培养后继人才并进行学术研究。

4. 创业路线，有一定经验和创业意识的人员可以选择创业，成立自己的施工公司或工程咨询公司，从事工程项目的承接和管理，可以通过自主创新和拓展市场，实现个人的事业发展。这些职业发展路径并不是互相排斥的，可以根据个人的兴趣、能力和机遇进行选择和转变。同时不断学习和进修也是职业发展的关键，

通过学习新技术和理论知识，保持行业竞争力。

土木建筑工程技术人员的职业贯通发展如图 2-02-18-02-02 所示。

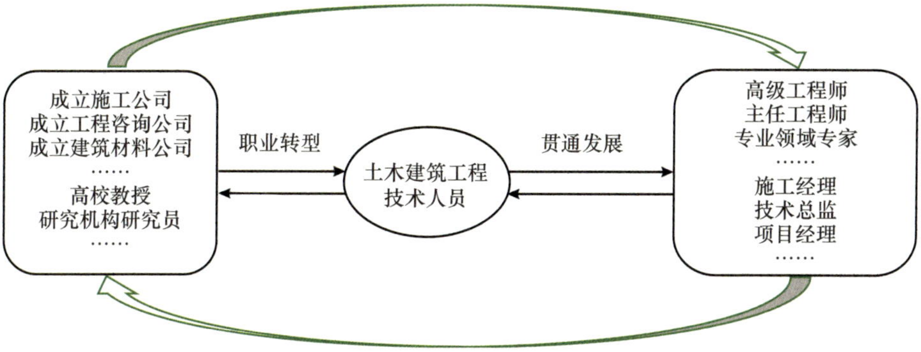

图 2-02-18-02-02　土木建筑工程技术人员的职业贯通发展

九、土木建筑工程技术人员的发展前景

从市场供需看。土木建筑工程一直是国民经济的重要领域，对技术人员的需求量大。随着国家基础设施建设、城镇化进程以及新型城镇化的推进，土木建筑工程领域技术人员的需求将持续增长。尤其是在城市更新、交通基础设施、环保建筑等领域，对技术人员的需求更为迫切。

从产业发展看。土木建筑工程行业正朝着智能化、绿色化和可持续发展的方向发展。这要求技术人员具备新技术、新材料和新工艺的应用能力。例如，BIM 技术、智能建筑设计和施工、绿色建筑等领域的发展将为技术人员提供更多的机会和挑战。

从政策红利看。随着政府对基础设施建设和城市化进程的重视，未来将会出台一系列的政策和措施来支持土木建筑工程行业的发展。鼓励投资建设方面的政策、加大环保和能源节约方面的政策等将为技术人员提供更多的机会和发展空间。

十、相关内容链接

国家职业标准：暂缺。

相关政策文件：见表 2-02-18-02-03。

表 2-02-18-02-03　土木建筑工程技术人员相关政策文件

发布或通过时间	发布或通过机构	文件名称
2020 年 12 月	住房城乡建设部等	《关于加快培育新时代建筑产业工人队伍的指导意见》

供稿：湖北城市建设职业技术学院　鲁晓俊

风景园林工程技术人员 L

职业编码：2-02-18-03

随着人们生活质量和生活水平的不断提高，绿色和生态环境成了人们新的追求，而房地产景观环境也成了人们衡量居住品质的重要指标，而人居环境的舒适度和美观度更成为房地产比拼的硬实力，甚至一些企事业单位也开始越来越注重景观环境设计，使之既要与城市环境协调，又要让员工和客户心情舒畅。随着全球气候问题的日益严峻，人类的环境意识也愈发增强，未来，营造生态健康的绿色人居空间将成为社会发展的主旋律。从前的园林景观只是处于建筑的附属地位，如今风景园林专业已经与建筑类的其他专业同样重要甚至更为重要。越来越多的人居环境需要与园林相结合，风景园林专业作为工程技术、生态、园艺等综合性应用学科，开始在城市规划、生态修复、土木建筑、市政公用事业等领域中大放异彩。正是由于风景园林行业的不断发展与进步，对风景园林工程技术人员的要求也越来越高，如何打造较强的品牌专业和拥有不可替代的技术实力，则需要不断提升专业人员的专业技能和服务能力。

一、风景园林工程技术人员的一天

记录时间：2023 年 8 月 13 日　　记录人：陈某权

上午工作情况

8 点至 11 点 30 分：

1. 场地复盘，根据别墅施工图及施工组织设计，确认今日工作任务。（任务确认）

2. 与施工员、安全员、质量员等沟通施工流程，并根据实际情况调整施工工序。（施工流程确认）

3. 与施工员、材料员、资料员等沟通核实材料进场及使用情况。（确保施工流程）

4. 完成工作任务范围内的区域场地整理和施工区域放线。（施工放线）

5. 根据竖向设计图，完成挖填方及微地形土方处置。（地形处置）

6. 根据植物布置图模拟摆放植物，与业主沟通并调整景观效果。（施工现场调整）

下午工作情况

14 点 30 分至 18 点：

1. 与业主、材料供应商等相关方进行沟通协调，汇总业主意见及与设计方沟通调整情况和建议。（汇总意见）

2. 交接沟通意见，通知作业组的施工技术负责人，并根据现场情况给出调整方案。（安排任务）

3. 复核施工区域场地平整、施工人员准备、材料进场等情况。（场地情况复核）

4. 进行施工工序及施工安全技术交底，指导施工人员进行区域场地内的软硬质铺装，调整铺设进度，管控施工质量。（道路施工）

5. 进行施工工序及施工安全技术交底，指导施工人员完成景观建筑及小品部分工程的施工，控制单体尺寸和放样。（园林建筑施工）

二、什么是风景园林工程技术人员

职业定义。风景园林工程技术人员是从事风景园林研究、规划、设计、施工、养护、运营管理和技术咨询的工程技术人员。

定义解读。风景园林研究包含风景园林理论、风景园林美学、风景园林使用后评价、风景园林自然、社会系统研究、风景园林政策法规与管理等。风景园林规划、设计、施工的研究和实践范围，包括公园绿地、道路绿地、居住区绿地、公共设施附属绿地、庭园、屋顶花园、室内园林、纪念性园林与景观、城市广场、街道景观、滨水景观以及风景园林建筑和景观构筑物等。风景园林运营管理和技术咨询包含景观养护及管理、景观生态评估等工作。

关联职业。密切相关的职业有市政工程技术人员、土木建筑工程技术人员、园林绿化工程技术人员等。风景园林专业是工学门类下建筑类专业之一，在实际项目中，风景园林工程技术人员与建筑、市政等专业人员需要相互配合完成项目，包含建筑道路、市政绿化配套等工作。风景园林工程一般包含地形处置、园林建筑、水景、铺装、绿化等，其中绿化工程中的植物栽培与养护部分需要园林绿化技术人员或者园艺技术员的配合。

相应岗位。园林工程施工技术员、风景园林设计员、园艺技术员、风景园林造价员、园林绿化管理人员、园林项目运营管理员等。

三、风景园林工程技术人员的主要工作职责

1. 对接设计单位，参加景观设计方案的讨论，协助设计单位确定设计方案，并协助设计单位核验施工图设计的可操作性。

2. 熟悉景观施工图，参与图纸会审，能够协调做好图纸会审纪要的整理工作。

3. 负责对接设计单位，落实园林工程设计工作，控制图纸及变更的交付进度、深度及合理性。

4. 向专业所管辖现场传达施工任务，从施工质量、安全、进度、工艺要求等方面做好施工前的技术交底工作。

5. 协助项目经理进行施工现场管理、测量放样、定点放线、指导工人按施工图施工等。

6. 协助项目经理负责风景园林工程施工的技术管理工作，编制施工组织设计和各项专项施工方案并监督实施，做好工程质量、安全方面的管控工作。

7. 审核工程所需材料，对现场材料质量进行把控，如图 2-02-18-03-01 所示。

(a)

(b)

图 2-02-18-03-01　现场工程质量检查

8. 编制工程总进度计划和月进度表（含各施工组的月进度计划），对施工进度进行全面控制。

9. 组织完成竣工图，协助项目经理做好现场施工资料的收集、整理和编制，完成竣工验收并负责工程完好保护。

10. 负责竣工验收完成前园林绿化植物的养护（如图 2-02-18-03-02 所示），制定高效、科学的年度养护方案并实施，根据现场和养护方案，测算年度、单次、单项养护方法、成本价格等，供业主方参考。

(a)

(b)

图 2-02-18-03-02　园林绿化植物养护

11. 协助公司技术部门负责人编制风景园林项目投标文件并进行工程投标，协助项目负责人编制施工预算文件，控制工程成本。

四、风景园林工程技术人员的薪酬福利待遇

平均薪酬水平。猎聘网数据显示，风景园林工程技术人员薪酬水平与学历、资历有直接关系。该职业薪酬与资历的关系为：从业 1 年以下平均薪酬为 8058 元 / 月；从业 1~3 年平均薪酬为 9414 元 / 月；从业 3~5 年平均薪酬为 15928 元 / 月；从业 5 年以上平均薪酬为 22522 元 / 月。该职业薪酬与学历的关系为：本科学历平均薪酬为 15081 元 / 月；大专学历平均薪酬为 8602 元 / 月。职友集网数据显示，2023 年风景园林工程技术人员平均薪酬为 9100 元 / 月，2023 年薪酬不及 2022 年，较 2022 年下降了 18%。2022 年薪酬为 11100 元 / 月，2021 年薪酬为 11800 元 / 月，2020 年薪酬为 11400 元 / 月，2019 年薪酬为 10700 元 / 月，2018 年薪酬为 10100 元 / 月，薪酬水平相对稳定，略有起伏。

与类似职业对比。猎聘网 2023 年 8 月数据显示，在广州地区，风景园林工程技术人员的薪酬为 10000~15000 元 / 月，一般略高于园林绿化工程技术人员、园林保护工程技术人员、园艺技术人员等的薪酬，见表 2-02-18-03-01。

表 2-02-18-03-01　类似职业薪酬水平

职业名称	薪酬水平（元 / 月）
园林绿化工程技术人员	8000~10000
园林保护工程技术人员	8000~15000
园艺技术人员	5000~10000

五、从事风景园林工程技术人员工作需要哪些本领

风景园林工程技术人员需具备的知识和技能有：园林工程识图常识、园林工程制图、常用园林材料及性能、工程测量放线、园林工程施工、植物种植设计、植物栽培与养护等。核心技能是风景园林工程施工及工程技术指导。

风景园林工程技术人员需具备的知识和技能见表 2-02-18-03-02。

表 2-02-18-03-02　风景园林工程技术人员需具备的知识和技能

职业功能	工作内容	知识和技能要求
风景园林工程施工过程管理	施工准备	能够识读施工图、完成进场材料质量检验，汇集技术交底资料，向所管辖的班组下达施工任务，完成施工技术交底
	技术方案编制	能够制定技术措施和施工方案，尤其是施工组织设计和专项施工方案，掌握园林专业施工管理流程及工艺技术标准
	现场地形处置	能够根据施工图，完成施工测量放样，指导完成包括场地平整、场地挖填方、微地形土方处置、土方边坡处理等工作
	园林项目施工	能够检验材料质量，进行材料进出场管理；完成施工场地现场布置，安排好进出场通道，公共绿地项目还应编制施工导行方案并实施；具有园林施工的能力，并能够指导工人完成园林建筑（含园建砌筑、假山、小品）、水景（含水电施工）、道路铺装、绿化等工程的施工；具有对于公司内部各项目作业班组进行施工技能培训的能力
	施工现场管理	与监理、业主、设计单位等相关方进行沟通协调，及时处理出现的问题和矛盾，跟踪现场巡视意见的反馈和落实
	施工安全管理	组织建立项目安全责任制，实施人员、材料、机械全过程安全管理
	项目成本控制	具有成本预算、核算能力，参与现场经济技术签证、成本控制及成本核算
	资料管理	能够完成竣工图编制，组织竣工资料整理
风景园林工程后期管理和维护	成品保护	参加工程竣工交验，负责工程完好保护
	绿化管理和养护	负责所有花草树木的整理修剪和管理工作，含树木的防冻、病虫害的监测和防治工作

六、风景园林工程技术人员的专业教育现状

（一）相关专业

目前已有较多院校开设了与该职业相关的专业，涉及普通本科院校、高职院校及中职学校等。普通本科院校专业有园林、风景园林等。职业院校专业有风景园林设计、园林工程技术、园林技术、园林绿化等。

（二）开设相关专业的院校（排名不分先后）

★ 相关院校：北京林业大学、南京林业大学、西北农林科技大学、华南农业大学、福建农林大学、浙江农林大学、中国农业大学、中南林业科技大学、河北环境工程学院等。

◆ 相关院校：北京农业职业学院、江苏农林职业技术学院、池州职业技术学院、福建农业职业技术学院、苏州农业职业技术学院、湖南环境生物职业技术学院、咸宁职业技术学院、潍坊职业学院、江西环境工程职业学院、深圳职业技术大学等。

七、风景园林工程技术人员的就业创业信息

风景园林工程技术就业市场作为一个综合性的市场，涵盖了园林设计、园林施工、园林养护等多个领域，其职业从业人员也遍布全国各地，但从全国范围来看，主要集中在较为发达的地区，如上海、北京、广东、江苏、浙江、福建等省市；从行业来看，该职业从业人员主要集中在园林技术公司、房地产企业、园林施工企业等。

吸纳风景园林工程技术人员就业较多的用人单位主要有：

1. 大型园林施工企业：如上海园林（集团）有限公司、北京东方园林环境股份有限公司、岭南生态文旅股份有限公司、棕榈生态城镇发展股份有限公司、北京市园林绿化集团有限公司、中外园林建设有限公司、杭州市园林绿化股份有限公司、深圳文科园林股份有限公司、广州普邦园林股份有限公司等。

2. 园艺技术企业：如天津滨海国际花卉科技园区股份有限公司、北京纳波湾园艺有限公司、北京花乡花木集团有限公司、江苏苏北花卉股份有限公司、沭阳

县春林绿化苗木场、广东维生农业股份有限公司等。

3. 房地产企业：如万科企业股份有限公司、华润置地有限公司、龙湖地产有限公司、万达地产集团有限公司等。

4. 各省市园林局等行政或行业主管部门：如林业局、城市规划局、园林绿化局、公园管理处等。

注：以上机构信息仅供参考，不代表编写出版方对其推荐或认可。

八、风景园林工程技术人员的职业贯通发展

该职业的发展路径主要有四条：

1. 技术路线，即不断提高技能水平，在专业技能上不断提升，从普通施工员晋升到专业技术负责人，逐步提升至公司技术总工程师，并成为风景园林工程技术领域专家。

2. 管理路线，即经过项目工程实践，逐步提升项目管理水平，从普通施工员晋升到项目主管或项目经理，甚至逐步提升到公司中高层。

3. 复合人才路线，即向其他行业跨越、技能提升或职业转型，如通过学习相关知识和技能转型为注册建造师、注册建筑师、注册造价师、注册规划师等，与专业技术岗位横向贯通。

4. 创业路线，即基于个人兴趣爱好进行创新创业，实现自我价值提升。

风景园林工程技术人员的职业贯通发展如图 2-02-18-03-03 所示。

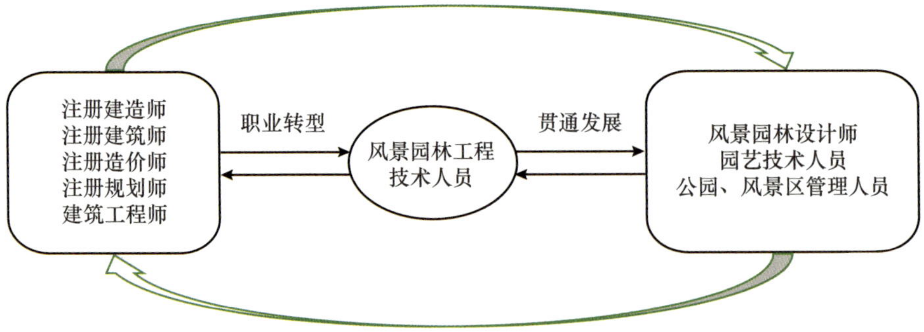

图 2-02-18-03-03　风景园林工程技术人员的职业贯通发展

九、风景园林工程技术人员的发展前景

从市场供需看。2020 年年初暴发的新冠肺炎疫情令公共健康问题成为大众关注的热点话题，虽然现代医疗水平相比以前有了极大的提升，但绿地和公共空间的健康改善也不应被忽略。绿地有助于居民形成健康的生活方式，提高工作健康质量。党的二十大报告指出，高质量发展是全面建设社会主义现代化国家的首要任务。推动园林绿化高质量发展是城市建设中的一项重要工作，近 10 年来，园林行业有了很大发展，民众对专业认可度不断提高，政府对环保、绿化、城市形象提升等方面的政策支持越来越大，政府政策的扶持力度也将会带来新的发展机遇，将有助于推动行业的持续发展。

从产业发展看。一方面，现阶段，我国经济已从高速发展转变为高质量发展，环保需求相应提升。在提高环保力度、满足环保需求上，除了通过产业结构调整、节能等方式减少二氧化碳排放，植树造林、植被修复等无疑也是重要一环，因而未来对风景园林工程技术人员的需求将不断增加；另一方面，党的十八大将生态文明建设放在更加重要的位置，使风景园林专业人数迎来新的增长点。数据显示，截至 2021 年年末，我国园林绿化行业市场规模约为 8696 亿元，同比增长 3.9%。2023 年 7 月 19 日，住房城乡建设部等七部门印发《关于扎实推进 2023 年城镇老旧小区改造工作的通知》后，新城镇概念拉升，多支园林板块上市公司股票涨停，风景园林工程技术人员就业前景广阔。

从政策红利看。生态文明建设是中华民族实现永续发展的根本大计。党的十八大把生态文明建设纳入中国特色社会主义事业“五位一体”总体布局，指出建设生态文明，关系人民福祉、关乎民族未来，提出建设美丽中国，并把树立尊重自然、顺应自然、保护自然的生态文明理念，增强绿水青山就是金山银山的意识写入党章。此后，我国生态文明体制改革全面深化，各行各业认真践行“绿水青山就是金山银山”理念，坚持人与自然和谐共生的发展方向，坚持创新、协调、绿色、开放、共享的新发展理念，构建了新的发展格局。中国是世界上第一个将“生态文明”纳入国家发展战略的国家，建成中国特色的以国家公园为主体的自然保护地体系、长江大保护、黄河流域生态保护和高质量发展、山水林田湖草沙一体化保护和修复等一系列国家生态工程的实施，为风景园林工程技术人员的职业

发展提供了更广阔的空间。

2021 年 2 月，国务院印发《关于加快建立健全绿色低碳循环发展经济体系的指导意见》，多措并举推进经济社会发展全面绿色转型。在低碳经济背景下，在生态文明建设进程不断加快的今天，园林绿化行业被赋予了新的历史重任，也面临新的机遇和挑战。

党的二十大报告，提出“推动绿色发展，促进人与自然和谐共生”的战略目标，推动了人与自然和谐共生的高度谋划发展。全国生态环境保护大会于 2023 年 7 月召开，中共中央总书记、国家主席、中央军委主席习近平出席会议并发表重要讲话，强调全面推进美丽中国建设，加快推进人与自然和谐共生的现代化。从全国来看，我国经济社会发展已进入加快绿色化、低碳化的高质量发展阶段，生态文明建设仍处于压力叠加、负重前行的关键期，风景园林专业作为高品质生态环境支撑高质量发展的重要支持专业，相关政策制度仍在不断完善，行业将面临更多的机遇与挑战。

十、相关内容链接

国家职业标准：暂缺。

相关政策文件：见表 2-02-18-03-03。

表 2-02-18-03-03 风景园林工程技术人员相关政策文件

发布或通过时间	发布或通过机构	文件名称
2021 年 2 月	国务院	《关于加快建立健全绿色低碳循环发展经济体系的指导意见》
2022 年 1 月	住房城乡建设部	《关于印发国家园林城市申报与评选管理办法的通知》

供稿：广州城建职业学院 李莎

供水排水工程技术人员 L

职业编码：2-02-18-04

水是生命之源，滋养万物生长。水是人们生产、生活不可或缺的重要资源。人们煮茶品茗，感受着清新的味道和水的灵气，感受着一份自然和纯净。人们漫步溪畔，水清见底，游鱼往来，生意盎然。人们畅游江河，水波荡漾，水花四溅，嬉戏打闹，如鱼入水，自由自在。人们拥有高品质的供水和清洁宜人的水环境离不开供水排水工作者的努力。给排水工程是人类永恒的事业，保障社会经济发展、城市安全运行、生态环境改善、现代工农业建设发展。供水排水相关专业是以化学、生物学、水力学为学科基础，以水的社会循环为研究对象，以城镇和工农业生产为服务对象，水质、水量并重，以水质为核心，其专业领域涉及水资源利用与保护、市政与建筑给排水工程、工业给排水、城市雨洪控制、消防工程及城市垃圾处理与处置等。供水排水工程技术人员主要从事给排水工程的规划、设计、施工、运维等工作，保障给排水设施等顺利实施并安全运营。

一、供水排水工程技术人员的一天

记录时间：2023 年 8 月 21 日　　　　记录人：黄某豪

上午工作情况

8 点 30 分至 11 点 30 分：

1.整理 A 污水厂项目工程设计专家论证意见，包括处理工艺、设备选型、处理能力、安全性和环保要求等。(施工图设计)

2.安排工程施工招标相关事宜，包括标书编制、资格预审、标书发售、

招标组织、评标议标，最终确定符合要求的施工单位。（施工招标）

3. 落实污水厂建设环境影响评价公示公告，公示内容包括环境要素、环境保护对象，主要环境保护目标及敏感区域等。（环评公示）

4. 协调各项施工准备的相关事宜，包括各种技术资料、施工图纸会审及技术交底、施工临时用水用电、安全文明施工等。（施工准备）

5. 梳理非标工艺设备、水泵及阀门、电气设备等采购事宜。（设备采购）

下午工作情况

14点30分至18点：

1. 参加B给排水管道项目图纸会审，签发工程变更。（图纸会审）

2. 配合监理公司，确定本专业监理工作的具体实施方案。（监理方案）

3. 审查给排水管道施工方案、技术变更、设备材料计划。（技术审查）

4. 对现场管基处理和深基坑施工等重难点问题提出处理方案。（工程难点）

5. 监督施工进度，落实施工计划，协调施工现场问题，检查安全文明施工，如图2-02-18-04-01至图2-02-18-04-03所示，控制项目成本，管理工程联系单。（现场管理）

6. 根据监理工作情况，监督做好监理日志。（工程监理）

7. 协调本专业有关分项工程验收及隐蔽工程验收。（工程验收）

图2-02-18-04-01　污水厂施工

图 2-02-18-04-02　给排水管道安装施工

图 2-02-18-04-03　井点降水施工

二、什么是供水排水工程技术人员

职业定义。供水排水工程技术人员是从事城镇和工矿企业供排水系统规划、设计、建设、运行、维护技术研发和技术支持的工程技术人员。

定义解读。供水排水工程技术专业以水的社会循环为研究对象，研究内容涉及城市水资源、城市市政水工程、建筑水工程、工业水工程、农业水工程、节水产业等领域，其目标是培养供水排水工程技术领域的专门人才。

关联职业。给排水科学与工程专业是工学门类下土木工程类专业之一，在城市规划方向需要与城市规划、道路交通和其他市政管线专业配合，在房屋建筑方向需要与建筑、结构、电气、暖通等专业配合，在市政工程方向需要与道路交通工程、桥梁工程和其他市政基础设施专业配合，在水处理方向需要与总图、自控、设备等专业配合。

三、供水排水工程技术人员的主要工作职责

1. 负责编制供水水源选择方案、污水处理与排放方案，分析技术经济指标。

2. 研究城镇和工矿企业供水、排水系统的型式，编制供水厂、污水处理厂、污泥处置站、再生水厂和管网的布局方案。

3. 负责设计城镇和工矿企业供水、排水设施，编制施工方案，组织施工单位、

监理单位进行工程验收，并相应提出可行性整改方案。

4. 负责预测城镇和工矿企业供水、排水的水质和水量，同时编制生产技术方案，指导生产运行。

5. 负责编制城镇和工矿企业供水、排水设施的维护方案，指导维护作业。

6. 负责编制城镇和工矿企业供水、排水和城镇排涝应急预案，现场指导应急处置。

7. 负责优化城镇自来水、再生水终端用户用水与排水方案，提供相应的技术支持指导。

8. 负责研究、应用城镇和工矿企业供水、排水的新技术、新设备、新材料、新工艺，推动行业在技术领域的发展。

9. 负责专业技术方案的制定、变更、签证审核，对施工图的经济合理性、技术可行性进行审查。

四、供水排水工程技术人员的薪酬福利待遇

平均薪酬水平。职友集网数据显示，本职业技术人员薪酬水平与学历、资历有直接关系。总体薪酬为 2000~30000 元 / 月，全部年限平均薪酬为 13300 元 / 月。其中 10000~15000 元 / 月的岗位占比 37.8%，8000~10000 元 / 月的岗位占比 16.9%，6000~8000 元 / 月的岗位占比 16%，20000~30000 元 / 月的岗位占比 15.5%，15000~20000 元 / 月的岗位占比 10.9%。

与类似职业对比。猎聘网 2023 年 8 月数据显示，在广州地区，供水排水工程技术人员的薪酬与园林工程等专业技术人员薪酬比较详见表 2-02-18-04-01。

表 2-02-18-04-01 薪酬水平对比

职业名称	薪酬水平（元 / 月）
供水排水工程技术人员	10000~15000
园林工程技术人员	10000~15000
建筑工程技术人员	8000~20000
电气工程技术人员	10000~15000
建筑装饰技术人员	10000~15000

五、从事供水排水工程技术人员工作需要哪些本领

供水排水工程技术人员需具备的知识和技能有：供水排水工程专业涉及城市给水排水工程、环境工程、水文与水资源工程、城市水利工程等诸多学科领域。从业人员要以水为核心，围绕水务领域的需求，全面发展；不仅掌握水处理、管网等核心知识，还要掌握供水、排水、城市水系统全工艺的知识；不仅会设计，还要懂规划、施工、运营；不仅学习掌握供水排水工艺知识，还要了解相关的仪表、设备、信息化、数字化、智能化知识；还要了解相关的经济、管理和法律法规；掌握工科从业人员必备的数学、物理、化学等基础知识。供水排水工程技术人员需具备的职业能力和课程支撑详见表 2-02-18-04-02。

表 2-02-18-04-02　供水排水工程技术人员需具备的职业能力和课程支撑

岗位	职业能力	课程支撑
给排水施工员	给排水工程施工和现场管理能力	建筑给排水设计与安装、安装工程施工组织与管理、管道施工技术、电气施工技术、安装工程资料与档案管理、安装工程监理、建筑给排水设计与安装、水泵与水泵站等
给排水造价员	给排水工程预算能力；给排水工程招投标与合同管理能力	给排水工程计价、工程造价确定与控制等
给排水设计员	建筑给排水工程施工图设计能力；城镇给水管网规划设计能力；城镇排水管网规划设计能力	建筑给排水设计与安装、建筑 CAD、水力学、水泵与水泵站、给排水管道工程等
水务管理技术员	掌握水质分析方法及仪器的使用；熟悉水处理工艺流程和运行过程；熟悉给排水设施的工作原理，能识别其运行故障并及时排除	水分析化学、水力学、水泵与水泵站、水处理工程、给排水管道工程等

六、供水排水工程技术人员的专业教育现状

（一）相关专业

目前已有较多院校开设了与该职业相关的专业，涉及普通本科院校、高职院校及中职学校等，相关具体专业有给排水科学与工程、市政工程、环境工程等。

（二）开设相关专业的院校（排名不分先后）

★ 相关院校：清华大学、哈尔滨工业大学、同济大学、东南大学、重庆大学、西安建筑科技大学、湖南大学、华中科技大学、北京工业大学、河海大学等。

◆ 相关院校：北京农业职业学院、内蒙古建筑职业技术学院、辽宁省交通高等专科学校、辽宁建筑职业学院、辽宁城市建设职业技术学院、黑龙江建筑职业技术学院、上海交通职业技术学院、江苏建筑职业技术学院、无锡城市职业技术学院、江苏城乡建设职业学院、浙江建设职业技术学院、安徽水利水电职业技术学院等。

七、供水排水工程技术人员的就业创业信息

供水排水工程技术人员主要从事城镇供水排水管网的规划设计、城镇供水排水管道和设施的施工、建筑设计院的建筑供水排水设计、建筑施工企业的安装施工管理、工程造价咨询公司安装工程的预决算审计等工作以及城镇自来水厂和污水处理设施的运行管理工作。

知识深度的不同会有不一样的就业选择，供水排水相关专业的专科生、本科生就业主要侧重工程方向，硕士生多进入设计院，博士生多选择高校。随着供水排水专业的不断外延，人员就业面逐渐拓宽。除了传统的就业选择，目前环保部门，住房城乡建设部门，生态环境集团，水务工程公司，交通运输、能源、矿产资源、各种工业企业，新的产业方向（如海绵城市建设、绿色城市基础设施建设、流域保护与治理、新能源、碳中和等）的需求量也很大。

1. 规划设计单位。规划、设计单位是供水排水工程技术人员的重要就业方向之一。供水排水工程技术人员可以从事规划师、咨询师和设计师等职位，负责给排水工程的规划、咨询、设计等前期工作。具体有中国城市规划设计研究院、中

国市政工程华北设计研究总院有限公司、各城市规划设计院等。

2. 建筑施工企业。建筑施工企业是供水排水工程技术人员的主要就业方向之一。在建筑施工企业中，供水排水工程技术人员可以从事工程师、设计师、监理师、项目经理等，负责给排水工程的规划、设计、施工、监理等工作。

3. 市政工程、水务工程公司。市政工程、水务工程公司是供水排水工程技术人员的另一个就业方向。在市政工程公司中，供水排水工程技术人员可以从事市政工程设计、市政工程施工管理、市政工程监理等，负责市政工程中供水排水系统的设计、施工、监理等工作。

4. 环保企业。环保企业是供水排水工程技术人员的另一个就业方向。在环保企业中，供水排水工程技术人员可以从事环境工程师、环保技术工程师、环保项目经理等，负责环保工程中供水排水系统的设计、施工、监理等工作。

5. 房地产公司。房地产公司是供水排水工程技术人员的另一个就业方向。在房地产公司中，供水排水工程技术人员可以从事房地产项目规划、房地产项目设计、房地产项目施工管理等，负责房地产项目中供水排水系统的规划、设计、施工、监理等工作。

注：以上机构信息仅供参考，不代表编写出版方对其推荐或认可。

八、供水排水工程技术人员的职业贯通发展

基于规划、设计、施工和运维的不同环节，基于城市建设、环境保护、水利工程、交通运输、投资咨询的不同领域，基于建设单位、设计单位、施工单位、勘察单位、监理单位等不同分工，供水排水工程技术人员职业发展路径主要有四条。

1. 技术路线，以施工方向为例，施工员、专业负责人、项目技术负责人、企业技术负责人，层层提升。

2. 管理路线，包括企业的综合管理人员和行业的行政管理人员。

3. 复合人才路线，即向其他行业跨越或进行职业转型，如从事大土木、交通运输、环境保护、投融资等工作。

4. 创业路线，含供水排水不同建设环节项目经营和材料、设备等生产销售。

供水排水工程技术人员的职业贯通发展如图 2-02-18-04-04 所示。

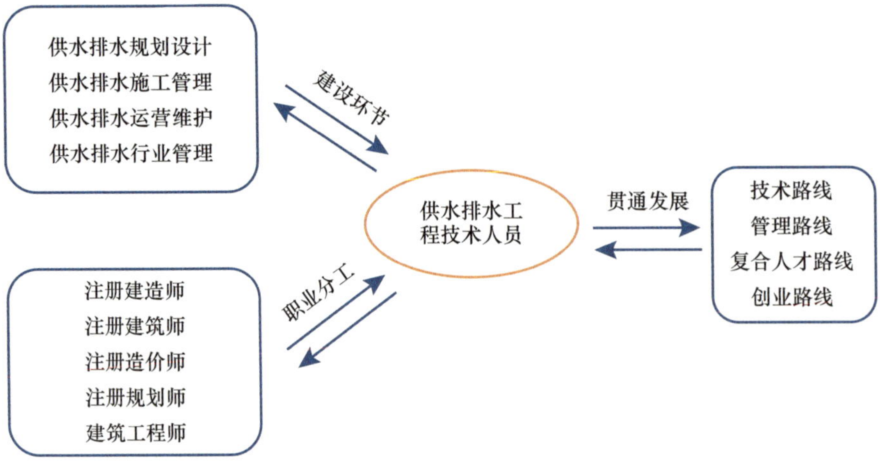

图 2-02-18-04-04　供水排水工程技术人员的职业贯通发展

九、供水排水工程技术人员的发展前景

从市场供需看。随着城市化进程加快和全民健康意识提高，供水排水工程技术人员变得愈发珍贵。随着科技的发展，供水排水处理技术的研发和创新的需求也逐渐增加。现代化城市化的实现需要供水排水行业的转型升级，需要大量的专业人才提供技术支持，供水排水工程技术人员的市场需求将越来越旺盛。

从产业发展看。给排水专业将不仅仅解决供水、排水、废弃物和污泥等问题，逐渐需要通过数字化手段实现城市资源优化配置，需要通过新一代技术手段实现资源再生利用，需要通过现代绿色技术保障城市公共卫生安全，需要从碳中和角度探索城市水资源开发利用、污染物源头收集减污降碳与资源化利用、过程节能与资源利用、市政基础设施绿色化与智能化管理等科学与技术问题。给排水专业内涵不断延伸，所需的知识范围、宽度与广度、学科背景不断拓展。

从政策红利看。政策大力支持水利基础设施建设，行业迈向高质量发展阶段。近些年来，为了提升水利工程质量水平，创建优质工程，我国陆续发布了许多政策，如 2023 年发布的《关于推进水利工程配套水文设施建设的指导意见》，提出加强水利工程配套水文设施建设，加快建立与防汛调度和国家水网相匹配的现代化国家水文站网，保障水利工程安全高效运行，推动新阶段水利高质量发展。随着国家环保政策的严格执行，供水排水工程技术人员的需求量越来越大，国家还对环保行业进行很多支持，供水排水工程技术人员的发展前景较为乐观。

十、相关内容链接

国家职业标准：暂缺。

相关政策文件：见表 2-02-18-04-03。

表 2-02-18-04-03　供水排水工程技术人员相关政策文件

发布或通过时间	发布或通过机构	文件名称
2022 年 1 月	国家发展改革委等	《“十四五”水安全保障规划》

供稿：浙江建设职业技术学院　金家明

工程勘察与岩土工程技术人员 S

职业编码：2-02-18-05

岩土工程勘察涵盖面很广，主要涉及的领域有：房屋建筑、铁路、地铁、公路、机场、矿山、油气管道、港口工程、地下岩土工程、桥涵工程、边坡工程等。岩土工程勘察单位作为工程建设五大主体之一，担负着重要的责任和使命。岩土工程勘察是工程规划、岩土可行性研究、选址、设计和建设的前提和基础性工作，在工程建设过程中具有十分重要的地位。成果的合理性对工程的基础形式、结构方案，乃至对整个工程建设的质量、安全和经济效益都有着重大的影响。那么如何才能进行科学可靠的岩土工程勘察呢？那就需要专业的工程勘察与岩土工程技术人员。他们的主要职责是对地质环境进行勘察和评估，全面了解地质情况并为工程建设提供依据，对潜藏的安全隐患采取有效的预防手段，在定性的基础上做出定量的工程地质评价，确保岩土工程勘察的准确性和科学性，以保障工程建设的质量和可靠性。

一、工程勘察与岩土工程技术人员的一天

记录时间：2023 年 8 月 3 日　　　　记录人：赵某成

上午工作情况

8 点至 10 点：

1. 带上实地调研材料及收集的拟建建筑物附近的地形地貌及地质资料，进入现场。（到达现场）

2. 查看图纸，了解建筑物及钻孔数量和位置。（查看图纸）

3. 调查地下管道、地下电缆、水源等是否与收集的地质资料相符，确定

勘察工程车如何进入现场。（情况调查）

10 点至 12 点：

1. 进行工程地质测绘工作，根据图纸并结合现场情况确定钻孔位置，进行定位。（地质测绘）

2. 对于遇到的特殊情况向岩土工程勘察项目负责人进行工作汇报，解决影响勘察施工的事项。（解决事项）

下午工作情况

14 点至 16 点：

1. 钻机进场，与钻机师傅对取样等事项进行施工交底。（钻机进场）

2. 进行勘测点钻孔定位、打木桩、测量孔口标高。（钻孔定位）

3. 钻探准备，严格按照相关操作要求进行静力触探。（进行钻探）

16 点至 18 点：

1. 根据地层的不同，进行不同的原位测试，如图 2-02-18-05-01 所示。（原位测试）

2. 取样后对不同的土样做好标记，进行拉封，如图 2-02-18-05-02 所示。（封存土样）

图 2-02-18-05-01　取样

图 2-02-18-05-02　土样标记

二、什么是工程勘察与岩土工程技术人员

职业定义。工程勘察与岩土工程技术人员是从事建设项目工程地质与水文地质条件和岩土工程条件的调查研究与分析评价、岩土工程勘察、岩土工程与环境岩土工程设计和治理、岩土工程检测监测、工程测量、勘探测试及相关专业咨询服务的工程技术人员。

定义解读。工程地质条件指与工程建设有关的地质条件，包括地形地貌、地层岩性、地质构造、水文地质条件、不良地质作用和天然建筑材料等。水文地质条件主要是研究地下水的分布和形成规律、地下水的物理性质和化学成分、地下水资源及其合理利用、地下水对工程建设的不利影响及其防治等。岩土工程条件包括地基与基础、边坡和地下工程等问题。岩土工程勘察是指根据建设工程的要求，查明、分析、评价建设场地的地质、环境特征和岩土工程条件，编制勘察文件的活动。工程勘察与岩土工程技术人员的主要职责是通过对工程地质条件、水文地质条件和岩土工程条件的调查研究，经过分析和评价，编制出建设项目岩土工程地质勘察报告，从而作为建设单位进行边坡支护与降水、地基处理、地下水问题、基础选型、结构抗浮等设计和施工的依据，对保障工程建设的质量具有非常重要的意义。

关联职业。由于工程勘察与岩土工程技术人员从事工作任务的前提是根据设计院提供的建设项目的建筑物位置和荷载确定勘察方案，所以跟他们关联的职业有设计院的建筑和结构设计师，他们提供的建筑及荷载信息对项目勘察有着重大影响。与此关联的职业还有施工技术人员，在基坑开挖和施工过程中，如遇到地质水文情况与地质勘察报告不符的，施工技术人员应立即通知工程勘察与岩土工程技术人员到现场进行查看。

相应岗位。岩土工程师、岩土工程施工技术员、岩土工程现场检测员、土工试验工、水工环工程师、地质调查员等。

三、工程勘察与岩土工程技术人员的主要工作职责

岩土工程勘察 16 字诀——条件搞清、问题查明、方案得当、措施可行，基本概括了工程勘察与岩土工程技术人员工作的全部含义和内容。条件指场地的工程

地质条件、环境条件、各类水的条件；问题指场地及工程建设中可能遇到的岩土工程问题；方案指各类地基基础处理方案的分析、比较、计算；措施指针对场地及建设中可能出现的各类岩土工程问题而提出的各类处理措施。工程勘察与岩土工程技术人员的具体工作职责内容如下：

1. 策划实施工程地质测绘与调查、工程地质与水文地质勘察和岩土环境调查研究，分析评价场地稳定性、建设适宜性和环境岩土工程条件，提出工程建设可行性和场地选址建议，提供专题报告。

2. 策划实施从项目施工到运营阶段的岩土工程勘察、环境岩土工程勘察，进行现场勘探与原位测试、室内岩土和地下水试验分析，进行岩土工程分析评价，提出对工程设计、施工、运维的方案和建议，提供场地勘察成果文件。

3. 进行岩土工程设计与地下水控制设计、场地地基利用环境岩土工程设计，提供专项工程设计成果文件。

4. 组织实施岩土工程治理、地下水控制、环境岩土工程治理，交付治理成果。

5. 组织实施项目各阶段岩土工程检测、监测和测量，提供专项工作成果报告。

6. 提供岩土工程专项、专业全过程工程咨询与研究服务，提交咨询报告或专项研究报告。

四、工程勘察与岩土工程技术人员的薪酬福利待遇

平均薪酬水平。从行业看，工程勘察与岩土工程属于建筑业，2022 年城镇非私营单位中，建筑业就业人员的平均年薪为 78295 元。从区域看，北京、上海、天津等一线城市，工程勘察与岩土工程技术人员的平均年薪为 104859~146308 元，高于其他地区（如河北平均年薪为 69392 元，云南平均年薪为 70694 元）。从职友集网统计信息了解到，工程勘察与岩土工程技术人员平均薪酬为 6000~8000 元 / 月，2023 年较 2022 年增长了 5%。从智联招聘网统计信息了解到，郑州市的工程勘察与岩土工程技术人员平均薪酬为 5000~10000 元 / 月。

与类似职业对比。智联招聘网数据显示，在郑州地区，该职业的薪酬与土建技术员的薪酬基本相当，略低于地基基础技术员和结构设计师，但获取注册岩土工程师执业资格后，薪酬往往会高于同行业的技术人员，根据第三方平台数据显

示，目前全国注册岩土工程师约有 2 万人，类似职业薪酬水平见表 2-02-18-05-01。

表 2-02-18-05-01　类似职业薪酬水平

职业名称	薪酬水平（元 / 月）
土建技术员	6000~9000
地基基础技术员	6000~10000
结构设计师	8000~12000
注册岩土工程师	10000~16000

五、从事工程勘察与岩土工程技术人员工作需要哪些本领

工程勘察与岩土工程技术人员需具备的知识和技能有：地质测绘与调查，地质勘察与评估，现场勘测技术管理，岩土工程检测、监测与分析，地层结构与构造分析，室内试验与分析，岩土工程咨询、设计和评估，勘察文件编制。

工程勘察与岩土工程技术人员需具备的知识和技能见表 2-02-18-05-02。

表 2-02-18-05-02　工程勘察与岩土工程技术人员需具备的知识和技能

职业功能	工作内容	知识和技能要求
地质勘察	地质测绘与调查	掌握地质学、测量学、地图学的基础知识，熟练使用各种测量仪器，具备数据处理和分析能力，能进行建设场地工程地质测绘与调查
	地质勘察与评估	熟悉岩土工程勘察的方法、技术和规范，掌握地质的特性，分析岩土工程中的地质问题和风险，对场地地下水的分布、性质及其对工程的影响进行评估
	现场勘测技术管理	熟悉地理信息系统（GIS）技术、测量技术、遥感技术和地理数据库管理，能对勘测、试验、工程物探测试进行技术管理

续表

职业功能	工作内容	知识和技能要求
岩土工程分析	岩土工程检测、监测与分析	可以对岩土工程进行检测、监测与分析，及时发现工程中存在的潜在问题
	地层结构与构造分析	掌握地质学基础知识，具备专业技能以及实践应用能力，探测建设场地地层、地下水、岩土层物理力学参数，能够分析地层结构与构造
	室内试验与分析	具备广泛的试验理论知识和实践技能，对岩土样本进行实验室测试，严格控制试验质量，确保试验结果的准确性
岩土工程设计	岩土工程咨询、设计和评估	具备岩土工程设计和施工的专业知识，可以进行岩土工程的地基处理设计、基础方案设计和评估，能够提供专业的技术建议和解决方案
	勘察文件编制	掌握地质学、岩土工程学的基本理论，同时熟悉相关规范和标准，确保所有数据和信息准确无误，保证勘察文件的科学性和实用性

六、工程勘察与岩土工程技术人员的专业教育现状

（一）相关专业

工程地质勘查、勘察技术与工程、岩土工程技术、岩土工程勘察与施工、土木工程。

（二）开设相关专业的院校（排名不分先后）

★ 相关院校：北京大学、南京大学、中国地质大学、西北大学、吉林大学、中国科学技术大学、中国石油大学、中国海洋大学、桂林理工大学、成都理工大学等。

◆ 相关院校：湖南工程职业技术学院、山西建筑职业技术学院、黄河水利职业技术学院、四川建筑职业技术学院、湖北国土资源职业学院、云南水利水电职业学院、甘肃工业职业技术学院、新疆建设职业技术学院、广西自然资源职业技

术学院、辽宁地质工程职业学院等。

七、工程勘察与岩土工程技术人员的就业创业信息

工程勘察与岩土工程技术人员分布在我国的每个省份，其中以河南、山东、四川、江苏四个省份的需求量最大。

吸纳工程勘察与岩土工程技术人员就业较多的用人单位主要有：

1. 勘察设计单位：如河南省地矿建设工程（集团）有限公司、郑州市市政工程勘察设计研究院、福建省地质工程研究院、中国化学工程南京岩土工程公司、山东省城乡建设勘察设计研究院、中国建筑西南勘察设计研究院有限公司等。

2. 政府事业单位：如浙江省住房和城乡建设厅、郑州市城乡建设局、德州市住房和城乡建设局、惠州市惠城区住房和城乡建设局等。

3. 施工图审查单位：如河南省建筑工程施工图设计文件审查所有限公司、河南德阳设计审查咨询有限公司、厦门市建设工程施工图审查所、曲靖市建筑工程勘察设计审查管理站等。

4. 高校及职业院校：如中国地质大学、吉林大学、黄河水利职业技术学院、四川建筑职业技术学院、华北水利水电大学等。

注：以上机构信息仅供参考，不代表编写出版方对其推荐或认可。

八、工程勘察与岩土工程技术人员的职业贯通发展

该职业的发展路径主要有四条：

1. 技术路线，即经过不断加强学习，不断提高技能水平，考取注册岩土工程师，成为工程勘察与岩土工程领域的专家或施工图审查的岩土专家。

2. 管理路线，即从员工晋升到单位中层管理者，再晋升到单位领导层，甚至往更高的领导职务发展。

3. 复合人才路线，即通过学历提升，学习相关专业知识和技能，拓展知识领域，转型成长为岩土工程设计师、地基基础施工员、基坑支护技术员、土建施工员、注册建造师等，实现横向贯通和复合发展。

4. 创业路线，即基于个人业务能力、专业基础和兴趣爱好，如创建工程勘察

公司、勘察咨询公司等企业，实现创新创业和自我价值。

工程勘察与岩土工程技术人员的职业贯通发展如图 2-02-18-05-03 所示。

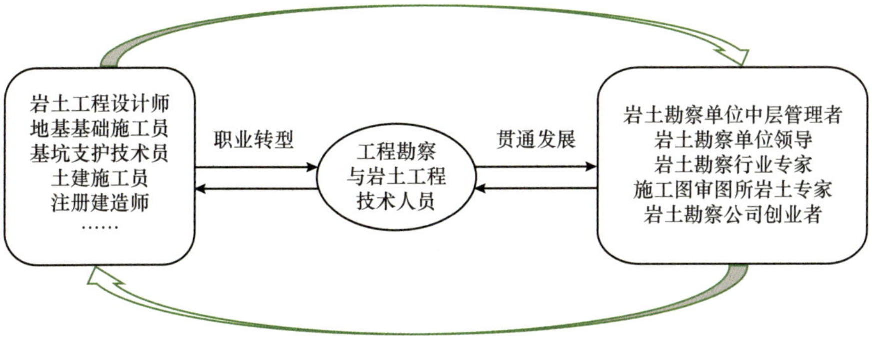

图 2-02-18-05-03　工程勘察与岩土工程技术人员的职业贯通发展

九、工程勘察与岩土工程技术人员的发展前景

从市场供需看。我国工程勘察行业近年来发展迅速，特别在总承包模式推动下，行业营业收入实现快速增长。根据住房城乡建设部官网发布的《2021 年全国工程勘察设计统计公报》显示，2021 全国共有 26748 个工程勘察设计企业参加了统计，其中，工程勘察企业 2837 个；2021 年具有勘察设计资质的企业年末从业人员 483.3 万人，其中，岩土工程勘察人员 16.4 万人，与上年相比增长 2.3%；2021 年具有勘察设计资质的企业工程勘察新签合同额合计 1410.2 亿元，与上年相比减少了 5.6%，但工程勘察收入 1103 亿元，与上年相比增长 7.5%。来自交通、市政、建筑、环境工程等基础设施建设行业的工程勘察业务将继续增长，工程勘察与岩土工程技术人员尚有较大缺口。目前，我国的勘察行业正处于寻求高质量发展的瓶颈期，在政策刺激效应回落、产业结构深化调整等多重背景叠加之下，工程勘察行业加速推进，重组整合步伐明显加快，越来越多的优质资源会加速集聚，加速淘汰落后的企业，行业分层分级态势会不断扩大。随着新一轮的科技革命和产业变革深入推进，具备高级职称和注册岩土工程师执业资格的人才将会备受行业的青睐。

从产业发展看。随着近几年来我国经济的飞速发展，城市化进程不断加快，以郑州为例，连接的高速铁路线路日益增多，不断启动新地铁线路，以及城中村的改造，新建住宅项目、商业项目、办公项目、公园、体育场等的建设，这些都是城市化发展的最直观体现，而交通、市政、建筑等工程的建设也都离不开工程勘察，在这种情况下工程勘察与岩土工程就尤为重要。随着新技术、新工艺和新方法不断涌现，技术规范的不断更新，工程勘察与岩土工程技术人员面临着艰巨的任务，也迎来更大的挑战。

从政策红利看。随着改革开放的深入和社会主义市场经济体制的确立，国家经济迈入稳步增长，“一带一路”“区域性规划”“城市建设”等倡议、政策层出不穷，带来了发展路径与要素改变，行业发展前景良好。

当前，工程勘察行业的发展态势正逐步向专业化、一体化、综合化方向转型，发展前景亦进入“新常态”。工程勘察行业内的企业主营业务由传统的勘察业务向覆盖工程建设产业链全过程的设计、咨询、项目管理、总承包等多元模式升级；企业核心能力向技术、管理、资本运作等综合能力转变，同时新型城镇化、城市更新等市场空间巨大，城市建设与管理进入了新时代，工程勘察与岩土工程技术人员也将面临从单一技术人员到综合管理人员的贯通发展。

十、相关内容链接

国家职业标准：暂缺。

相关政策文件：见表 2-02-18-05-03。

表 2-02-18-05-03　工程勘察与岩土工程技术人员相关政策文件

发布或通过时间	发布或通过机构	文件名称
2022 年 1 月	住房城乡建设部	《关于印发“十四五”建筑业发展规划的通知》
2022 年 5 月	住房城乡建设部	《关于印发“十四五”工程勘察设计行业发展规划的通知》

供稿：郑州升达经贸管理学院　杜云静

道路与桥隧工程技术人员

职业编码：2-02-18-08

道路与桥隧工程行业是中国基础设施建设的重要组成部分，在“十三五”规划期间发挥重大作用。它不仅直接影响和调整国家的整体基础设施格局，而且为我国经济社会发展提供可持续的支撑。为落实“十四五”规划纲要，加快建设交通强国，充分重视交通运输的基础性、先导性和战略性意义，推动道路与桥隧交通实现积极向好的大跨越，我国大力支持道路与桥隧施工这一基础产业，先后出台一系列政策措施，为行业稳定发展注入强心剂。

根据《国家公路网规划（2013—2030年）》显示，国家公路网规划总规模达40.1万公里，其中，国家高速公路约11.8万公里，普通国道约26.5万公里，这一规划的实施为道路与桥隧施工行业提供了新的增长空间。道路与桥隧工程技术人员专注于道路、公路、桥梁和其他交通基础设施的设计、施工和维护。该领域在现代社会中至关重要，在确保人员和货物的高效安全流动方面发挥着至关重要的作用。

一、道路与桥隧工程技术人员的一天

记录时间：2022年5月22日 **记录人：张某**

上午工作情况

8点至11点30分：

1.按要求穿戴整齐、戴好安全帽，进入项目施工现场，向现场施工员进行安全和技术交底，下发工作任务。（班前教育、领任务）

2.熟悉设计文件、技术规范、施工方法、施工安排等，参加有关技术交

底与施工组织设计、技术组织措施的编写工作。(编制方案)

3. 做好各项技术准备工作，深入工地进行技术业务指导与工程质量、进度检查，参加交班会，做好详细的技术交底，及时解决施工中存在的技术问题，施工现场情况如图 2-02-18-08-01 所示。(技术交底)

4. 在项目总工程师的指导下，与设计人员、现场监理人员、建设单位人员沟通，对项目工程的技术管理及执行情况进行解释与改进工作。(现场沟通)

图 2-02-18-08-01　道路桥隧施工现场情况

下午工作情况

14 点至 18 点：

1. 按要求穿戴整齐、戴好安全帽，进入项目施工现场，向现场施工员进行安全和技术交底。(班前教育)

2. 参加隐蔽工程检查及交工验收，路面铺设情况检测如图 2-02-18-08-02 所示。负责工程档案中各项技术资料的签证、收集、整理工作，做好施工日志。(工作记录)

3. 负责日常收集、整理并编写技术总结和编制竣工文件的有关原始资料、基础资料。（资料整理）

4. 做好本岗位记录的收集、整理、填报、归档工作，确保技术文件的质量，并对技术文件和资料的有效性、真实性负责。（质量检查、资料记录）

图 2-02-18-08-02　道路与桥隧工程技术人员路面铺设情况检测

二、什么是道路与桥隧工程技术人员

职业定义。道路与桥隧工程技术人员是从事道路、桥梁与隧道工程的规划、勘测、设计，并指导施工、养护的工程技术人员。

定义解读。道路与桥隧工程技术人员是指具有一定路桥建筑结构基本理论知识和较强的实践能力、经过现场工程师（建造师、监理工程师、结构工程师）初步训练能从事建筑工程设计、工程施工管理、工程经济管理等的高等技术应用型专门人才。

关联职业。面向道路交通施工企业、设计单位、道路交通工程监理公司、企事业单位的基本建设管理部门、城镇建设规划管理部门，从事工程施工项目的技术和管理工作，也能从事一般道路交通工程结构设计和材料试验等工作。

相应岗位。工程技术人员、项目总工程师、设计人员、监理人员、测量员、质检员、材料员、试验员等。

三、道路与桥隧工程技术人员的主要工作职责

1. 规划、勘测道路线路位置，牵头组织、负责桥梁、隧道工程设计管理，监督设计单位按照建设意图进行设计，组织桥梁、隧道工程技术交底，负责施工过程桥梁、隧道设计协调。

2. 规划、勘测、设计道路、桥梁、隧道、涵洞并指导施工，参与实施性施工组织设计，组织桥梁、隧道工程等施工方案审查。

3. 研究、设计道路沿线的生态环境、古迹、景观保护方案。

4. 制订道路、桥梁、隧道、涵洞的施工规范和安全操作规程，负责桥梁、隧道工程施工质量、进度、技术管理。

5. 制定施工方案并核算施工成本，组织处理桥梁、隧道技术问题，建立处理台账。

6. 检测、评定道路、桥梁、隧道、涵洞的交通安全性能。

7. 制订道路、桥梁、隧道、涵洞及附属设施的养护计划并指导管理、维修。

四、道路与桥隧工程技术人员的薪酬福利待遇

平均薪酬水平。道路与桥隧工程技术人员的薪酬待遇因不同岗位、不同地区和不同学历存在差异。据智联招聘网 2023 年统计发布数据显示，以中国铁建大桥工程局集团有限公司道路与桥隧工程技术人员为例，平均工资为 6680 元 / 月，大专及本科学历人员工资为 3000~7000 元 / 月，研究生学历人员工资为 6000~10000 元 / 月。

与类似职业对比。职友集网 2023 年统计发布数据显示，道路与桥隧工程技术人员的薪酬为 5600 元 / 月，略高于土木建筑工程技术人员、混凝土工程技术人员等，类似职业薪酬水平见表 2-02-18-08-01。

表 2-02-18-08-01　类似职业薪酬水平

职业名称	薪酬水平（元 / 月）
土木建筑工程技术人员	5600
混凝土工程技术人员	4800
铁路桥隧工	6100

五、从事道路与桥隧工程技术人员工作需要哪些本领

该职业从业人员需具备的知识和技能有：掌握本学科相关的基本理论，掌握工程规划与选型、结构分析与设计以及工程材料应用的基本知识；掌握工程测量与勘察、工程试验与检测、施工组织与管理等方面的基本技能；具有工程制图、计算机应用、主要测试仪器使用的基本能力；具有综合应用各种手段查询资料、获取信息的能力；具有工程设计、试验、施工、管理的基本能力和研究开发的初步能力。该职业需具备的职业能力要求见表 2-02-18-08-02。

表 2-02-18-08-02　道路与桥隧工程技术人员需具备的知识和技能

职业功能	工作内容	专业技能
工程测量	负责完成道路与桥隧工程控制测量、施工放样、竣工测量等测量工作	能熟练识读道路与桥隧工程结构图； 掌握经纬仪、水准仪、全站仪的操作使用； 具有测量资料计算能力； 具有道路与桥隧控制测量，施工放样，竣工测量的组织与实施能力； 必须具有严谨细致、认真负责的工作态度
道路与桥隧施工技术与施工管理	在道路与桥隧工程施工现场履行专业施工指令，完成施工任务。负责组织对所承担工程项目的	能进行道路与桥隧施工图识读和施工现场勘察，熟悉图纸会审程序与主要内容；能消化设计图纸，明确工程范围、规模、项目内容，形成材料；明确技术标准、质量标准、设计特色等，列出图纸的疑点、难点以便与业主或设计单位商讨，做好沟通与协调工作； 能针对设计施工图的技术交底编制施工组织设计； 会查阅、使用工程设计和施工的各项法规、规范与工法；

续表

职业功能	工作内容	专业技能
道路与桥隧施工技术与施工管理	技术交底，质量检查，进行分部分项工程检查和评定。深入现场解决问题，及时处理施工中的质量问题和其他问题。配合施工部门编制好施工材料计划，确保施工现场的材料供应	熟悉工程质量、进度、成本、安全、材料（工料、机具）等方面的知识，熟练掌握原始资料的计算复核工作，能定期完成业务统计工作，认真做好统计分析，及时完成领导布置的计划任务； 熟悉工程构造与材料并能针对性地提出问题，能列出材料明细表（特殊材料、数量、种类）； 会熟练利用测量放线工具做好测量放样和定位工作； 能对所有原始资料进行定期整理，会对项目范围内的图纸、文件、竣工资料等各类资料进行整理，并装订成册、归档、保管； 熟悉工程质量、进度、成本、安全、材料（工料、机具）等方面的管理工作；熟练掌握各项施工规范和技术措施
工程试验检测	负责道路与桥隧工程施工试验、原材料试验、混合材料配合比设计和质量检测试验、结构工程质量检测等工作，为施工质量控制提供科学依据	熟悉工程常用材料的使用性能，具有对水泥、砂石、混凝土、钢材、沥青等原材料的试验检测能力，能够合理使用工程材料； 具有水泥混凝土、沥青混凝土及各种路基路面混合料的配合比设计及质量检查与控制能力； 具有常规路基路面的现场检测能力； 具有地基强度指标的检测及应用能力； 熟悉基础工程静载试验方法及应用； 熟悉桩基质量检测方法及应用； 熟悉结构强度无损检测方法及应用； 熟悉结构变形裂缝检测方法及应用
质量检测	负责各项工程的质量检查、监督管理	熟悉设计图、设计资料和设计意图； 熟悉并正确使用施工规范、验收规范、质量标准； 具有一定的测量知识，能对工程结构的位置尺寸进行复核

六、道路与桥隧工程技术人员的专业教育现状

（一）相关专业

道路与桥隧工程技术人员归属于土木工程专业领域，目前已有较多院校开设

了与该职业相关的专业，涉及普通本科院校、高职院校及中职学校等。普通本科院校专业有土木工程、智能建造、交通运输工程及市政工程等。职业院校专业有道路与桥梁工程技术、市政工程技术、城市轨道交通工程技术等。

（二）开设相关专业的院校（排名不分先后）

★ 相关院校：同济大学、哈尔滨工业大学、北京建筑大学、长沙理工大学、西南交通大学等。

◆ 相关院校：广州铁路职业技术学院、四川建筑职业技术学院、浙江建设职业技术学院、广州城建职业学院、江西建设职业技术学院等。

七、道路与桥隧工程技术人员的就业创业信息

该职业从业人员遍布全国各地，其中主要集中在北京、上海、广东、湖南、浙江、江苏、天津、江西、山东、四川等省市。

吸纳道路与桥隧工程技术人员就业较多的用人单位主要有：

1. 大型施工企业：大多数土木与建筑类施工企业都需要道路与桥隧工程技术人员来进行道路、桥梁、隧道、涵洞工程的现场施工。例如，中国建筑集团有限公司、中铁建设集团有限公司、中国交通建设集团有限公司、中国能源建设集团有限公司、北京城建集团有限责任公司、上海建工集团股份有限公司等。

2. 房地产开发企业：如保利发展控股集团股份有限公司、万科企业股份有限公司、碧桂园控股有限公司、中海企业发展集团有限公司、华润置地投资有限公司等。

3. 设计院：如中铁第一勘察设计院集团有限公司、中交一公局公路勘察设计院有限公司、中铁大桥勘测设计院集团有限公司、中交公路规划设计院有限公司等。

注：以上机构信息仅供参考，不代表编写出版方对其推荐或认可。

八、道路与桥隧工程技术人员的职业贯通发展

该职业的发展路径主要有四条：

1. 技术路线，即不断学习专业知识和提升技能水平，从道路与桥隧工程项目

技术人员晋升到项目技术负责人再晋升到项目技术总工程师，通过工程实践不断创新、技术职称不断晋升，成为道路、桥梁、隧道工程师或交通规划师。

2. 管理路线，即经过工程实践锻炼，逐步提升项目协调管理能力，从普通施工技术人员逐步晋升到项目经理。

3. 复合人才路线，即通过学习相关知识和专业技能，拓展职业领域，转型为施工员、安全员、质量员、注册建造师、注册监理工程师等，实现横向贯通和复合发展。

4. 创业路线，即基于个人业务能力、专业基础和兴趣爱好，选择合适机会进行创新创业，实现自我价值。

道路与桥隧工程技术人员的职业贯通发展如图 2-02-18-08-03 所示。

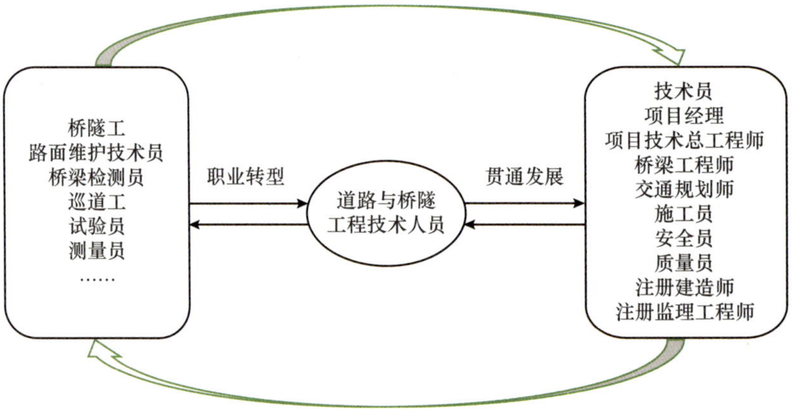

图 2-02-18-08-03　道路与桥隧工程技术人员的职业贯通发展

九、道路与桥隧工程技术人员的发展前景

从市场供需看。随着城市化进程的加速，道路与桥隧工程专业的就业前景比较广阔，毕业生可以在各类设计院、施工企业、监理公司、投资开发企业等部门担任路桥工程师、隧道工程师、桥梁设计员、隧道设计员、项目经理等职位。随着我国基础设施建设的不断推进，特别是高速公路、高速铁路和地铁等项目的快速发展，桥梁和隧道方面的专业人才需求量很大，薪酬水平也较高。

从产业发展看。我国交通基础设施投入不断加大，建设步伐加快，国民生活得到了实实在在的改善，在 2023 年，我国交通工程投资建设将会有较大进展。投资将不断增加，与近年投资的情况相比，2023 年的投资将有很大增长，根据相关部门发布的数据，今年国家的投资规模会达到 414.5 亿元，其中，交通工程投资将达到 310 亿元，同比增长 13.87%。重点建设项目突出，2023 年交通建设将继续重点推进高速铁路、公路网、城际轻轨等项目的建设，建设世界级网络，实现交通融合和发展。地方投资加快发展，实现区域联通，调动地方投资活力，加速推进公路等项目。投资覆盖面不断扩大，将幅员辽阔的大片地区覆盖包括公路、高速铁路和其他相关基础设施建设等项目。

随着国家对全国基础设施建设的投资持续提升，这一行业前景将更加广阔；随着数字技术的不断发展和应用，智能交通和智慧城市的蓬勃发展也将为道路与桥隧行业提供新的发展机遇。未来，行业将继续成为行业中发展空间最大的行业之一，技术研发、调研与应用将主导行业的发展方向。

从政策红利看。国家重视交通基础设施建设，全国高速铁路和高速公路里程均居世界首位。交通基础设施建设具有投资规模大、落地见效快、综合效益好、带动作用强等特点，是保民生、促发展的重要举措，也是稳增长、扩就业的重要领域之一。2022 年以来，我国全力扩大交通有效投资，加快编织“三张交通网”，“6 轴 7 廊 8 通道”国家综合立体交通网主骨架空间格局基本形成。快速交通网加快延伸，2022 年，全国新增高速铁路里程 2082 公里、高速公路里程 8181 公里，年末里程分别达到 4.2 万公里和 17.7 万公里，均稳居世界首位，其中，全国高速铁路营业里程占比提高至 27% 以上。

十、相关内容链接

国家职业标准：暂缺。

相关政策文件：见表 2-02-18-08-03。

表 2-02-18-08-03 道路与桥隧工程技术人员相关政策文件

发布或通过时间	发布或通过机构	文件名称
2022 年 1 月	住房城乡建设部	《关于印发“十四五”建筑业发展规划的通知》

续表

发布或通过时间	发布或通过机构	文件名称
2022年5月	住房城乡建设部	《关于印发“十四五”工程勘察设计行业发展规划的通知》

供稿：广州城建职业学院　周珩

铁路建筑工程技术人员

职业编码：2-02-18-11

交通强国，铁路先行，铁路在综合交通运输体系中处于骨干地位，就像成长中的巨人身体内的血管一样，不断将身体各处所需的营养物质运输到相应的地方。近年来，中国铁路营业里程迅速增加，高速铁路技术体系不断完善，高速铁路营业里程跃居世界首位，成为中国的靓丽“名片”。在铁路发展的进程中，有这样一群人，他们奋斗在铁路建设的勘测、设计、施工、检测一线，用先进的技术和辛勤的汗水让铁路干线不断延伸，就像人体内的细胞一样，不断地修筑、维护身体内血管，保障人体运输通道的功能正常，他们就是铁路建筑工程技术人员。

一、铁路建筑工程技术人员的一天

记录时间：2022 年 5 月 28 日 **记录人：王某华**

上午工作情况

8 点至 11 点 30 分：

1. 召开晨会，安排当天生产重点工作，强调安全生产。（班前会议）

2. 审读铁路路基、桥梁、隧道、轨道、牵引供电和通信信号设施等工程结构施工图，计算工程量，如图 2-02-18-11-01 所示。（图纸审读）

3. 现场踏勘，进行施工控制网复测和工程结构物的施工放样。（踏勘放样）

4. 研讨工程设计和施工方案，编制工程施工技术文件，向施工人员进行施工技术和安全交底。（技术交底）

图 2-02-18-11-01　审读工程结构施工图，计算工程量

下午工作情况

14 点至 18 点：

1. 检查铁路工程建设工地，调度现场人员、机械和施工物资，保证施工顺利进行。（检查工地）

2. 探讨施工方法和工艺，对铁路路基、桥梁、隧道、轨道等工程结构进行施工技术指导。（研讨工艺）

3. 对已完成的工程结构进行质量检测和验收，如图 2-02-18-11-02 所示。（施工验收）

4. 绘制施工图纸，进行阶段性工程施工计量，编排下一阶段工程进度计划。（工程计量、进度安排）

5. 填写工程建设相关资料，归纳整理并提交审核、上报、归档。（资料归档）

图 2-02-18-11-02 工程质量检测和验收

二、什么是铁路建筑工程技术人员

职业定义。铁路建筑工程技术人员是从事铁路基础设施勘测、设计、检测、技术管理并指导施工的工程技术人员。

定义解读。铁路工程包括路基、桥梁、隧道、轨道、牵引供电系统和通信信号系统等工程。铁路建筑工程技术人员运用专业技术、软件和工具，按照相关技术标准，确定铁路建筑物和构筑物的合理位置和几何参数，完成铁路工程各组成结构勘测、设计、施工、验收各项工作全过程，并对工程质量与运营状态进行检查、评估和验收。

关联职业。密切相关的职业有建筑工程技术人员、道路与桥隧工程技术人员、铁道工务工程技术人员、铁道电务工程技术人员和铁道供电工程技术人员等。建筑工程技术人员从事城乡规划设计，公园、道路、桥梁、港口与航道、铁路、机场等建筑项目的设计、建造及管理等工作。道路与桥隧工程技术人员从事道路、桥梁与隧道工程的规划、勘测、设计，并指导施工、养护等工作。铁道工务工程技术人员从事运营铁路轨道、路基、桥隧等固定设施检测、监测、管理，指导养护维修等工作。铁道电务工程技术人员从事铁路通信、信号系统及设备设计、试验检验、运用运行、维护管理、生产技术指导等工作。铁道供电工程技术人员从事铁路牵引供电、自动闭塞供电技术和设备的设计、试验检测、维护管理、生产技术指导等工作。

相应岗位。铁路工程设计工程师，施工、监理、检测等单位的项目经理，项目总工程师，施工员，试验员，测量员，造价员，安全员，质检员，信息模型建模员等。

三、铁路建筑工程技术人员的主要工作职责

1. 勘测、设计线路，确定轨道平纵面参数，编制设计文件，绘制铁路工程图。

2. 设计、检测轨道结构、部件、防灾及安全防护设施，根据技术标准和规范，制订轨道施工技术指导文件并指导施工，进行轨道工程验工、计量，检测轨道运用条件和技术状态，完成相关资料的整理、归档和上报。

3. 勘测、设计路基及安全防灾设施，根据技术标准和规范，进行相关试验检测，制定路基施工技术指导文件并指导施工，进行路基工程验工、计量，试验、检测路基技术状态并评估应用条件，完成相关资料的整理、归档和上报。

4. 勘测、设计桥梁、隧道及设备安全防灾措施，根据技术标准和规范，制订桥隧施工技术指导文件并指导施工，进行桥隧工程验工、计量，试验、检测、鉴定桥梁、隧道运用条件和技术状态，完成相关资料的整理、归档和上报。

5. 设计、检测、评估铁路牵引供电系统和通信信号系统，根据技术标准和规范，制订桥隧施工技术指导文件并指导施工，进行供电和电务工程验工、计量，检测铁路牵引供电系统和通信信号系统运用条件和技术状态，完成相关资料的整理、归档和上报。

6. 制订系统调试方案，进行部件和系统功能调试及安全评估。

四、铁路建筑工程技术人员的薪酬福利待遇

平均薪酬水平。铁路建筑工程技术人员的工资包括基本工资、奖金、津贴、补贴、加班工资和特殊情况下支付的工资等。人力资源社会保障部2022年企业薪酬调查信息显示，铁路建筑工程技术人员10%分位值工资为3.84万元/年，90%分位值工资为17.43万元/年。目前，全国铁路建筑工程技术人员工资水平差异比较大，与工程所处区域和从业者岗位、专业技术职务等密切相关。职友集网数据显示，施工员工资区间为2000~20000元/月，人数最多工资区间为6000~8000元/月；土建工程师工资区间为3000~30000元/月，人数最多工资区间为10000~15000元/月。

与类似职业对比。职友集网2022年数据显示，该职业相关岗位的薪酬一般要高于物业管理员等职业，与机械设备工程师、室内设计师、暖通工程师等职业薪酬大致持平，类似职业薪酬水平见表2-02-18-11-01。

表2-02-18-11-01 类似职业薪酬水平

职业名称	薪酬水平（元/月）
物业管理员	4500~6000
机械设备工程师	10000~15000
室内设计师	6000~8000
暖通工程师	10000~15000

五、从事铁路建筑工程技术人员工作需要哪些本领

铁路建筑工程技术人员需具备的知识和技能有工程勘测和设计的能力、施工指导与质量控制的能力、工程检测与评估的能力和设备维护及优化的能力。铁路建筑工程技术人员需具备的知识和技能见表2-02-18-11-02。

表 2-02-18-11-02　铁路建筑工程技术人员需具备的知识和技能

职业功能	工作内容	知识和技能要求
工程勘测与设计	工程勘测	具备工程地质、工程材料、工程水文、工程测量、工程制图、结构模型创建等方面的专业理论知识，能进行铁路工程地质勘探、现场踏勘和材料试验，利用相关专业设备和软件进行铁路工程勘测、工程图识读和绘制、工程结构建模等
	工程设计	具备工程力学、钢筋混凝土结构等方面的专业理论知识，具备铁路路基、桥梁、隧道、轨道及供电等工程结构设计能力，能够应用相关软件解决工作中问题、提高工作效率。具备创新思维，能够提出优化的设计方案，提高工程的经济性和安全性
施工指导与质量控制	施工技术与管理	熟悉铁路建筑工程的施工方法、工艺和流程以及工程项目管理的原理和要点，能够指导施工队有序作业。有效组织和协调工程项目建设团队，能够掌控工程进度、成本和质量
	质量控制与检测	掌握工程质量控制的方法和手段，具有工程试验、检测、鉴定等方面的专业知识，能够使用仪器设备进行工程质量检测
	安全生产	了解安全生产法律法规和操作规程，确保施工过程安全，能进行工程建设事故预防、分析和应急处理
工程检测与评估	工程检测	掌握铁路建筑工程检测的技术和方法，能够使用专业的检测设备进行数据采集和分析
	系统评估	掌握铁路建筑工程各系统的性能评估和技术状态评定方法，能够对整个工程进行系统性评估，提出改进建议
	数据分析与报告撰写	具备数据分析能力，能够对检测数据进行深入分析和解读，撰写清晰、准确的检测报告和评估报告

续表

职业功能	工作内容	知识和技能要求
设备维护及优化	设备维护	熟悉铁路建筑工程设备的维护方法和保养周期，能够指导设备的维护和保养作业，快速定位设备故障并采取相应的修复措施
	设备优化	学习了解铁路建筑工程领域的新设备、新技术、新材料和新规范，能够提出技术改造和优化方案，明确技术改造的实施步骤和注意事项，确保改造过程安全有效

六、铁路建筑工程技术人员的专业教育现状

（一）相关专业

在普通本科院校、高职院校及中职学校都开设有该职业相关的专业。普通本科院校专业有铁道工程、土木工程、道路桥梁与渡河工程、智能建造与智慧交通等。高职院校专业有铁道工程技术、高速铁路施工与维护、铁道桥梁隧道工程技术等。中职学校专业有铁道工程施工与维护、铁道桥梁隧道施工与维护。

（二）开设相关专业的院校（排名不分先后）

★ 相关院校：西南交通大学、北京交通大学、兰州交通大学、同济大学、中南大学、华东交通大学、石家庄铁道大学、大连交通大学、南京工业大学、上海应用技术大学等。

◆ 相关院校：陕西铁路工程职业技术学院、石家庄铁路职业技术学院、天津铁道职业技术学院、湖南铁道职业技术学院、郑州铁路职业技术学院、武汉铁路职业技术学院、广州铁路职业技术学院、哈尔滨铁道职业技术学院、新疆铁道职业技术学院、合肥铁路工程学校等。

七、铁路建筑工程技术人员的就业创业信息

该职业从业人员遍布全国各地和中国承建的海外铁路工程项目。

吸纳铁路建筑工程技术人员就业较多的用人单位主要有：

1. 铁路工程设计和施工企业：如中国中铁股份有限公司，中国铁建股份有限公司下属的中铁第一勘察设计院集团有限公司、中铁二院工程集团有限责任公司、中铁一局集团有限公司、中铁四局集团有限公司、中铁十一局集团有限公司、中铁二十五局集团有限公司、中铁大桥局集团有限公司、中国铁建大桥工程局集团有限公司、中铁上海工程局集团有限公司等，以及中国交通建设集团有限公司、中国水利水电建设集团有限公司、中国建筑集团有限公司下属的中建铁路投资建设集团有限公司。

2. 铁路建设与运营管理企业：如中国国家铁路集团有限公司下属的中国铁道科学研究院集团有限公司、中国国家铁路集团有限公司、中国铁路国际有限公司、中国铁路投资集团有限公司、川藏铁路有限公司以及中国铁路北京局集团有限公司等 18 个铁路局集团公司，以及全国各省市的地方铁路公司等。

注：以上机构信息仅供参考，不代表编写出版方对其推荐或认可。

八、铁路建筑工程技术人员的职业贯通发展

该职业的发展路径主要有五条：

1. 专家路线，在铁路工程设计、施工、检测等不同领域，逐步成长为助理工程师、工程师、高级工程师、教授级高级工程师等，不断提高专业技术水平，成为铁路建筑工程专家。

2. 管理路线，成为项目经理、企业管理人员等，在铁路工程建设单位的管理岗位工作。

3. 技术技能人才路线，从事铁路工程试验检测、测量、施工操作等技术岗位，从试验员、测量员、桥隧工等岗位逐步成长为高水平技术技能人才。

4. 复合人才路线，即向其他行业跨越或进行职业转型，通过学习相关知识和技能转型为铁道工务工程技术人员、路桥建筑工程技术人员、市政工程技术人员等。

5. 创业路线，根据个人兴趣爱好进行创新创业。

铁路建筑工程技术人员的职业贯通发展如图 2-02-18-11-03 所示。

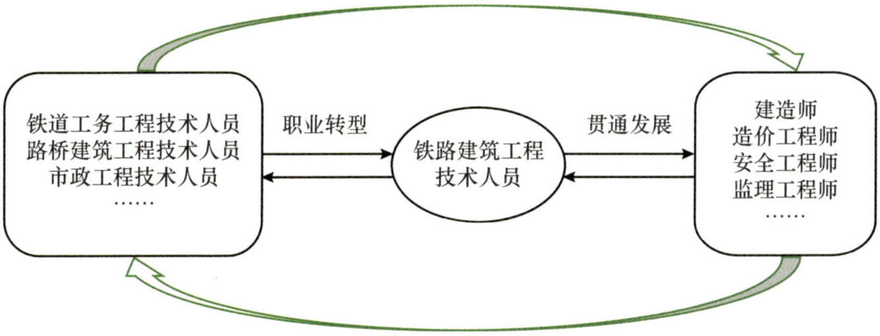

图 2-02-18-11-03 铁路建筑工程技术人员的职业贯通发展

九、铁路建筑工程技术人员的发展前景

从市场供需看。交通强国、铁路先行，推动新时代铁路事业高质量发展，需要一支精良专业的铁路人才队伍。据统计，每增建 1 公里铁路需要各类工程技术人员约 22 人，其中，7~8 人为新增人员。未来几年，按照铁路年均新增 6000 公里计算，需要 40000 多名铁路建设者。目前国内高校铁路工程相关专业及相近专业毕业生不能满足市场需求。随着铁路建设市场开放，除了中国中铁股份有限公司和中国铁建股份有限公司，中国交通建设集团有限公司、中国水利水电建设集团有限公司、中国建筑集团有限公司等企业也纷纷加入铁路建设领域，在这种情形下，无疑需要更多的技术技能人才。同时伴随着“一带一路”倡议和中国铁路“走出去”，我国承建蒙内铁路、雅万高铁、中老铁路等多个海外铁路项目，海外铁路市场也会不断扩大，需要更多国际化铁路工程人才。

从产业发展看。近年来，我国铁路建设快速推进，2022 年年末全国铁路营业里程达到 15.5 万公里，其中，高速铁路营业里程达到 4.2 万公里，全国铁路路网密度 161.1 公里 / 万平方公里，“四纵四横”高速铁路网提前建成，“八纵八横”高速铁路网加密成型。2020 年 8 月，中国国家铁路集团有限公司出台《新时代交通强国铁路先行规划纲要》，提出建设发达完善的现代化铁路网的任务，构建现代高效的高速铁路网、形成覆盖广泛的普速铁路网、发展快捷融合的城际和市域铁路网、构筑一体衔接顺畅的现代综合枢纽；发展自主先进的技术装备体系，创新应用空天地一体化和智能化综合勘察设计装备技术，研发适应极复杂环境条件的超大、超深、超难工程建造装备技术，发展智慧工地等智能建造装备技术；发展自主先进的技术装备体系，以新型基础设施赋能智慧发展，加大5G通信网络、大数据、区块链、物联网等新型基础设施建设应用，丰富应用场景，延伸产业链条，以推动新一代信息技术与铁路深度融合、赋能赋智为牵引，打造现代智慧铁路系统。铁路建设相关单位由劳动密集型向技术密集型转型，新技术、新工艺和新方法不断涌现，技术更新的周期越来越短，对从业人员提出了“不断学习、更新知识、提高技能”的新要求。

从政策红利看。铁路是国家战略性、先导性、关键性重大基础设施，是国民经济大动脉、重大民生工程和综合交通运输体系骨干，在经济社会发展中的地位和作用至关重要。《新时代交通强国铁路先行规划纲要》提出，到2035年，将率先建成服务安全优质、保障坚强有力、实力国际领先的现代化铁路强国；基础设施规模质量、技术装备和科技创新能力、服务品质和产品供给水平世界领先；运输安全水平、经营管理水平、现代治理能力位居世界前列；绿色环保优势和综合交通骨干地位、服务保障和支撑引领作用、国际竞争力和影响力全面增强。到2050年，全面建成更高水平的现代化铁路强国，中国铁路成为社会主义现代化强国和中华民族伟大复兴的重要标志和组成部分，成为世界铁路发展的重要推动者和全球铁路规则制定的重要参与者。2021年3月11日，第十三届全国人民代表大会第四次会议表决通过了关于国民经济和社会发展第十四个五年规划和2035年远景目标纲要的决议。规划提出，加快建设交通强国，构建快速网，基本贯通“八纵八横”高速铁路；完善干线网，加快普速铁路建设和既有铁路电气化改造；推进城市群都市圈的交通一体化，加快城际铁路、市域（郊）铁路建设；提高交通通达深度，推动区域性铁路建设。

十、相关内容链接

国家职业标准：暂缺。

相关政策文件：见表2-02-18-11-03。

表 2-02-18-11-03 铁路建筑工程技术人员相关政策文件

发布或通过时间	发布或通过机构	文件名称
2016 年 7 月	国家发展改革委等	《中长期铁路网规划》
2020 年 8 月	中国国家铁路集团有限公司	《新时代交通强国铁路先行规划纲要》

供稿：陕西铁路工程职业技术学院　赵东

硅酸盐工程技术人员

职业编码：2-02-19-01

硅酸盐是地壳中储量最多、分布最广的一种矿物，硅酸盐材料伴随人类从蛮荒走向文明，从石器时代走向信息时代。硅酸盐行业是一个多样化的行业，包括许多不同的领域，这些领域都与我们的日常生活息息相关，水泥是“建筑业的粮食”，它的发明让高楼平地起，天堑变通途；玻璃是“与光共舞的精灵”，它的发明让空间五彩斑斓、绚丽多姿；陶瓷是“土与火”的艺术融合，它的发明让人类的生活方式发生巨变。在数字时代背景下，强国战略和新基建的推动下，硅酸盐行业也面临新的机遇和挑战，硅酸盐工程技术人员致力于硅酸盐材料的生产运营、工艺改进、性能检测、产品应用等方面研究，同时也更加重视材料的创新和环保、生产的数智化和行业的可持续发展，为“双碳”目标的实现做出更大的贡献。

一、硅酸盐工程技术人员的一天

记录时间：2023 年 8 月 7 日　　**记录人：李某文**

上午工作情况

7 点 30 分至 12 点：

1. 到公司参加每日晨会，落实解决前一班组出现的相关问题，做好会议任务布置工作。（任务布置）

2. 检查前一班组的操作记录表，了解整体运行情况，针对出现的问题出具工作方案并及时处理或反馈，对今天的调整方向做好规划。（遗留问题处置）

3. 检测原料、半成品、成品的性能指标，出具质量通知单，判定配比是否稳定，如发现异常，及时通知相关工作人员调整。（质量检测与控制）

4. 查看工艺设备运行参数是否正常，必要时联系现场确认，确认后及时按工艺管理规程处理，如图 2-02-19-01-01 所示。（设备运行维护）

5. 例行巡检，检查设备和工艺过程是否运行正常，现场出现问题时及时通知相关人员做处理，如图 2-02-19-01-02 所示。（设备巡检）

6. 及时填报相关生产、分析数据。（数据填报）

图 2-02-19-01-01　设备运行检查

图 2-02-19-01-02　例行巡检

下午工作情况

13 点 30 分至 16 点：

1. 查看生产线原料、半成品、成品的库存情况，检测其必要的技术指标，出现异常及时处理，并做好相关记录。（库存检查）

2. 制定应急预案，针对工艺、设备出现的突发事件及时进行处理。（应急处置）

3. 起草设备使用定检工艺要求，确定检修位置，提出配品配件等材料采购要求，制定检修计划。（制定检修计划）

4. 组织研讨，进行工艺设计方案的调整和改进。（工艺改进）

5. 编写、完善相关作业指导书，起草公司数智化转型建议。（数智化转型）

6. 对生产数据进行统计、分析，按时撰写工艺运行分析报告。（报告撰写）

16 点至 18 点：

1. 进行数据整理，汇总当天的相关数据报表。（报表归档）

2. 参加当天工作总结会，下班前做好日工作总结，与值班人员做好交接工作。（每日总结）

二、什么是硅酸盐工程技术人员

职业定义。硅酸盐工程技术人员是从事水泥、玻璃、陶瓷等硅酸盐建筑材料的产品、生产工艺、技术、装备等研发应用的工程技术人员。

定义解读。硅酸盐工程技术人员是指从事硅酸盐材料研究、开发、生产、检测和应用的专业技术人才。其通常从事玻璃、陶瓷、建材、电子材料等相关行业工作，他们需要具备扎实的材料科学、化学、工程学等专业知识，具备实验室技术操作能力和解决实际问题的能力。他们在硅酸盐工业、建筑、环保、能源等多个领域发挥着重要作用，为国家的经济发展和科技进步做出了重要贡献。

关联职业。密切相关的职业有混凝土工程技术人员、设备机械工程技术人员、检测工程技术人员、硅酸盐工程专业教师等。

相应岗位。从事硅酸盐材料生产技术、过程质量检验与控制、智能工厂中控操作、生产现场数字化管理等岗位，服务于材料性能优化设计、节能诊断、智能赋能技术与智能工厂等技术领域。

三、硅酸盐工程技术人员的主要工作职责

1. 分析、研究原料、半成品、成品的矿物组成、特性及对产品的影响。

2. 研究、设计硅酸盐产品的生产技术和工艺装备及自动化控制系统。

3. 研究提高硅酸盐产品质量、保护环境及降低能耗、资源综合利用、清洁生产的方法。

4. 研究硅酸盐生产的技术动态信息和新技术、新工艺，开发新产品。

5. 研发无害化协同处置城市生活垃圾、工业废弃物、危险废弃物、自来水污泥等作为生产硅酸盐产品原料或替代燃料的技术与装备。

6. 制订建筑材料工业的发展战略、规划、管理规程、规范、准入条件及标准。

7. 分析硅酸盐产品生产故障、质量及技术、设备问题，并提出处理意见。

8. 组织进行工业窑炉的热工标定和热平衡计算及环境检测。

9. 组织进行硅酸盐产品的生产、检验。

四、硅酸盐工程技术人员的薪酬福利待遇

平均薪酬水平。硅酸盐工程技术人员隶属制造业，关联行业为建筑行业。《中国统计年鉴 2023》显示，2022 年制造业城镇非私营单位就业人员年平均工资为 97528 元，建筑业城镇非私营单位就业人员年平均工资为 78295 元；人力资源社会保障部公布的《2022 年企业薪酬调查信息》中显示，硅酸盐工程技术人员薪酬的中位值为 7.25 万元。硅酸盐工程技术人员的薪酬福利受工作经验、学历、技能水平、企业规模、所在地区经济发展水平等多个因素影响，一般而言，具备丰富经验和专业知识的高级技术人员的薪酬较高，年平均薪酬为 20 万 ~40 万元，同时个人岗位和职责不同，薪酬水平也有所不同。基层员工与管理人员薪酬相差较大，根据猎聘网显示，从事硅酸盐相关生产制造的企业基层员工平均薪酬为 4000~8000 元 / 月，管理人员薪酬可达到 10000~50000 元 / 月。

与类似职业对比。猎聘网数据显示，硅酸盐工程技术人员的初始薪酬与混凝土工程技术人员、检测工程技术人员相近，但是从事研发、固废处置环保节能方面工作的技术人员的薪资水平为 5000~30000 元 / 月，一般要高于混凝土工程技术人员、检测工程技术人员等职位的薪酬。类似职业薪酬水平见表 2-02-19-01-01。

表 2-02-19-01-01　类似职业薪酬水平

职业名称	薪酬水平（元 / 月）
混凝土工程技术人员	5000~20000
检测工程技术人员	5000~15000
设备机械工程技术人员	8000~15000

五、从事硅酸盐工程技术人员工作需要哪些本领

硅酸盐工程技术人员主要从事产品新技术研发、生产工艺优化、产品质量监控及技术支持等方面的工作，需具备的知识和技能有：掌握硅酸盐建筑材料基础理论、数字化生产工艺技术、绿色低碳管理及相关法律法规等知识，具有新产品研发、工艺优化与生产、质量控制与检验、技术文档编制与改进、数字技术应用等能力。硅酸盐工程技术人员需具备的知识和技能见表 2-02-19-01-02。

表 2-02-19-01-02　硅酸盐工程技术人员需具备的知识和技能

职业功能	工作内容	知识与技能要求
产品研发	新产品研发	能够参与新产品的研发工作，包括材料配比设计、分析，研究原料、半成品、成品的矿物组成、特性及对产品的影响，工艺流程制定和实验验证等；熟悉生产工艺过程和产品性能，负责新产品的试产安排、生产指导以及现场异常问题的及时排除；能根据市场需求，研究提高硅酸盐产品质量、降低能耗及综合利用资源的方法
工艺优化与生产	工艺优化	能够对现有生产工艺进行持续优化、分析并解决生产过程中的问题和难题，提出改进措施，提高生产效率，降低能耗，减少废弃物的排放，提高产品质量
	生产组织与监控	能够根据生产需求和技术要求，选择合适的生产设备和生产线，并负责设备的升级改造；熟悉硅酸盐产品的生产流程和设备操作，具备组织生产、监控生产过程和解决生产故障的能力，确保产品质量的稳定和生产效率的提升
	自动化与智能化管理	能够推进生产线的自动化和智能化改造，通过引入先进的控制系统和监测技术，提高生产效率
质量控制与检验	质量控制计划制定与实施	能够根据国家和行业标准，制定企业内部的质量标准和控制计划并实施，确保产品质量的一致性和稳定性
	原材料检验	熟悉原材料、半成品和成品的检验方法和评估标准，能够对进入生产线的原材料进行严格的检验，确保原材料符合生产要求

续表

职业功能	工作内容	知识与技能要求
质量控制与检验	生产过程监控与成品检验	能够通过在线检测和定期抽检等方式，对生产过程中的关键环节进行监控，及时发现并解决问题；对成品进行全面的检验和评估，确保产品质量符合客户要求和行业标准
技术支持与培训	技术支持	能够给客户和供应商提供技术支持，解决生产过程中遇到的技术难题，确保生产线稳定运行；具备良好的沟通能力，能够与技术团队、生产团队和客户进行有效的沟通和协作，协助解决技术上的疑问和需求，促进合作关系的建立和发展
	技术培训	能对生产线操作人员进行技术培训，提高其操作技能和知识水平，减少生产过程中的差错和损失
项目管理与技术文档编写	项目管理	能够负责硅酸盐建筑材料相关项目的策划、实施、监控和收尾工作，确保项目按时、按质、按量完成
	技术文档编写	能够编写和维护相关的技术文档，包括工艺流程、技术规范、操作指导书等，为生产和管理提供技术支持和参考，同时确保技术文档的准确性和时效性
环保与安全	环保管理	能够负责硅酸盐建筑材料生产过程中的环保管理工作，确保生产活动符合国家环保相关的法规和标准，减少对环境的影响
	安全管理	能够制定和执行安全生产规章制度，加强安全生产教育和培训，预防和减少生产安全事故的发生

六、硅酸盐工程技术人员的专业教育现状

（一）相关专业

目前已有较多院校开设了与该职业相关的专业，涉及普通本科院校、高职院

校及中职学校等。普通本科院校专业有材料科学与工程、无机非金属材料工程等。高职院校专业有建筑材料智能制造、建筑材料工程技术、建筑材料检测技术、装配式建筑构件智能制造技术等。中职学校专业有建筑材料智能生产技术、装配式建筑构件制作技术等。

（二）开设相关专业的院校（排名不分先后）

★ 相关院校：清华大学、哈尔滨工业大学、武汉理工大学、上海交通大学、北京航空航天大学、北京科技大学、天津大学、浙江大学、西北工业大学、北京理工大学、东北大学等。

◆ 相关院校：洛阳理工学院、河北建材职业技术学院、江西现代职业技术学院、山东城市建设职业学院、绵阳职业技术学院、四川建筑职业技术学院、昆明冶金高等专科学校、北京金隅科技学校、上海市材料工程学校、陕西省建筑材料工业学校等。

七、硅酸盐工程技术人员的就业创业信息

该职业从业技术人员遍布全国各地，其中东部地区企业数量最多，中部地区其次，西部地区则相对较少。

吸纳硅酸盐工程技术人员就业较多的用人单位主要有：

1. 硅酸盐材料制造企业：如中国建材集团有限公司、安徽海螺集团有限责任公司、北京金隅集团股份有限公司、红狮控股集团有限公司、建华建材（中国）有限公司、中国联塑集团控股有限公司、洛阳北方玻璃技术股份有限公司、中航三鑫股份有限公司、广东金意陶陶瓷集团有限公司、广东东鹏控股股份有限公司、北京东方雨虹防水技术股份有限公司等。

2. 大型施工企业：如中国建筑集团有限公司、中铁建设集团有限公司、北京城建集团有限责任公司、北京建工集团有限责任公司等。

3. 建筑材料研究机构：如中国建筑材料科学研究总院有限公司、北京建筑材料检验研究院股份有限公司、天津市建筑材料科学研究院有限公司、河北省建筑材料工业设计研究院有限公司等。

注：以上机构信息仅供参考，不代表编写出版方对其推荐或认可。

八、硅酸盐工程技术人员的职业贯通发展

该职业的发展路径主要有五条：

1. 管理路线，即通过实践经验累计晋升到企业的生产管理岗位、技术管理岗位或其他管理岗位，甚至向更高的领导管理岗位发展。

2. 专家型路线，即通过不断学习努力，提高自身技术水平，成为硅酸盐工程领域大国工匠或专家学者。

3. 专业教育路线，即在职业学校或大学从事教书育人工作，成为本专业领域的讲师、教授或各学校的管理人员。

4. 复合人才路线，即向其他行业跨越或职业转型，如向水泥混凝土工程技术方向发展，成为混凝土工程技术人员，或向硅酸盐材料的检测技术方向发展，成为检测工程技术人员，或向硅酸盐材料相关设备机械技术方向发展，成为设备机械工程技术人员等。

5. 创业路线，即结合自身实际情况，综合考虑自身职业技能及个人兴趣爱好，进行硅酸盐工程材料技术咨询服务行业的创新创业。

硅酸盐工程技术人员的职业贯通发展如图 2-02-19-01-03 所示。

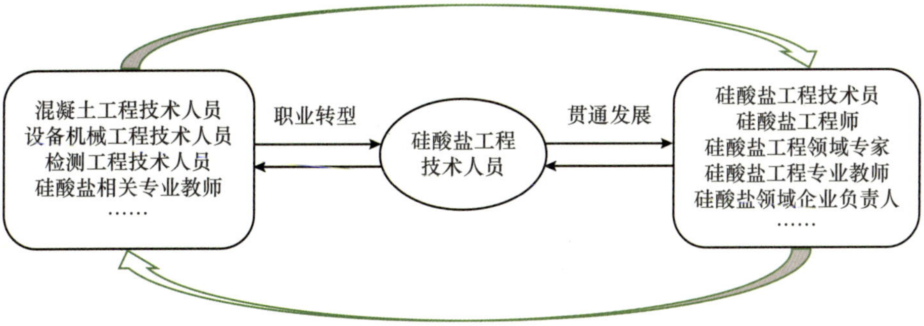

图 2-02-19-01-03 硅酸盐工程技术人员的职业贯通发展

九、硅酸盐工程技术人员的发展前景

从市场供需看。硅酸盐工程技术人员的发展前景非常广阔。随着科技进步和工业发展，对硅酸盐材料的需求不断增加，这为硅酸盐工程技术人员提供了更多

的就业机会和发展空间。硅酸盐工程技术人员在新型材料的研究和开发中扮演着重要的角色。新型材料具有很多优良的性能，如高强度、高硬度、高耐磨性、高耐腐蚀性等，对于许多领域的应用都具有重要的意义。硅酸盐工程技术人员通过研究开发新型材料，满足社会对材料的各种需求，推动科学技术的进步。硅酸盐材料在许多领域都有广泛的应用，如建筑材料、玻璃制造、陶瓷工艺、电子材料等。硅酸盐工程技术人员的工作与环境保护密切相关，传统的硅酸盐材料生产过程中会产生大量的废渣、废水和废气，严重污染环境，而硅酸盐工程技术人员通过研究和开发新型硅酸盐材料，可以实现废弃物的资源化和减量化，减少环境污染，保护环境。硅酸盐工程技术人员在建筑、航空航天、汽车、电子等领域都有广阔的施展空间，例如，生产玻璃、陶瓷、水泥等建筑材料，生产耐火材料、绝缘材料、催化剂等新材料，还可以从事航空航天、汽车、电子等领域的工作。

从产业发展看。硅酸盐工程技术人员在建筑与基础设施领域、新能源与清洁技术、先进制造技术等方面都有较好的发展前景。然而，要适应行业发展的变化和需求的转变，硅酸盐工程技术人员需要不断学习新知识、提高技术能力，与时俱进。建筑与基础设施领域需求增长，混凝土、玻璃、耐火材料、陶瓷砖等硅酸盐材料广泛应用于建筑与基础设施领域。随着全球城市化进程的加速和基础设施建设的不断推进，对硅酸盐工程技术人员的需求将持续增长。随着全球对可持续发展的呼吁和应对气候变化的压力增大，新能源和清洁技术的发展得到了加强，硅酸盐材料在太阳能电池板、能源储存、环保材料等方面有着广泛应用，硅酸盐工程技术人员在这些领域将有更多的发展机会。硅酸盐工程技术人员在材料加工和制造工艺方面具有专业知识和技能，随着先进制造技术的发展，3D 打印、智能制造等技术的应用，硅酸盐工程技术人员在创新材料加工和工艺方面将有更大的发展空间。作为材料科学和工程的专业人员，硅酸盐工程技术人员对材料性能的优化、新材料的开发和工艺的改进具有重要作用。技术的升级和创新驱动着对硅酸盐工程技术人员的需求，使其将持续面对新的挑战和机遇。

从政策红利看。政府对硅酸盐材料的研究和开发给予了大力支持，通过制定一系列政策和措施，鼓励和引导硅酸盐工程技术人员的研究和开发，促进硅酸盐材料的发展。中国政府一直将硅酸盐工程技术视为重要的战略产业，并通过一系列政策举措来支持其发展。在《中国制造 2025》等发展规划中明确提出要加强新材料领域的研究和应用，硅酸盐工程作为新材料领域的重要组成部分，受到政府高度重视，政府鼓励技术创新和研发投入，支持硅酸盐工程技术的发展和应用。政府还出台了一系列鼓励政策，包括财政资金扶持、税收减免、科技创新基金支持等，旨在促进硅酸盐工程技术的创新研发和产业化。政府还积极推动产学研结合，建立高校、科研院所与企业的合作机制，提供平台和机会，培养更多硅酸盐工程技术人才。此外，还推动绿色发展和可持续发展，使得建筑、能源、环保等领域对硅酸盐材料的需求不断增长。政府对于环保材料的支持和推广，也为硅酸盐工程技术人员提供了更多就业的机会和市场需求。

目前，我国水泥产业产能过剩问题十分严重，水泥行业作为“两高”产业，大量落后产能在影响产业健康发展的同时，也不利于环保。近年来，在国家政策的推动下，我国水泥产业产能置换项目稳步推进，在淘汰落后产能的同时，也催生了大量绿色环保水泥设备的需求，且国家政策明确指出要发展战略性新兴产业，加快发展高端装备等产业。在此背景下，硅酸盐工程技术人员在水泥专用设备行业也将迎来新的发展机遇。

十、相关内容链接

国家职业标准：暂缺。

相关政策文件：见表 2-02-19-01-03。

表 2-02-19-01-03　硅酸盐工程技术人员相关政策文件

发布或通过时间	发布或通过机构	文件名称
2015 年 5 月	国务院	《关于印发〈中国制造 2025〉的通知》
2021 年 10 月	国务院	《关于印发 2030 年前碳达峰行动方案的通知》

供稿：北京金隅科技学校　宣世宏

无机非金属材料工程技术人员

职业编码：2-02-19-03

说起无机非金属材料，人们首先想到的就是玻璃、陶瓷和水泥，因为它们是日常生活中最常见的材料。然而，无机非金属材料的应用领域远比人们想象中的还要广泛，在医学领域、航天领域和电子工业领域都能看到它的身影，并且也取得了非常好的应用效果。

有这样一群人，他们无论白昼黑夜，都要确保病人能用上先进的医疗器材；无论严寒酷暑，都要让飞机能在天空展翅翱翔；无论狂风暴雨，都要让家人的思念传递给远在他乡的游子。四季同风雨雪霜为伴，或是寸步不离玻璃生产现场，或是一双巧手勾勒瓷器轮廓，或是以人工力量翻动千斤水泥……坚守在新材料的研发岗位上，把控着车床毫米级别的误差标准，用辛勤汗水保障生产成品质量，确保老百姓能用上安全可靠的无机非金属材料产品。他们就是无机非金属材料工程技术人员。

一、无机非金属材料工程技术人员的一天

记录时间：2022 年 3 月 11 日 **记录人：王某辰**

上午工作情况

9 点至 11 点：

1. 参加公司新开发项目的例会，接到方案制定任务。（制定任务方案）

2. 评估加工件的工艺及成本分析。工艺包括生产工具和设备对各种原料、材料、半成品进行加工或处理，使之成为成品的工作、方法和技术；成

本分析包括对原料成本、加工成本、人工成本以及时间成本的计算。（方案评估）

3. 跟踪市场价格，确保成本合理。（市场调研）

11 点至 12 点：

1. 对加工件的设计提出有利于工艺、成本的合理建议。（工艺改进）
2. 根据部门的产品开发设计要求，确定材料的选择。（原料选取）
3. 与符合方案的材料供应商商讨合作。（原料支撑）

下午工作情况

14 点至 16 点：

1. 确定无机非金属材料的制备原理和工艺流程及设备。（方案敲定）
2. 准备用于检测试生产样品的分析工具。（工具支撑）
3. 检测设备、加工设施的日常维护、保养。（工具保养）

16 点至 18 点：

1. 组织召开方案实施研讨会，展示产品实施方案。（方案汇报）
2. 与甲方连线沟通，确认方案细节并解决问题。（技术咨询）
3. 总结新产品开发项目、技术改进项目产品的试验开发进度，撰写技术文件与工作手册。（班后总结）

二、什么是无机非金属材料工程技术人员

职业定义。无机非金属材料工程技术人员是从事玻璃纤维、纤维增强材料、特种陶瓷、人工合成晶体等无机非金属材料及产品的生产技术、工艺、装备等研发应用的工程技术人员，如图 2-02-19-03-01 所示。

定义解读。无机非金属材料，是以某些元素的氧化物、碳化物、氮化物、卤素化合物、硼化物以及硅酸盐、铝酸盐、磷酸盐、硼酸盐等物质组成的材料，是除有机高分子材料和金属材料以外的所有材料的统称。无机非金属材料的叫法是

图 2-02-19-03-01　无机非金属材料工程技术人员

在 20 世纪 40 年代以后，随着现代科学技术的发展从传统的硅酸盐材料演变而来的。无机非金属材料是与有机高分子材料和金属材料并列的三大材料之一。无机非金属材料工程技术人员是指负担工程技术设计实现和工程技术管理工作，并具有工程技术能力的人员。

关联职业。密切关联的职业有非金属矿及制品工程技术人员。非金属矿及制品工程技术人员是指从事石墨、萤石、石膏、云母等非金属矿及制品的生产技术、工艺、装备等研发应用的工程技术人员，通常从事无机非金属材料的生产技术研究。

相应岗位。无机非金属材料技术研发工程师、工艺工程师、材料工程师、技术员、试验员、技术服务工程师、试验工程师等。

三、无机非金属材料工程技术人员的主要工作职责

1. 关注行业动态，及时了解政策变化、技术创新等方面的信息，确保所用技术具有足够的前沿性、经济性。

2. 研究、设计无机非金属材料的生产工艺，确保无机非金属材料的生产过程安全且高效。

3. 对检测设备、设施进行日常维护、保养，保障所需生产装备的安全运行。

4. 研究无机非金属材料的制备原理、质量及性能，便于在产品检测不达标的情况下通过修改工艺参数等措施来矫正。

5. 研究、应用无机非金属材料的新产品、新工艺、生产装备和自动化技术，提高无机非金属材料的生产效率与生产成本。

6. 总结日常生产中存在的不足与缺陷，制定无机非金属材料的发展规划、管理规程及质量标准，提高生产产品的质量。

7. 分析处理非金属材料的生产技术问题，按照标准规范，对无机非金属材料的生产进行安全性评估。

8. 为无机非金属需求部门提供技术咨询和知识培训，指导生产人员作业。

9. 制图、建模与仿真，新产品的设计首先需要有二维的设计图，通过二维设计图建立三维模型，这是无机非金属材料工程技术人员必须具备的能力，后续通过计算机辅助制造（CAM）软件模拟加工过程，确保模型加工工艺的可行性，通过计算机辅助制造的方法也能大大降低试生产的试验成本，带来更高的经济效益。

四、无机非金属材料工程技术人员的薪酬福利待遇

平均薪酬水平。无机非金属材料工程技术人员的薪酬主要由以下两部分构成。一是基本工资收入，取决于个人能力、相关工作经验等，并根据公司所在地区和公司类型呈现梯度差异。二是奖金收入，受工作量和绩效影响显著。看准网关于无机非金属行业从业人员薪酬统计显示，其中较低的为 3000~7000 元 / 月，中等的为 8000~13000 元 / 月，较高的为 14000~20000 元 / 月。

以陶瓷行业为例，如图 2-02-19-03-02 所示，猎聘大数据研究院统计显示，按工作年限统计陶瓷生产工工作年限与月薪的关系为：1 年以下员工平均月薪为 10436 元，1~3 年员工平均月薪为 12767 元，3~5 年员工平均月薪为 25214 元，5 年以上员工平均月薪为 27170 元。

以玻璃纤维行业为例，如图 2-02-19-03-03 所示，玻璃纤维操作工的专业要求一般是与非金属材料相关的专业，学历要求为大专以上，从业人员遍布全国各地，地域范围从东部发达省份到西部偏远地区，其薪酬水平与地域经济发展水平和职称等级关联密切。

图 2-02-19-03-02　陶瓷生产工

图 2-02-19-03-03　玻璃纤维操作工

与类似职业对比。猎聘网数据显示，无机非金属材料工程技术人员的薪酬为 3000~20000 元 / 月，一般要高于机械工程师、材料工程师等职位的薪酬，初入行业的无机非金属材料工程技术人员的薪酬略低于机械工程师的平均薪酬，在入行 1~2 年后，若个人能力和经验上表现突出，薪酬有望超过同样工作年限的材料工程师，且整体薪酬上限较高。类似职业薪酬水平见表 2-02-19-03-01。

表 2-02-19-03-01　类似职业薪酬水平

职业名称	薪酬水平（元 / 月）
机械工程师	7000~10000
材料工程师	8000~11000

五、从事无机非金属材料工程技术人员工作需要哪些本领

该职业从业人员需要具备的知识和技能见表 2-02-19-03-02。

表 2-02-19-03-02　无机非金属材料工程技术人员需要具备的知识和技能

职业功能	工作内容	知识和技能要求
生产设计	产品及工艺设计	研究、设计无机非金属材料的生产工艺，研究、应用生产装备和自动化技术
生产准备	工艺文件准备	能绘制工艺流程图； 能识读工艺技术规程、安全技术规程和操作规程； 能识读仪表、电器、计量器具等的说明书
	防护用品准备	能佩戴和使用劳动防护用品； 能正确使用急救药品； 能识别劳动防护用品的有效性
	设备、物料与动力准备	能确认阀门的灵活性及开、关状态，确认设备润滑正常和紧固状态； 能完成设备、管线的冷却、预热工作； 能确认冷媒、热媒、压缩气体等公用工程介质处于备用状态
生产操作	开停车操作	能按工艺规程进行配料、输送、投料； 能根据指令完成设备、装置切换； 能完成机泵等设备的开、停车
	运行操作	能操作粉碎机、筛分机等设备，完成物料前处理、产物后处理工作； 能根据指令调节阀门开度，使工艺参数达标； 能完成中间产品和产品的取样、送检； 能完成产品的计量包装、入库工作

续表

职业功能	工作内容	知识和技能要求
故障判断与处理	故障判断	能发现温度、压力、液位、流量等工艺参数异常； 能发现跑、冒、滴、漏、响等异常； 能发现转动设备温度、密封、振动等异常； 能发现仪表、电器运行异常
	故障处理	能按指令处理工艺和设备异常； 能按指令切断事故物料； 能发出相应的故障信号
设备维护与保养	设备维护	能完成设备检修时的监火、监护工作； 能更换阀门盘根、软管、密封垫等
	设备保养	能对设备、电器和仪表进行日常保养； 能完成机泵盘车、添加润滑油（脂）等工作； 能完成备用机泵的防冻检查
培训与指导	培训	能制定培训体系与计划，编写讲义并对相关人员开展知识、计划、管理方法培训
	指导	能够独立指导相关人员开展有关工作

六、无机非金属材料工程技术人员的专业教育现状

（一）相关专业

目前已有较多院校开设了与该职业相关的专业，涉及普通本科院校、职业院校。普通本科院校专业有无机非金属材料工程、材料成型及控制工程、材料科学与工程、高分子材料与工程、复合材料与工程等。职业院校专业有材料成型及控制工程、陶瓷设计与工艺、材料工程技术等。

（二）开设相关专业的院校（排名不分先后）

★ 相关院校：山东大学、上海大学、北京科技大学、华东理工大学、东华大学、武汉理工大学、合肥工业大学、河北工业大学、燕山大学、南京工业大学等。

◆ 相关院校：陕西工业职业技术学院、唐山工业职业技术学院、河南工业职业技术学院、昆明工业职业技术学院、徐州工业职业技术学院、南京科技职业学院、焦作大学、贵州工业职业技术学院、四川化工职业技术学院、武汉工程职业技术学院等。

七、无机非金属材料工程技术人员的就业创业信息

该职业的从业人员主要分布在上海、深圳、北京等一线城市，以及经济发展较快或人口较多的地区，如苏州、西安、杭州、成都、武汉等。

就业方向主要是传统的玻璃、陶瓷、搪瓷及水泥等材料，或向具有光电、电子、传感、激光、磁性、生物等特种功能材料领域发展，为航天航空、通信、电子、生物、医疗工程等领域提供各种新型的材料。

吸纳的用人单位有：

1. 能源类企业：如中国石油天然气集团有限公司、中国海洋石油总公司、中国石油化工集团有限公司、山东能源集团有限公司、山西华阳新材料股份有限公司等。

2. 半导体类企业：如厦门光莆电子股份有限公司、湖北鼎龙控股股份有限公司、台湾积体电路制造股份有限公司、中芯国际集成电路制造有限公司、上海华力微电子有限公司等。

3. 新能源类企业：如惠州亿纬锂能股份有限公司、江西赣锋锂业集团股份有限公司、宁德时代新能源科技股份有限公司、协鑫集团控股有限公司、隆基绿能科技股份有限公司等。

4. 科研教育系统：科学院及各工业部门相关研究院所，相关大专院校无机非金属材料工程专业的教学和科研部门。

5. 其他：政府机关、中介机构、检验检测部门等。

注：以上机构信息仅供参考，不代表编写出版方对其推荐或认可。

八、无机非金属材料工程技术人员的职业贯通发展

该职业的发展路径主要有四条：

1. 管理路线，即通过实践经验积累晋升到材料工程项目经理，甚至向更高的领导职责职务发展。

2. 专家路线，即不断提高技能水平，在本职业领域成为无机非金属材料工程技术专家。

3. 复合人才路线，即向其他行业跨越或职业转型，如侧重向材料成型、材料研发等方向发展，发展成为硅酸盐工程技术人员、非金属矿及制品工程技术人员、混凝土工程技术人员等。

4. 创业路线，即结合职业技能及个人兴趣爱好，进行无机非金属材料咨询服务行业的创新创业。

无机非金属材料工程技术人员的职业贯通发展如图 2-02-19-03-04 所示。

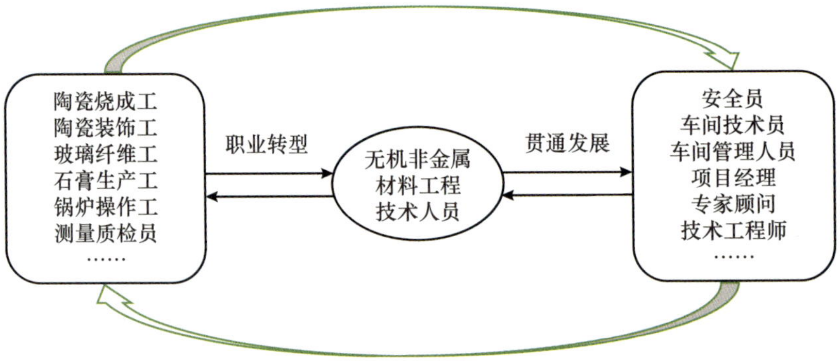

图 2-02-19-03-04　无机非金属材料工程技术人员的职业贯通发展

九、无机非金属材料工程技术人员的发展前景

从市场供需看。中共中央印发的《中华人民共和国国民经济和社会发展第十四个五年规划和 2035 年远景目标纲要》明确要求推动绿色发展，促进人与自然和谐共生，各地出台了地方政策，增加无机非金属材料建材的应用。2020 年无机非金属材料行业成为政策红利的市场，将会有利于提高民众生活质量。

从产业发展看。随着科学技术的进步，无论是传统无机非金属材料，还是新型无机非金属材料都有了新的发展趋势，主要体现在生态与环保性加强。西方发达国家在促进传统无机非金属材料产业健康、可持续发展方面采取了许多重要措施。许多国家正在进行“生态城市”的建设与实践，推广建筑节能技术材料，使用可循环材料等，改善城市生态系统状况，还提出了绿色建材、环保建材与节能建材的概念，开展了大量的研究与实践工作。面对资源和环境对我国经济发展的严峻考验，国民经济的可持续发展战略显得愈加重要。我国传统无机非金属材料产业发展还有很大的提升空间。

从政策红利看。无机非金属材料政策环境仍将持续升温。自 2015 年以来，我国从中央到地方围绕无机非金属材料出台了从顶层规划到实施方案的系列政策文件。政府从顶层规划到金融支持、财税政策、人才培养、区域交流与合作、国际交流与合作机制等全方位、多角度构建无机非金属材料的政策环境，为无机非金属材料的发展创造了良好的环境。如长沙市大力支持引进无机非金属材料人才，为认定的高层次人才提供子女入学、配偶就业等配套服务。河南省对完成培训学时且取得国家职业资格证书（含特种作业操作证、特种设备作业人员证）、职业技能等级证书、专项职业能力证书的，给予初级工 1200 元 / 人、中级工 1600 元 / 人、高级工 2000 元 / 人、技师 4000 元 / 人、高级技师 5000 元 / 人的补贴。

十、相关内容链接

国家职业标准：暂缺。

相关政策文件：见表 2-02-19-03-03。

表 2-02-19-03-03　硅酸盐工程技术人员相关政策文件

发布或通过时间	发布或通过机构	文件名称
2021 年 3 月	全国人民代表大会	《中华人民共和国国民经济和社会发展第十四个五年规划和 2035 年远景目标纲要》
2021 年 12 月	中国非金属矿工业协会	《非金属矿行业“十四五”发展规划及 2035 年远景目标》

供稿：长江大学　张锦洲　刘文家

混凝土工程技术人员

职业编码：2-02-19-04

有这样一群人，他们工作忙碌，每天要面对建设单位、施工单位众多的生产任务，如原材料进场检测、配合比调整等工作。他们满脑子都是水泥、砂石和混凝土，每天听得最多的词汇是验料、要料、泵送、取样……他们是工地的常客，站在遍布钢筋、模板的楼顶，头顶着烈日，夏季衣服干了湿、湿了干，冬季迎着寒冷刺骨的北风，查看混凝土到达现场情况、混凝土浇筑情况，与各个施工工种沟通协调，对工地工人的不当施工行为进行劝说，及时记录和反馈各种出现的问题。他们时时刻刻想着工地，牵挂着混凝土，跑完这个工地去那个工地，工作虽然很辛苦，但没有他们的辛劳付出，高楼大厦、桥梁隧道等基础设施工程就无从谈起，他们就是——混凝土工程技术人员。

一、混凝土工程技术人员的一天

记录时间：2023 年 8 月 11 日 **记录人：李某志**

上午工作情况

8 点至 9 点：

1. 到生产部报到。（报到上班）

2. 查看一天的生产任务单，了解各工地的开工时间。（了解任务）

3. 检测待检的水泥、粉煤灰、矿粉、砂石骨料等材料的技术指标，以便指导生产。（材料检验）

9 点至 10 点：

1. 将试验检测结果以口头、书面等形式进行报告。（检测结果报告）

2. 到调度室及时了解各工地发货情况、供货速度、工地反馈信息，及时调整混凝土配合比，如图 2-02-19-04-01 所示。（混凝土开盘）

3. 待混凝土生产正常后，对出厂混凝土进行取样，检测混凝土各项性能指标是否符合出厂标准，如不符合及时作出调整。（质量控制）

10 点至 12 点：

取样本试块进行抗压强度试验、抗折强度试验、抗渗试验以及耐久性试验，将试验检测结果形成书面报告。（质量保证）

图 2-02-19-04-01　调整混凝土配合比

下午工作情况

13 点至 18 点：

1. 及时去工地实地查看工地施工情况、混凝土到达现场情况、混凝土浇筑情况。（工地实地查看）

2. 提醒施工员混凝土施工注意事项，对工地工人的不当施工行为进行劝说。（工地工作协调）

3. 了解混凝土拌合物泵送前后的状态，及时调整配合比，确保混凝土在工地有良好的工作性能，保证工程质量。（现场跟踪服务）

18 点至 18 点 30 分：

1. 填写记录，做好交班，特别是不顺畅的工地需要注意使用的材料、配合比等。（工作记录）

2. 本班调整的和配合比表使用相差较大的配合比、转料调料、使用新材料浇筑的混凝土工程名称、地点、浇筑部位，第二次上班必须派技术员查看是否有异常，并做好记录报告。（重点工作跟进）

3. 本班取样、试配未有结果的需跟踪凝结时间、强度、增长率等。（试验结果跟进）

4. 必要的班组经验交流沟通。（工作经验交流）

二、什么是混凝土工程技术人员

职业定义。混凝土工程技术人员是从事混凝土和水泥制品及其生产工艺、施工技术研究、设计，进行工程应用、质量管控等工作的工程技术人员。

定义解读。混凝土是由胶凝材料（如水泥等）、颗粒状集料（如砂、石等）、水以及必要时加入的外加剂和掺合料按一定比例配制，经均匀搅拌，密实成型，养护硬化而成的一种材料。混凝土具有原料丰富、价格低廉、生产工艺简单的特点，同时混凝土还具有抗压强度高、耐久性好、强度等级范围广等特点，广泛应用于土木工程。混凝土工程研究的主要内容包括混凝土结构形成与基本性能、混凝土原材料及生产技术、混凝土施工技术、预应力混凝土技术、混凝土制品生产技术、特殊混凝土技术、混凝土产品的检验与测试、混凝土的劣化诊断与修补加固等。混凝土工程技术人员主要工作内容有掌握混凝土试验、配合比设计、性能指标、检测方法、状态调整、生产工艺、加工养护等各个环节和节点，严控混凝土浇筑质量，开发与选择混凝土和水泥制品施工技术，改进优化混凝土搅拌、生产、输送、成型等技术，提供相关应用技术服务。

关联职业。密切相关的职业有土木建筑、道路与桥梁、水利水电建筑等与土木、水利行业相关的工程技术人员。土木建筑工程技术人员是从事工业与民用建筑工程、市政基础设施工程等建造施工、监督管理的工程技术人员。道路与桥梁工程技术人员是从事道路、桥梁与隧道地下工程的规划、勘测、设计并指导施工、养护的工程技术人员。水利水电建筑工程技术人员是从事水库、水电站、引（供）水工程、灌排水利水电工程及辅助设施规划、勘测、设计并指导施工的工程技术人员。

相应岗位。材料员、试验员、安全员、技术员、质量员、资料员等。

三、混凝土工程技术人员的主要工作职责

1. 研究、设计预拌混凝土、预制混凝土构件、水泥制品等水泥混凝土材料生产工艺与应用技术，进行各组分原材料的质量评估与物理化学性能检测评价，设计混凝土材料的配合比。

2. 设计混凝土制品成型工艺和生产工艺、钢筋混凝土制品结构和制品模具及养护工艺，进行生产设备选型。

3. 制定生产过程质量控制流程，测试与评价混凝土性能。

4. 进行制品浇筑成型、养护、成品保护、储存运输、质量检验与评价等技术管理，指导生产。

5. 开发与选择混凝土和水泥制品施工技术，并管理和指导施工应用。

6. 提供混凝土材料应用技术服务，改进优化混凝土搅拌、生产、输送、成型等技术。

7. 制订、修订混凝土材料与制品生产、工程施工的技术标准规范、操作技术规程、产品质量标准。

四、混凝土工程技术人员的薪酬福利待遇

平均薪酬水平。混凝土工程技术人员的薪酬待遇因不同地区和不同学历存在差异。职友集网 2023 年统计发布数据显示，以大专学历的混凝土工程技术人

员为例，广东广州、湖北襄阳、黑龙江绥化人员平均工资分别为 7300 元 / 月、5500 元 / 月、4800 元 / 月，均为所在地区的平均社会工资水平。

与类似职业对比。职友集网 2023 年统计发布数据显示，混凝土工程技术人员的薪酬水平为 3600~15000 元 / 月，接近土木建筑、道路与桥梁、水利水电建筑等工程技术人员，类似职业薪酬水平见表 2-02-19-04-01。

表 2-02-19-04-01 类似职业薪酬水平

职业名称	薪酬水平（元 / 月）
土木建筑工程技术人员	4300~17000
道路与桥梁工程技术人员	4300~15000
水利水电建筑工程技术人员	4300~17000

五、从事混凝土工程技术人员工作需要哪些本领

混凝土工程技术人员需具备的知识和技能有：混凝土技术标准（规范、规程）知识、生产材料检测能力、安全生产能力、组织协调能力、产品质量控制能力、技术服务能力等。混凝土工程技术人员需具备的知识和技能见表 2-02-19-04-02。

表 2-02-19-04-02 混凝土工程技术人员需具备的知识和技能

职业功能	工作内容	知识和技能要求
技术支持	熟悉混凝土技术标准、规范、规程	熟悉国家的有关技术标准、规范、规程、规定及各项技术管理制度，能够根据技术标准、规范、规程等编制公司的各项技术管理制度
生产	对生产材料进行检测	能够对各种原材料性能进行检测评定，并将试验检测结果进行报告
	生产前的数据确认	能够比较混凝土试验配合比和生产配合比，及时调整出最好、最经济的参考生产配合比，并将相关试验数据进行整理记录

续表

职业功能	工作内容	知识和技能要求
生产	生产中的组织协调	做好生产过程中的组织协调工作，降本增效，同时能够对质量事故做好技术鉴定，提出技术处理方案及改进措施
	把控产品质量	把控产品质量，熟悉各建设工程项目所需混凝土强度等级的配合比，能够在原材料出现异常时随时调整配合比以确保混凝土的质量

六、混凝土工程技术人员的专业教育现状

（一）相关专业

目前已有较多院校开设了与该职业相关的专业，涉及普通本科院校、职业院校等。本科院校专业有材料科学与工程、无机非金属材料工程、土木工程、水利水电工程等。职业院校相关专业有建筑材料工程技术、建筑材料检测技术、建筑工程技术、土木工程检测技术、建设工程监理等。

（二）开设相关专业的院校（排名不分先后）

★ 相关院校：清华大学、哈尔滨工业大学、华南理工大学、武汉理工大学、天津大学、中南大学、同济大学、东南大学、湖南大学、河海大学等。

◆ 相关院校：石家庄铁路职业技术学院、四川建筑职业技术学院、绵阳职业技术学院、黑龙江建筑职业技术学院、湖南城建职业技术学院、山西职业技术学院、河北建材职业技术学院、常州工程职业技术学院、云南交通职业技术学院、广西工程职业学院等。

七、混凝土工程技术人员的就业创业信息

全国各地区均有相关职业从业人员。混凝土工程技术人员的就业范围非常广泛，可从事的初级岗位主要有混凝土生产企业技术员、工艺员、调度员等，工程材料研发部门试验员、实验员、外加剂技术员等，工程施工单位材料员、施工员、

监理员、安全员等。可从事的中级岗位主要有项目工程师、外加剂技术工程师、服务工程师、调度长、品控工程师、土建工程师、工程材料研究员、桥隧港口工程师等。可从事的高级岗位主要有生产经理、总工程师、项目经理、实验室主任、采购经理、销售管理、科研管理等。

用人单位企业：如中国建筑集团有限公司、中铁建设集团有限公司、中冶建工集团有限公司、广西路桥工程集团有限公司、安徽海螺集团有限责任公司、华新水泥股份有限公司、浙江天造环保科技有限公司、台州银基建材有限公司、宁波中海建材有限公司、合肥瑞悦工贸有限公司、南通铁建建设构件有限公司、贵州省公路建设养护集团有限公司、广西桂威商品混凝土有限公司、珠海汇茂环保科技有限公司、福建达润实业有限公司、广州市长运预拌混凝土有限公司、赣州建筑工业化有限公司、福建惠丰建筑科技有限公司、青岛国基科技集团有限公司等。

注：以上机构信息仅供参考，不代表编写出版方对其推荐或认可。

八、混凝土工程技术人员的职业贯通发展

混凝土工程技术人员所从事的岗位和所在的职能部门不同，发展路径也不同。该职业的发展路径主要有四条：

1. 管理路线，即从混凝土生产企业技术员、工艺员等基础岗位做起，成长为技术总监、项目主管，最终成为一名经营管理者；或者从工程材料研发部门实验员、技术员等基础岗位做起，成长为实验室负责人、技术负责人，最终成为既懂技术又会管理的团队管理者；或者从工程施工单位材料员、施工员等基础岗位做起，成长为技术负责人、项目经理、总工程师。

2. 专家路线，即专注于混凝土工程领域，通过长期的行业经验积累和孜孜不倦的投入，成为行业专家、科研管理者。

3. 技术型销售和服务路线，即在掌握专业技术的同时，多积累销售或技术支持方面的经验，成为具有丰富技术经验的销售或技术服务人员、销售经理，最终成为一名经营管理者。

4. 创业路线，即确定市场需求，基于个人特长优势，制订业务计划，一步步

按照计划完成创业实践。

混凝土工程技术人员的职业贯通发展如图 2-02-19-04-02 所示。

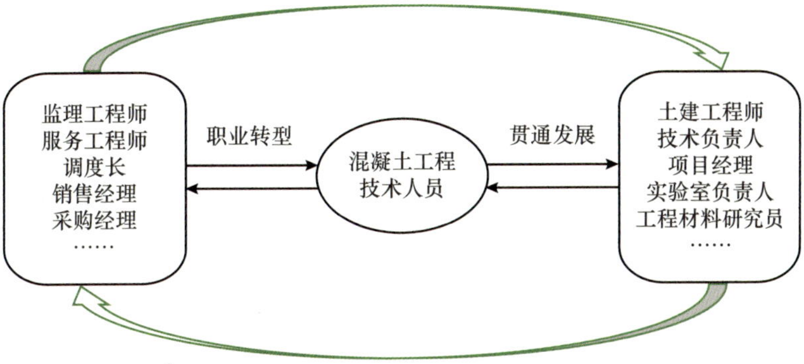

图 2-02-19-04-02 混凝土工程技术人员的职业贯通发展

九、混凝土工程技术人员的发展前景

从市场供需看。国家基础建设工程领域发展迅猛，相关工程技术人员存在巨大缺口，混凝土工程技术人员是国家建设工程的中流砥柱，然而专业技术和经营管理人员数量仅占从业人员总数的 9%，远低于各行业 18% 的平均水平。专业技术和经营管理人员中，中专以上学历者占 58%，大学以上学历者占 16%。占从业人员总数 80% 以上的生产一线操作人员绝大多数未经过任何培训直接上岗。因此，行业市场急需大量懂技术、会管理、善经营的专业技术人员。

从产业发展看。混凝土具有原料丰富、价格低廉、生产工艺简单的特点，因而其使用量越来越大。混凝土还具有抗压强度高、耐久性好、强度等级范围广等特点，可广泛使用于房屋、公路、军事工程、核能发电厂等构造物。截至 2023 年 4 月，全球每年生产的混凝土超过 40 亿吨。伴随着产业结构的不断调整，混凝土工程新材料、新设备、新工艺、新技术不断涌现，混凝土行业由传统加工制造模式向智能产业化模式转变，混凝土产业向高性能、智能化、绿色环保的方向发展。

从政策红利看。国家通过一系列优惠政策支持混凝土行业发展：税收优惠政策，如增值税减免、所得税减免等，降低企业经营成本。财政资金支持，政府设立了专项资金，用于支持混凝土行业产品研发、技术设备改进升级、绿色环保等方面的项目，企业可申请相应的财政资金支持，提升生产水平和产品竞争力。政府采购支持，政府在进行项目建设时，优先选择符合要求的企业，给予政府采购订单，增加企业业务机会和订单量。市场准入和监管优化，政府通过建立规范的市场准入机制，加强行业监管，营造公平竞争环境，同时加强对违法违规行为的打击，提升行业整体质量。人才政策支持，政府加大对混凝土相关行业人才培养和技能提升的支持力度，提升企业员工的整体素质和技能水平。

十、相关内容链接

国家职业标准： 暂缺。

相关政策文件： 见表 2-02-19-04-03。

表 2-02-19-04-03　混凝土工程技术人员相关政策文件

发布或通过时间	发布或通过机构	文件名称
2014 年 12 月	住房城乡建设部	《混凝土结构工程施工质量验收规范》
2022 年 4 月	住房城乡建设部	《混凝土结构通用规范》

供稿：日照职业技术学院　杨志刚

砌筑工

职业编码：6-29-01-01

改革开放以来，建筑业作为国民经济发展支柱产业的地位不断增强，为促进经济增长、缓解社会就业压力、推进新型城镇化、建设中国式现代化、保障和改善人民美好生活做出了重要贡献。2022 年全国建筑业总产值达 31.2 万亿元，同比增长 6.5%，全国建筑业房屋建筑施工面积 156 亿平方米，建筑业从业人数 5184 万人，是砌筑工就业的主要行业。

建筑物和构筑物的承重骨架是建筑结构，建造建筑结构可以采用砌体结构、混凝土结构、钢结构和木结构。砌体结构是由块材（砖、石、砌块）和砂浆（或其他黏合材料）砌筑而成的结构，在多层建筑中主要应用于房屋的墙、柱等主要承重构件，在高层建筑中则主要应用于填充墙等非承重构件，主要包括砖砌体、砌块砌体、石砌体、配筋砌体等。我国历史上举世闻名的万里长城，都江堰水利工程，河北赵州桥，现代多、高层建筑等均是采用砌体结构建造的建筑物和构筑物。而建造这些砌体结构的就是砌筑工，他们主要从事基础、墙体、柱、屋面挂瓦、地砖、墙面砖、烟囱、炉灶、下水管道等的砌筑和铺贴工作。

一、砌筑工的一天

记录时间：2023 年 8 月 8 日　　记录人：王某旭

上午工作情况

9 点至 11 点：

1. 打卡上班，准备工具，穿戴好安全防护用品，参与每日班前教育早会，接受安全、技术质量交底。（工作准备）

2. 领取当天砌筑任务，熟悉图纸、砌筑工艺和方法。（熟悉任务）

3. 将砌筑用砖运到砌筑位置，如图 6-29-01-01-01 所示，堆放高度不超过 2m，浇水浸湿；准备砌筑砂浆。（备料）

图 6-29-01-01-01　将砌筑用砖运到砌筑位置

4. 将砌筑基层清扫干净，根据龙门板上给定的轴线及图纸上标注的墙体尺寸，在砌筑基层上用墨线弹出墙身轴线和宽度线，定好门洞口位置线，安装激光标线仪，立皮数杆，确定砌筑方法；将砌筑基层浇水湿润，铺水泥砂浆、摆砖、挂线。（放线）

5. 砌筑时按操作规程进行砌筑，如图 6-29-01-01-02 所示。砌筑过程中注意留槎、勾缝、搭缝处理，避免出现瞎缝、透明缝、假缝等质量问题；注意构造筋的铺设、门窗位置留设等技术问题；做好切砖处理；注意每组砌筑高度需满足砌筑规范要求；注意定位轴线、标高、垂直度、水平度、平整度、灰缝饱满度等要满足砌筑质量要求。（砌筑）

图 6-29-01-01-02　砖砌体砌筑

11 点至 12 点：

1. 将剩余砂浆用完，收拾工具。（完工）

2. 对砌筑现场进行清理和整理，清扫落地灰等。（整理现场）

3. 收工、吃午餐、休息。（午休）

下午工作情况

13 点至 17 点 30 分：

1. 准备砌筑砂浆。（备料）

2. 完成上午未完成的砌筑任务。（继续砌筑）

17 点 30 分：

1. 将剩余砂浆用完，停止砌筑，计算当天完成的砌筑工作量。（计量）

2. 使用专用工具检查砌体的尺寸、定位轴线、标高、垂直度、水平度、平整度、灰缝饱满度等是否满足砌筑质量要求。（检查质量）

3. 上报当天完成的砌筑工作量。（上报工作量）

4. 对施工现场进行清理和整理，清扫落地灰等，保持工地卫生和安全。（整理现场）

5. 收拾工具做到工完、料尽、场地清。（工完料尽场清）

6. 收工、休息，结束一天工作。（收工）

二、什么是砌筑工

职业定义。砌筑工是使用专业工具进行建筑物和构筑物块体砌筑、屋面挂瓦、块材饰面粘贴的人员。本职业包含但不限于如下工种：建筑瓦工、窑炉修筑工、船舶泥工、打胶工、金属屋面工、瓦屋面工等。

定义解读。建筑物、构筑物的墙体、屋面、炉灶、烟囱、下水等砌体是按照设计和技术规范要求，使用专用工具，采用砂浆或其他黏合材料，将砖、石、砌块、挂瓦等铺砌而成。砌筑前需进行识图、测量、找平、放样（放线、摆砖）和材料准备，按照砌筑方法和工艺要求进行砌筑，砌筑后需进行砌体外观、尺寸、稳定性、定位轴线、标高、垂直度、水平度、平整度、灰缝饱满度、内外搭接、接槎等质量检测，确保质量符合验收规范要求。

关联职业。密切相关的职业有石工、筑炉工、抹灰工、装饰装修工等。石工主要是做石砌体砌筑的人员，常见石砌体有石基础、石挡墙、石台阶、石隧道、石涵洞、石桥等。筑炉工是从事工业炉子、熔炉、电炉等重工业设备的安装和维护的人员。抹灰工是将各种砂浆、装饰性水泥石子浆等涂抹在建筑物的墙面、地面、顶棚等表面的施工人员。装饰装修工是从事室内墙面、地面、天花板、隔断、橱柜等各种装饰装修工程施工和安装的人员。

三、砌筑工的主要工作职责

1. 遵守企业施工现场管理制度，服从命令，听从指挥，做到安全文明施工。

2. 熟悉图纸和技术要求，明确砌筑位置、任务、进度和质量要求。

3. 负责砌筑工具和材料准备，确保砌筑前块材浇水湿润。

4. 负责测量、放线、找平、摆砖、挂线、立皮数杆、确定门窗洞口位置。

5. 负责按照砌筑工艺要求和砌筑方法进行砌筑，确保进度；及时回收合理利用落地砂和短砖，降低能耗。

6. 严把质量关，认真做好质量自检、互检和工序交接检查工作，确保砌筑质量符合《砌体结构工程施工质量验收规范》要求。

7. 砌筑工作完成后，负责场地和设备清理工作，做到工完、料尽、场地清。

8. 负责工具的清洁、保养、保管工作。

四、砌筑工的薪酬福利待遇

平均薪酬水平。我国砌筑工的职业技能等级分为五级，分别是五级 / 初级工、四级 / 中级工、三级 / 高级工、二级 / 技师、一级 / 高级技师。不同等级的技术工人工资有较大差别，不同的工种和地区，工资也会有所不同。国内砌筑工的收入是计件制，平均薪酬为 220~350 元 / 日、6000 元 ~10000 元 / 月、72000~120000 元 / 年。

与类似职业对比。与建筑业类似岗位相比，收入差距不大。钢筋工薪酬为 280~340 元 / 日，混凝土工为 150~350 元 / 日，抹灰工为 150~320 元 / 日，水电工为 200~320 元 / 日，木工为 320~380 元 / 日。与相关行业类似岗位相比，砌筑工工资略高于建筑业类似岗位，表 6-29-01-01-01 是国家统计局公布的 2022 年规模以上企业就业人员年平均工资情况。

表 6-29-01-01-01　2022 年分行业门类分岗位就业人员年平均工资

单位：元

行业	规模以上企业就业人员	中层及以上管理人员	专业技术人员	办事人员和有关人员	社会生产服务和生活服务人员	生产制造及有关人员
建筑业	70264	125926	84671	59184	56684	62406
房地产业	84845	185018	110405	78385	53910	58914
水利、环境和公共设施管理业	53099	168833	107887	69730	37257	54835

五、从事砌筑工工作需要哪些本领

职业从业人员需具备的知识和技能有：建筑识图与构造基本知识、建筑力学基本知识、砌筑工程施工基本知识、建筑结构抗震基本知识、砌筑材料与工具知识、砖砌体砌筑、石砌体砌筑、小型砌块砌筑、屋面挂瓦铺筑、家用炉灶砌筑与地面铺砌、地下管道排水工程砌筑、安全生产和环境保护知识、相关法律和法规知识等。核心技能是砌筑准备、砌筑工艺和方法、砌筑工具的使用与维护、砖砌体砌筑、砌筑质量检查。

根据人力资源社会保障部和住房城乡建设部制定的《砌筑工国家职业技能标准》，该职业需具备的知识和技能见表 6-29-01-01-02。

表 6-29-01-01-02　砌筑工需具备的知识和技能

职业功能	工作内容	知识和技能要求
准备	劳动保护用品准备、安全检查	能按安全操作规程要求准备、正确使用个人劳动保护用品，能按规定进行场地、设备的安全检查，能进行常用工量具及辅助用具的安全检查
	砌筑材料准备	能正确选用砌筑材料，能正确选用胶结材料，能正确选用屋面材料

续表

职业功能	工作内容	知识和技能要求
准备	工具准备	能正确选用砌筑工常用砌筑工具、测量工具
	技术准备	能识读质量、安全技术交底，能识读简单的施工图，能识读一般构造和配件图例、构件代号、符号
砌筑	砌筑砖、石基础	能正确进行一般条形基础组砌，能按施工图进行垫层标高修正、收退（放脚）、正墙检查、抹防潮层等基础砌筑
	砌混水墙及细部	能正确组砌混水砖墙，能砌墙垛、门窗垛，能按皮数杆预留洞、槽并配合立门、窗框
	砌毛石墙	能正确组砌毛石墙，能勾抹毛石墙缝
	砌一般民用炉灶	能砌筑一般民用炉灶，能进行试火检验
	铺砌地面砖	能铺砌各种地砖及其他块材地面，能铺砌一般浆砌片（块）石或预制混凝土块护坡、护面墙
	挂、铺屋面瓦	能铺挂屋面平瓦，能铺阴阳瓦、做平瓦斜沟、屋脊（包括砍、锯）
	铺设下水道、砌化粪池、检查井（窨井）	能按设计要求进行找坡、铺设下水道支、干管，能砌化粪池和检查井（窨井），能按设计要求对化粪池、窨井进行找平抹灰
工具的使用与维护	常用砌筑工具的使用与维护	能正确进行砌筑工常用工具维护
	常用测量工具的使用与维护	能使用水平尺、托线板、线锤、钢卷尺、塞尺、百格网、阴阳角方尺、垂直度检测尺、游标卡尺等测量砌筑工程，能对常用检测工具进行维护和保养
质量检查	质量自检	能对施工砌体质量进行自检，能对施工砌体构造做法进行自检
	填写记录	能填写砌体工程自检记录

六、砌筑工的专业教育现状

（一）相关专业

目前国内普通本科院校均没有专门开设砌筑相关专业，职业院校中开设有建筑工程技术、建筑工程施工等相关专业。

国家有关部门认定的技能鉴定所、培训机构是砌筑工培训的主力，人力资源社会保障部及住房城乡建设部制定的职业技能标准是对砌筑工开展短期培训的基本依据，经培训合格后上岗，更多操作技能的培养需通过师带徒的方式，在工程实践中经过长期的实践，才能具备相应等级的职业技能水平。

（二）开设相关专业的院校（排名不分先后）

◆ 相关院校：四川建筑职业技术学院、陕西铁路工程职业技术学院、昆明冶金高等专科学校、日照职业技术学院、广西建设职业技术学院、江苏建筑职业技术学院、黄河水利职业技术学院、湖南城建职业技术学院、浙江建设职业技术学院、河南建筑职业技术学院等。

▼ 相关院校：云南建设学校、云南省建筑技工学校、云南技师学院、中建五局高级技工学校、湖南大汉技工学校、镇江技师学院、成都市建筑职业中专校、上海市建筑工程学校、河北城乡建设学校、山西省城乡建设学校等。

七、砌筑工的就业创业信息

该职业从业人员遍布全国各地，其中主要集中在北京、上海、广东、湖南、浙江、江苏、天津、江西、山东、四川等省市。

吸纳砌筑工就业的主要单位有：

1. 大型建筑工程施工企业：大多数企业都需要砌筑工来做工程项目的砌筑工作，用工形式主要是劳务派遣，如中国建筑集团有限公司、中铁建设集团有限公司、中国交通建设集团有限公司、中国能源建设集团有限公司、中国电力建设集团有限公司、北京城建集团有限责任公司、上海建工集团股份有限公司、广厦建设集团有限责任公司、四川华西集团有限公司、云南省建设投资控股集团有限公司等。

2. 房地产开发企业：如万科企业股份有限公司、保利发展控股集团股份有限公司、中海企业发展集团有限公司、华润置地有限公司、招商局蛇口工业区控股股份有限公司、龙湖集团控股有限公司、碧桂园控股有限公司、金地（集团）股份有限公司、中国金茂控股集团有限公司、绿城中国控股有限公司等。

3. 建筑劳务有限公司：专业从事建筑劳务分包工程，大量吸纳砌筑工就业，从事建筑工程的砌筑工作。

注：以上机构信息仅供参考，不代表编写出版对其推荐或认可。

八、砌筑工的职业贯通发展

该职业的发展路径主要有四条：

1. 专家路线，即通过不断学习专业知识和提升专业技能，按照五级 / 初级工→四级 / 中级工→三级 / 高级工→二级 / 技师→一级 / 高级技师的顺序，逐级晋升，成为技能大师、大国工匠、专家型技能人才。

2. 管理路线，即经过实践磨炼，逐步提升项目协调能力，从技术工人逐步成长为班组长，专业工长，通过学历提升，具备专业和工程实践能力，逐步晋升为单位中层 / 高层。

3. 复合人才路线，即通过学历提升，学习相关专业知识和技能，拓展知识领域，转型成长为施工员、质量员、安全员、注册建造师等，实现横向贯通和复合发展。

4. 创业路线，即基于个人业务能力、专业基础和兴趣爱好，如创建建筑工程劳务公司等企业，实现创新创业和自我价值。

砌筑工的职业贯通发展如图 6-29-01-01-03 所示。

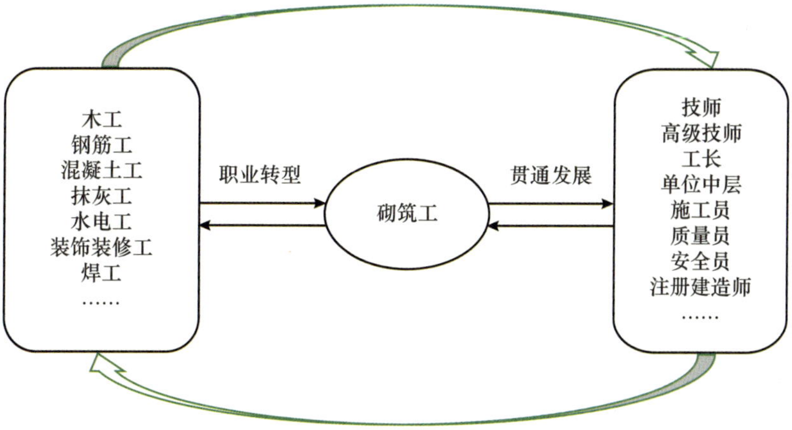

图 6-29-01-01-03　砌筑工的职业贯通发展

九、砌筑工的发展前景

从市场供需看。2022 年，全国建筑业总产值达 31.198 万亿元，同比增长 6.5%，占国内生产总值 7.1%。建筑业从业人数 5184 万人，比上年末减少 98.92 万人，减少 0.31%，已连续 4 年减少，建筑工人年龄结构中位数达到 47 岁，年轻人不愿意进入建筑业，建筑业出现了招工难现象，技术工人供不应求，薪资与前几年相比约涨了一倍。

从产业发展看。建筑业已经发展到了智能建造时代，智能建造技术的应用带动了建筑施工企业的转型升级，一是管理过程的智能化，二是建造过程的智能化。装配式建筑、新型铝模体系，以及建筑机器人的应用等对传统的砌筑工作有较大冲击，但砌筑工作还不能完全用机器代替。传统古建筑的复兴也为砌筑工提供了广阔的就业机会，但作为现代砌筑工也需要及时学习掌握先进建造工具的使用，利用机器减轻砌筑工作量，提高劳动生产率。

从政策红利看。2023 年 7 月 24 日，中共中央政治局召开会议。会议指出，要切实防范化解重点领域风险，适应我国房地产市场供求关系发生重大变化的新形势，适时调整优化房地产政策，因城施策用好政策工具箱，更好满足居民刚性和改善性住房需求，促进房地产市场平稳健康发展。要加大保障性住房建设和供给，积极推动城中村改造和“平急两用”公共基础设施建设，盘活改造各类闲置房产。这将促进建筑业的健康发展。

全国各地均出台政策支持技术工种技能培训，如云南省人力资源社会保障厅联合云南省财政厅发布《云南省 2023—2025 年度职业培训补贴标准目录》，鼓励培训机构开展建筑施工人员砌筑工岗位培训，其中，政府补贴五级 / 初级工 1400 元、四级 / 中级工 1800 元、三级 / 高级工 2600 元、二级 / 技师 3600 元、一级 / 高级技师 5600 元，这极大提高了砌筑工参与培训、提高技能的积极性。

十、相关内容链接

国家职业标准：扫码即可查看。

相关政策文件：见表 6-29-01-01-03。

表 6-29-01-01-03　砌筑工相关政策文件

发布或通过时间	发布或通过机构	文件名称
2021 年 5 月	住房城乡建设部	《关于开展施工现场技能工人配备标准制定工作的通知》

供稿：昆明冶金高等专科学校　杜绍堂

混凝土工

职业编码：6-29-01-03

你知道房子是怎么建造的吗？其实房子结构与人体结构有相似之处。人体结构首先承重的是骨骼，在骨骼上附着神经、血液、肌肉。同理，我们建造房子也要先搭建承重的“骨架”，然后安装水电暖，最后给“骨架”穿上美丽的外衣。建筑物的承重的“骨架”就是建筑结构。根据结构材料不同分为混凝土结构、钢结构、木结构、混合结构等。我们的建筑物多采用钢筋混凝土结构，在钢筋混凝土结构施工时需要支模、绑扎钢筋、浇筑混凝土，每个工序都需要专业人士进行作业，其中混凝土工负责混凝土作业。他们通过计算混凝土的配合比、浇筑、振捣、养护等工序保证混凝土的施工质量，避免混凝土出现蜂窝、麻面、空洞，保证混凝土结构安全，为人们生命财产安全保驾护航。

一、混凝土工的一天

记录时间：2023 年 8 月 12 日　　**记录人：段某梅**

上午工作情况

8 点至 9 点：

1. 到达项目部，穿戴好安全防护用品，准备好振捣作业工器具。（施工准备）

2. 开班前会议，做好浇筑前的安全技术交底，交代今天浇筑的部位、混凝土强度等级、混凝土泵车停靠位置、浇筑方法、振捣方法、振捣时间、插入深度、养护方法等。（安全技术交底）

3. 做好混凝土作业人员分工安排，混凝土作业人员包括：卸料、浇筑、振捣、抹平、收光等作业人员。同时还要做好其他相关工种人员配合，如钢筋工、木工、水工、电工等。（分工安排）

9 点至 10 点：

1. 浇筑前的检查。包括：检查柱子、剪力墙、楼板、楼梯、卫生间等部位的标高尺寸，构件截面尺寸；梁、柱的锚固尺寸；支撑的稳定。检查钢筋的绑扎，垫块、马凳情况；检查水、电预埋是否规范。（浇筑现场确认）

2. 浇筑前要把结合面凿毛，将施工垃圾清理干净后，封堵柱脚。（现场清理）

3. 浇筑前木模板要浇水湿润，但模板面不能有积水。（模板处理）

10 点至 12 点：

1. 混凝土泵车按要求停在指定位置，将混凝土罐车下料装置与混凝土泵车连接起来。在混凝土倒入泵车前翻转 20 秒方可卸料。（设备连接）

2. 每三车检查一次坍落度，抽查位置为罐车的 1/4~3/4 之间。（混凝土质量检测）

3. 浇筑顺序为：先低后高，先竖向后水平（如先浇筑剪力墙后浇筑梁、板），梁、板浇筑一半时再浇筑楼梯；先浇筑高强度等级混凝土后浇筑低强度等级混凝土。图 6-29-01-03-01 为混凝土工浇筑的场景。（浇筑方法）

图 6-29-01-03-01　混凝土工浇筑场景

4. 作业时按人员分工有的人操作振捣棒振捣混凝土，有的人按标高不同进行抄平，有的人用大铲板压平收光，有的人在模板下部观察是否有漏浆、胀模现象；钢筋工要配合检查钢筋垫块、马凳情况，木工也随时检查模板情况。（团结协作）

下午工作情况

14 点至 16 点：

1. 由于混凝土浇筑必须连续，因此工人们换班吃饭，保持混凝土浇筑、摊铺工作的连续性，及时用插钎控制标高、大铲板压平收光，如图 6-29-01-03-02 所示。（协同作业）

2. 在混凝土初凝前压平收光后覆盖塑料薄膜，特别是北方地区，气温高、风速大、空气干燥，混凝土失水快，要做好混凝土保湿养护。（早期养护）

16 点至 18 点：

1. 混凝土浇筑结束，混凝土泵车、混凝土搅拌车退出作业现场。（车辆退场）

2. 作业人员清洗振捣设备、大铲板、铁抹子、收光机、混凝土泵管等工器具，避免混凝土凝结固化堵塞管道或影响下次使用。（工完料清）

3. 后期继续做好混凝土覆膜养护。（后期养护）

图 6-29-01-03-02　混凝土工用大铲板压平收光场景

二、什么是混凝土工

职业定义。混凝土工是指操作混凝土搅拌等设备，进行混凝土的配料与搅拌、浇筑、养护和缺陷修补的人员。本职业包含但不限于如下工种：混凝土搅拌工、混凝土泵送工、混凝土浇筑工、混凝土模板工等。

定义解读。混凝土工是土建专业工种中的一个，专指将混凝土浇筑成构件、建筑物、构筑物的人员。工作主要包括运用强制式混凝土搅拌机（卧式双轴）或自落式混凝土搅拌机进行材料的投放及混凝土的搅拌和运输，混凝土的浇筑和振捣（常用的振捣设备有内部振动器、表面振动器、附着式振动器和振动台），混凝土的养护（常用养护方法包括标准养护、热养护和自然养护）及缺陷修补，混凝土的质量控制及验收以及混凝土的安全生产等。

三、混凝土工的主要工作职责

1. 认真遵守项目部的规章制度、管理条例和各项规定。

2. 工作中应树立良好的职业道德精神，对所从事的岗位工作认真负责，保证各工序以及检验批，分项、分部工程的质量，进而确保项目部施工生产的顺利进行。

3. 熟练掌握本岗位工作的安全技术操作规程、质量标准和操作技能，熟悉本工种所使用机械设备的工作性能和操作方法，做到按规范要求施工，按标准化要求作业，不违章操作，不野蛮施工。

4. 负责施工现场混凝土的浇筑与养护。作业前应了解施工方法、步骤、质量要求、劳动分工、施工安全措施，确定好浇筑部位、混凝土体积、混凝土强度等级、浇筑方式、浇筑时间等。

5. 施工中应听从领导安排，服从指挥，严格按照安全质量技术交底和施工图的要求，按照工艺流程标准和规定的操作顺序进行施工。

6. 施工中应认真执行质量自检、互检和交接检，上道工序不合格，决不进行下道工序的施工；发生一般质量隐患和问题，应立即纠正和处理；发生严重质量问题要立即上报领导和有关部门。

7. 每日作业前应检查施工作业环境，发现不安全因素和事故隐患，应立即采取有效纠正措施，必要时应暂停施工并向有关人员汇报，待隐患解除后再施工。

8. 施工期间，要做好与其他工种的配合衔接，做好上道工序的成品保护工作。

9. 积极参加项目部组织的技术技能培训，自觉加强业务学习，不断提高自身的劳动技能和操作水平。

10. 在完成本岗位工作的基础上，做好上级领导交办的其他临时性工作。

四、混凝土工的薪酬福利待遇

平均薪酬水平。根据国家统计局发布的《2022年规模以上企业就业人员年平均工资情况》，建筑业生产制造及有关人员年平均工资为62406元；房地产业生产制造及有关人员年平均工资为58914元。混凝土工的薪酬水平与当地的社会整体工资水平相关联，同时也受到多方面因素的影响，例如工作经验、地区、企业规模等。因素不同，混凝土工的薪酬待遇也会有所不同。混凝土工在全国的平均月薪为5435元，中位数为5537元，其中月薪在2000~7000元的占比最多，约81%。一般来说，具备一定技能和经验的混凝土工在市场上的竞争力会越来越大，初级混凝土工的月薪一般在3000~5000元，有一定经验的混凝土工的月薪可以达到6000~8000元，资深的混凝土工的月薪甚至可以达到10000元以上。混凝土工有机会晋升为工长、班组长、技术员等，从而获得更高的薪酬福利待遇和职业发展机会。图6-29-01-03-03为部分城市混凝土工的月薪水平。

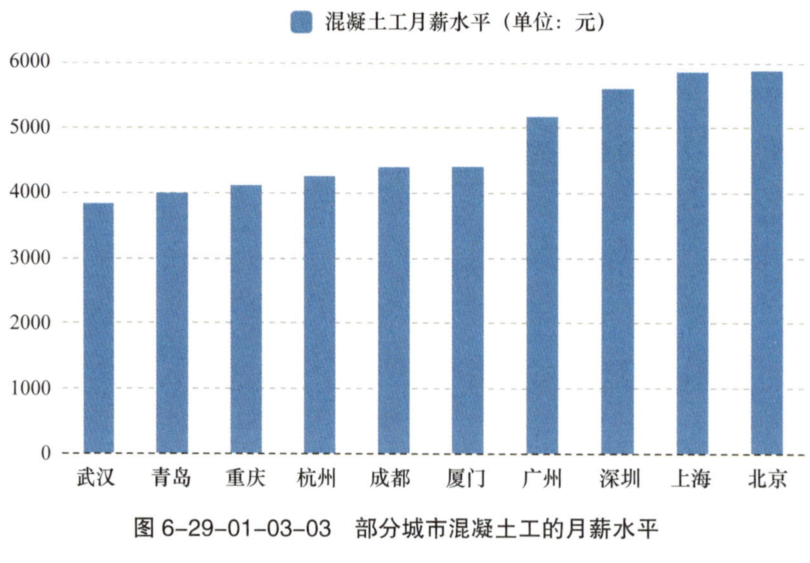

图6-29-01-03-03　部分城市混凝土工的月薪水平

与类似职业对比。建筑业混凝土生产由粗放型生产向集约化大生产转变，混凝土生产（预拌混凝土也称商品混凝土）已完全专业化、商品化和社会化。因此，混凝土的配料与搅拌工作由商品混凝土站完成，商品混凝土站通过市场化经营将合同约定的混凝土拌合物通过混凝土搅拌运输车运送至施工现场，最终由混凝土工完成浇筑养护工作。因此与混凝土工相类似的职业主要有：混凝土操作员、混凝土构件生产操作员、混凝土试验员、装配式建筑构件生产与安装工等。类似职业的薪酬水平见表 6-29-01-03-01。

表 6-29-01-03-01　类似职业薪酬水平

职业名称	薪酬水平（元 / 月）
混凝土操作员	5000~7000
混凝土构件生产操作员	3000~5000
混凝土试验员	3000~5000
装配式建筑构件生产与安装工	5000~7000

五、从事混凝土工工作需要哪些本领

该职业从业人员需要有良好的职业道德，遵守国家的法律法规、技术规范、相关标准，需要具备的知识有：建筑材料知识、房屋构造知识、混凝土基本知识、混凝土工程的冬雨期施工知识、劳动法和安全法的相关知识。核心技能是有较强的空间感和计算能力，有准确的观察分析能力，手指、手臂灵活；能够熟练地运用相关知识、正确运用工具完成混凝土下料、浇筑、养护，并保证混凝土施工质量。该职业需具备的知识和技能见表 6-29-01-03-02。

表 6-29-01-03-02　混凝土工需具备的知识和技能

职业功能	工作内容	技能要求	相关知识
混凝土的配料与搅拌	原材料质量的鉴别与材料的投放、搅拌与运输	能够确定各种材料的投放顺序和进行人工搅拌； 能够准确地将各种材料投放到搅拌机内，并按时间规定进行充分搅拌； 能够按时出料，并将混凝土运到浇筑地点	混凝土的组成及分类； 原材料的种类及质量要求； 混凝土配合比知识； 混凝土搅拌的要求及步骤； 混凝土搅拌时间的规定； 混凝土运输的要求
混凝土坍落度的测定与混凝土试块的制作	混凝土坍落度的测定	能准备好测定混凝土坍落度的工具； 能够按规范要求测定混凝土坍落度，并做好记录	混凝土坍落度的概念； 混凝土坍落度的测定方法及工具
	混凝土试块的制作与养护	能够按规定要求制作混凝土试块； 能够按规定要求对混凝土试块进行养护	混凝土试块的制作方法与几何尺寸； 混凝土试块标准养护条件及标准养护室的建立知识
混凝土的浇筑与振捣	混凝土的浇筑与振捣	能根据现场情况正确选择浇筑设备，能够熟练运用混凝土的振捣设备进行振捣； 能够处理各种结构施工缝处的混凝土捣实	掌握不同构件浇筑的技术要求及操作规程； 混凝土振捣设备的种类、适用范围及使用方法； 混凝土施工规范中对混凝土振捣的规定
混凝土的养护	混凝土的养护	能够正确选择并确定混凝土的养护方法； 能够使混凝土的养护质量满足规范规定的要求	熟悉混凝土的养护方法及应用条件； 混凝土养护质量的判定

六、混凝土工的专业教育现状

（一）相关专业

目前已有许多院校开设了与该职业相关的专业，涉及普通本科院校、高职院校及中职学校等。普通本科院校开设的专业是材料科学与工程；高职院校开设的相关专业有建筑材料工程技术、新型建筑材料技术、装配式建筑构件智能制造技术、建筑材料检测技术等；中职学校开设的相关专业有建筑材料智能生产技术、新型建筑材料生产技术等。

（二）开设相关专业的院校（排名不分先后）

★ 相关院校：同济大学、武汉理工大学、西南科技大学、济南大学等。

◆ 相关院校：黑龙江建筑职业技术学院、四川建筑职业技术学院、江西现代职业技术学院、昆明冶金高等专科学校、山西职业技术学院、宁夏建设职业技术学院、重庆建筑工程职业学院、贵州建设职业技术学院等。

▼ 相关院校：北京金隅科技学校、北川羌族自治县七一职业中学、夹江县云吟职业中学校等。

七、混凝土工的就业创业信息

该职业从业人员遍布全国各地建筑劳务分包企业，主要承接施工总承包、专业承包企业分包的劳务作业。凡是土木工程建设施工现场如房建、道路、桥梁、隧道施工等都有混凝土工的身影。随着国家基础设施建设和城市化进程的不断推进，住房城乡建设部、人力资源社会保障部等 20 部门印发了《关于劳务品牌建设的指导意见》，加强与施工总承包及专业承包企业合作，树立劳务品牌是建筑劳务企业当务之急，因此，混凝土工的技能和职业水平的提升，有利于促进高质量就业。

目前农民工是建筑劳务公司的主力军，虽然建筑工人的工资已经处于一个相对较高的水平，但新生代农民仍有许多人不愿从事混凝土作业或其他建筑施工作业，各劳务公司仍然面临人员短缺的状况。从混凝土工工作地区分布来看，混凝土工多在沿海地区和经济发达地区工作。混凝土工多偏爱前往四川、山东、江苏、浙江、广东等省份工作，主要是这些地区经济发达，不仅投资额和工程总量大且不存在冬闲（北方冬闲时间 3~4 个月），工作和收入都比较稳定。相较之下，前往黑龙江、新疆、西藏、青海、云南等地工作的混凝土工数量相对较少。

八、混凝土工的职业贯通发展

随着建筑业产业转型升级及市场领域的细分，该职业的发展路径主要有三条：

1. 管理路线，即主要从事商品混凝土配料、检验等工作，可从普通员工晋升到班组长、技术员、车间主任（项目经理）等技术岗位。

2. 专家路线，即随着经验、理论、技能水平不断提升，从混凝土工操作员再到技术能手、首席技术专家、混凝土构件专家。

3. 创业路线，即个人在实现自我价值后，基于兴趣爱好和对行业关切进行的创新创业，选择成立劳务公司或开办商品混凝土站。

混凝土工的职业贯通发展如图 6-29-01-03-04 所示。

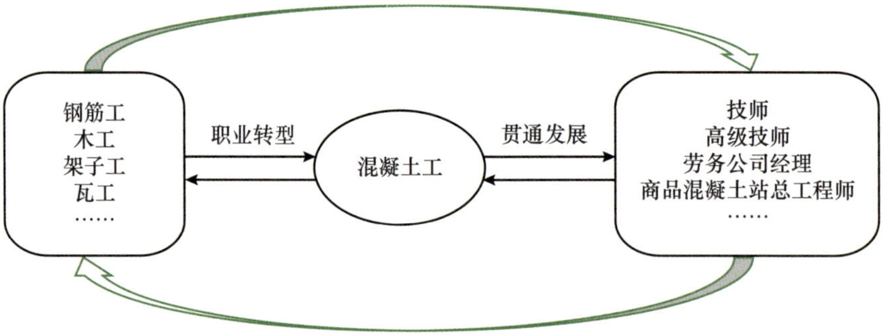

图 6-29-01-03-04　混凝土工的职业贯通发展

九、混凝土工的发展前景

从市场供需看。数据显示，当前建筑业作业工人平均年龄在 40 岁以上，40 岁以下的工人占比仅为 34%。随着老一代建筑业从业人员退休或面临退休，新一代青年不愿意进入或留在建筑业，建筑业用工荒形势越发严峻。因此，改善现场作业人员作业环境、保障作业工人权益、吸引年轻劳动力资源、培育新时代产业工人是建筑业迫在眉睫的任务。

从产业发展看。我国明确提出建筑业要转型升级，目前混凝土工的配料与搅拌工作由商品混凝土站完成，而发展装配式建筑可树立和贯彻落实创新、协调、绿色、开放、共享五大发展理念，可推动我国建造方式的创新，有助于我国从建筑大国到建筑强国的转变。我国装配式建筑与国际先进水平相比差距甚大，仍在产业转型发展的过程中，计划在 2035 年要建成一支秉承劳模精神、劳动精神、工匠精神的知识型、技能型、创新型建筑工人大军。随着建筑产业转型升级，未来混凝土工中的一部分人员将在装配式建筑生产单位就业，转变为混凝土构件生产操作员或装配式建筑构件生产与安装工，一部分人员将在建筑劳务公司从事现浇混凝土的浇筑、养护和缺陷修补工作。

从政策红利看。国家明确了“十四五”时期绿色节能与绿色建筑发展的 9 项重点任务：提升绿色建筑发展质量、提高新建建筑节能水平、加强既有建筑节能绿色改造、推动可再生能源应用、实施建筑电气化工程、推广新型绿色建造方式、促进绿色建材推广应用、推进区域建筑能源协同、推动绿色城市建设。展望未来，我国建筑业仍有较长的红利期，将加快向数字化、信息化、智能化发展，智能建筑和智能交通等必将成为新的发展方向。

十、相关内容链接

国家职业标准：扫码即可查看。

相关政策文件：见表 6-29-01-03-03。

表 6-29-01-03-03 混凝土工相关政策文件

发布或通过时间	发布或通过机构	文件名称
2020 年 12 月	住房城乡建设部等	《关于加快培育新时代建筑产业工人队伍的指导意见》

供稿：宁夏建设职业技术学院 段兴梅

钢筋工

职业编码：6-29-01-04

在社会经济高速发展的今天，一幢幢摩天大楼拔地而起，框架结构是大楼的支柱，相当于人体的骨骼，而钢筋就是这骨骼中的韧带。钢筋工作为建筑行业中不可或缺的人员，需求量持续增长。他们负责加工和安装混凝土建筑中的钢筋骨架，保证建筑的稳定性和耐久性。作为一名钢筋工不仅要有一定的技能和经验，还需要具备特定的条件。新入场的钢筋工必须进行三级安全教育培训，进行安全生产思想、安全知识、安全技能教育等，做到持证上岗。

一、钢筋工的一天

记录时间：2022 年 5 月 22 日　　记录人：李某

上午工作情况

8 点至 12 点：

1. 按要求穿戴整齐、戴好安全帽，进入项目施工现场，现场施工员进行安全技术交底，下发工作任务。（班前教育、领任务）

2. 进入钢筋加工区域（如图 6-29-01-04-01 所示），检查场地、材料、钢筋加工设备等是否符合要求。（准备场地、材料和机具）

3. 识读施工图纸和施工方案，熟悉和理解施工图纸中构件的钢筋配置情况，发现图纸或方案有问题及时提出并解决。（识读图纸和方案）

4. 根据施工图纸，按构件分别计算钢筋的下料长度，整理汇总并编制钢筋配料单，报送项目部技术负责人审核。（编制钢筋配料单）

图 6-29-01-04-01　钢筋加工区域

下午工作情况

14 点至 18 点：

1. 按要求穿戴整齐、戴好安全帽，进入项目施工现场，现场施工员进行安全技术交底。（班前教育）

2. 根据钢筋配料单进行钢筋除锈、调直、连接、切断、成型等工作，将加工好的钢筋分类堆放。（钢筋加工、连接）

3. 将加工好的钢筋运至相应的施工部位，进行钢筋骨架安装（如图 6-29-01-04-02、图 6-29-01-04-03 所示）。（钢筋安装）

4. 根据施工质量验收规范要求，对安装好的钢筋进行自检，并做好过程记录。（质量检查、资料记录）

图 6-29-01-04-02　钢筋安装现场

图 6-29-01-04-03　柱钢筋骨架绑扎

二、什么是钢筋工

职业定义。钢筋工是使用工具、机具及设备进行钢筋加工、骨架预制、钢筋连接和钢筋安装的人员。

定义解读。钢筋工是指使用工具、机具及设备，对钢筋进行除锈、调直、连接、切断、成型、安装钢筋骨架的人员。安装钢筋骨架也称为绑扎钢筋骨架，是钢筋工应具备的基本技能，根据规范规定、设计图纸等要求，将横向和纵向钢筋交叉点用扎丝绑扎固定，形成图纸要求的形状。

关联职业。密切相关的职业有装配式建筑施工员、混凝土工、模板工、架子工和焊工。装配式建筑施工员是指在装配式建筑施工过程中从事构件安装、进度控制和项目现场协调等工作的人员。混凝土工是将混凝土浇筑成构件、建筑物、构筑物的人员。模板工是土建专业工种中的重要成员之一，指从事模板结构搭建，模板施工的专业人员。架子工是使用装拆、维护工具，架设、维护、拆卸施工现场操作架、防护架、支撑架的人员。焊工是操作焊机或焊接设备，焊接金属工件和构件的人员。

相应岗位。装配式建筑施工员、混凝土工、模板工、架子工和焊工等。

三、钢筋工的主要工作职责

1. 按照设计图纸、施工规范、操作规程及施工方案的要求和配料单进行制作和绑扎。

2. 钢筋要按品种、规格、类别进行堆放，严防混杂，安装钢筋时操作地点要预先检查。

3. 使用工具、机具、设备，进行钢筋除锈、调直、切断、弯曲等加工，对加工后的钢筋制品进行质量检查与控制。

4. 保证安全可靠。钢筋的调直要有专人负责，钢筋加工机械有专人管理使用。在钢筋绑扎前，应先检查工作面的安全设施，做到安全施工，严禁违章作业。

5. 钢筋绑扎时的规格、数量、尺寸、连接位置要正确、要牢固，并应符合验评标准。绑扎前对铁锈严重的钢筋进行除锈，在浇筑混凝土的过程中要检查整理，按规定做好梁、柱、板保护层垫块。

6. 坚持三检制度，做到自检、互检、交接检，责任到人。

7. 厉行节约，精打细算，严禁浪费。做到看图仔细认真，编制钢筋配料单时规格尺寸准确，剩余钢筋头要随时回收利用，节约使用钢筋扎丝。

8. 对进行钢筋除锈、调直、切断、弯曲等工作的工具设备进行维护、维修、保养。

9. 加强职业道德，遵守劳动纪律，坚守工作岗位，精神集中听从指挥，密切配合施工完成生产任务。

钢筋工工作职责如图 6-29-01-04-04 所示。

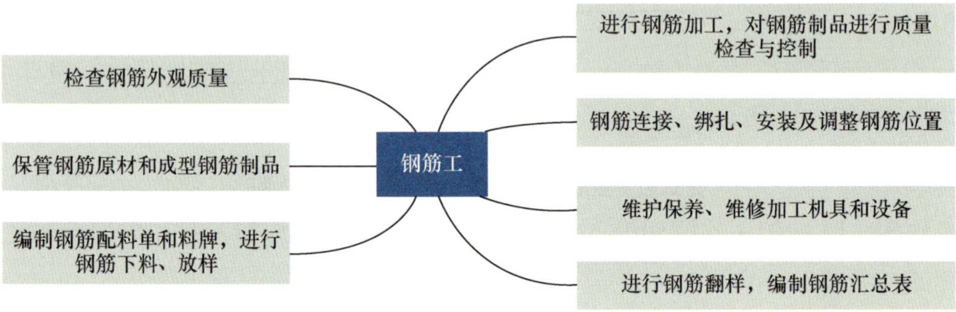

图 6-29-01-04-04　钢筋工工作职责

四、钢筋工的薪酬福利待遇

平均薪酬水平。根据国家统计局数据显示，2022 年城镇非私营单位建筑业就业人员年平均工资 78295 元，增长 3.3%；2022 年城镇私营单位建筑业就业人员年平均工资 60918 元，增长 0.8%。从行业和岗位看，钢筋工职业五个等级的薪酬水平为高级（国家职业资格三级）、技师（国家职业资格二级）和高级技师（国家职业资格一级）的薪酬水平普遍比初级（国家职业资格五级）和中级（国家职业资格四级）的薪酬水平高。从区域看，一线城市和经济发展快的城市如北京、上海、广州、深圳、杭州等人员的薪酬水平为 10000~15000 元 / 月，高于其他城市水平（如济南为 6000~9000 元 / 月，沈阳为 5000~8000 元 / 月）。

与类似职业对比。根据职友集网、搜狐网 2023 年 8 月数据，该职业的薪酬水平为 6000~12000 元 / 月，与混凝土工、砌筑工和木工的薪酬水平持平，略低于架子工的薪酬，见表 6-29-01-04-01。

表 6-29-01-04-01 类似职业薪酬水平

职业名称	薪酬水平（元 / 月）
架子工（特种工）	7000~13000
混凝土工	6000~11000
砌筑工	6000~12000
木工	6000~11000

五、从事钢筋工工作需要哪些本领

该职业从业人员需具备的知识和技能有：施工图识读常识、钢筋性能及常识、常用机具使用和保养知识、建筑力学和钢筋混凝土结构常识、安全生产知识、环境保护知识、相关法律及法规知识等。核心技能是施工图识读常识和安全生产知识。该职业需具备的知识和技能见表 6-29-01-04-02。

表 6-29-01-04-02 钢筋工需具备的知识和技能

职业功能	工作内容	知识和技能要求
施工准备	准备作业现场	能正确佩戴个人安全防护用具、能正确使用安全操作平台和小型机械设备，能按照施工作业条件及要求清理和准备作业场地，进行安全技术交底，能对触电、中暑等事故进行简单的基本医疗救护，能正确使用现场消防器材
	准备材料、机具	能按配料单搬运、选用和检查钢筋主辅料并进行分类标识，能选用、清理、摆放和检查钢筋加工机具，能码放、搬运成型骨架
	识读图纸、方案	能识读框架结构、剪力墙结构、混合结构等结构的施工图，能识读预制构件配筋图，能识读钢筋工程施工方案，能对简支梁、板、构造柱等简单构件进行布筋放线

续表

职业功能	工作内容	知识和技能要求
施工准备	制配料单	能对框架结构、剪力墙结构、混合结构等常规结构的构件进行钢筋翻样，并编制配料单，能对普通楼梯、吊车梁等一般构件进行钢筋翻样，并编制配料单的相关知识要求
钢筋作业	钢筋加工	能进行钢筋外观缺陷检查，能进行钢筋清污除锈、调直等操作，能使用钢筋加工机具按配料单下料，能使用钢筋成型机具进行钢筋加工、骨架成型
	钢筋连接	能进行钢筋定位和临时固定，能进行钢筋搭接连接作业
	钢筋安装	能进行钢筋网片和骨架的绑扎、安装、固定，能按施工交底要求设置钢筋限位件
施工检查	质量检查	能检查钢筋网片、骨架及常规节点施工质量，能检查预应力筋位置并采取控制措施，能进行预应力筋的自检，能进行钢筋安装质量互检，能防治钢筋施工质量缺陷
	调整保护	能进行钢筋位置的调整，能修复施工过程中发生的钢筋移位和变形
	填写记录	能填写自检、互检、交接检评定记录，能填写钢筋工程技术资料
	问题处理	能针对施工中遇到的安装问题提出处理措施，能对预应力施工中的质量缺陷进行处理
指导施工	组织施工	能对施工难点、重点、控制点进行指导，能对新技术、新工艺、新材料、新设备的应用进行施工指导
	技术处理	能进行技术改造和创新活动，并解决施工中的技术难题，能编制钢筋工程应急预案，能处理施工中的疑难问题

续表

职业功能	工作内容	知识和技能要求
施工管理	核对图纸	能核对异形结构、空间结构等特殊工程的配筋施工图，能对钢筋选型、配筋方式、构造做法等提出合理化建议，能对建筑、结构安装图纸进行专业对照；能核对体外预应力、斜拉桥等隧道、桥梁、坑矿等复杂、特殊工程结构施工图，能提出预应力工程复杂部位的实施修改意见，能提出建筑、结构、安装冲突部位的实施修改意见
	编制方案	能编制异形结构、空间结构等特殊工程的钢筋工程施工方案，能编制双向曲线预应力和整体预应力等复杂预应力施工方案，能核算钢筋工程成本
	质量、安全管理	能提出特殊钢筋工程质量控制措施，能提出一般预应力施工的质量、安全措施，能提出特殊工程质量、安全控制点，并提出预控措施
培训创新	技术培训	能编制钢筋工培训计划及培训大纲，能培训人员，能解读和运用本职业先进技术，并组织专题讲座和开展教学
	改造创新	能进行施工总结，能编写及审定操作规程及工法，能编写推广应用和审核新技术、新工艺、新材料、新设备的实施方案，能针对新结构、新材料的应用进行技术、工艺和设备改造，能进行钢筋、预应力工程、装配式建筑技术的改造和创新，能将创新、改造技术转化为实用型成果

六、钢筋工的专业教育现状

（一）相关专业

钢筋工归属于土木工程专业领域，目前已有较多院校开设了与该职业相关的专业，涉及普通本科院校、高职院校及中职学校等。普通本科院校专业有土木工程、智能建造、交通工程等。职业院校专业有建筑工程技术、装配式建筑施工、建筑工程施工等。

（二）开设相关专业的院校（排名不分先后）

★ 相关院校：同济大学、哈尔滨工业大学、北京建筑大学、长沙理工大学、西安建筑科技大学等。

◆ 相关院校：山东城市建设职业学院、四川建筑职业技术学院、浙江建设职业技术学院、广州城建职业学院、江西建设职业技术学院等。

七、钢筋工的就业创业信息

该职业从业人员遍布全国各地，主要集中在北京、上海、广东、湖南、浙江、江苏、天津、江西、山东、四川等省市。

吸纳钢筋工就业较多的用人单位主要有：

1. 大型施工企业：大多数建筑施工企业都需要钢筋工人来进行混凝土结构的钢筋加工、安装和绑扎工作。如中国建筑集团有限公司、中铁建设集团有限公司、中国交通建设集团有限公司、中国能源建设集团有限公司、北京城建集团有限责任公司、上海建工集团股份有限公司等。

2. 房地产企业：如保利发展控股集团股份有限公司、万科企业股份有限公司、碧桂园控股有限公司、北京中海地产有限公司、华润置地有限公司等。

3. 钢筋加工厂：一些专门的钢筋加工厂雇用钢筋工人，负责按照工程需求进行钢筋的加工和成品的制造。

注：以上机构信息仅供参考，不代表编写出版方对其推荐或认可。

八、钢筋工的职业贯通发展

该职业的发展路径主要有四条：

1. 管理路线，即经过工程实践锻炼，逐步提升项目协调管理能力，从普通钢筋工到钢筋主管，甚至逐步晋升到项目经理。

2. 专家路线，即不断学习专业知识和提升技能水平，从钢筋主管转岗到钢筋技术负责人，再晋升到项目技术总工程师，工程实践不断创新、技术职称不断晋升，成为钢筋领域施工专家。

3. 复合人才路线，即通过学习相关知识和专业技能，拓展职业领域，转型为施工员、安全员、质量员、注册建造师、注册监理师等，实现横向贯通和复合发展。

4. 创业路线，即基于个人业务能力、专业基础和兴趣爱好，选择合适机会进行创新创业，实现自我价值。

钢筋工的职业贯通发展如图 6-29-01-04-05 所示。

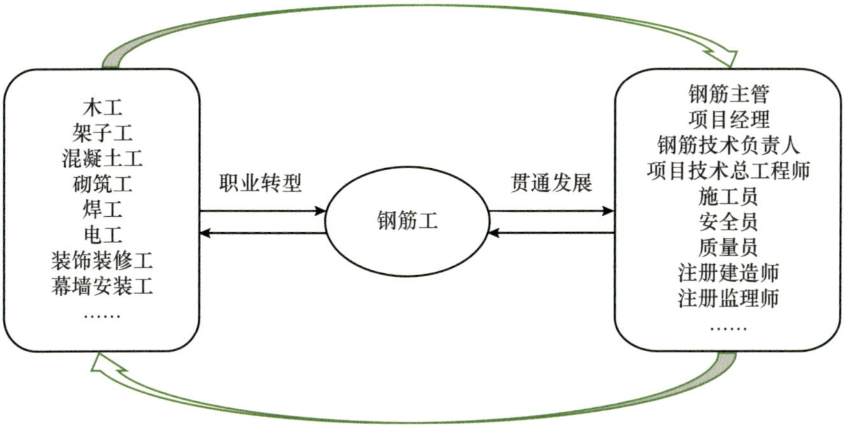

图 6-29-01-04-05　钢筋工的职业贯通发展

九、钢筋工的发展前景

从市场供需看。随着城市化进程的加速，建筑行业的需求量也在逐年增加。这意味着越来越多的建筑工地需要钢筋工来完成铺设工作。此外，随着国家大力推进基础设施建设，包括高速公路、桥梁、地铁等的建设，钢筋工的需求量也在不断增加。因此，可以预见钢筋工的就业前景会越来越好，同时薪酬福利待遇也会得到提高。

从产业发展看。随着科技和经济的不断发展，建筑行业将不断变革和进化，迎接未来的挑战。未来我国建筑业加快向数字化、信息化、智能化发展，智能建筑和智能交通等必将成为新的发展方向，传统基础设施和新型基础设施融合发展，建筑工程技术水平和员工素质也需不断提高，以满足市场和社会的需求。作为建筑行业从业者，应不断学习和适应新技术、新理念，推动行业的发展，为社会创造更美好的未来。

从政策红利看。党中央、国务院历来高度重视产业工人队伍建设工作，制定出台了一系列支持产业工人队伍发展的政策措施。根据《关于加快培育新时代建筑产业工人队伍的指导意见》的相关规定可以看出，未来的劳务用工模式将会发生改变。建筑劳务市场对砌筑工、钢筋工、混凝土工、架子工、木工等紧缺技术工种，装配式建筑施工员等新兴工种的人才需求是非常大的，也很注重这方面的人才培养。

建筑产业工人是我国产业工人的重要组成部分，是建筑业发展的基础，为经济发展、城镇化建设做出重大贡献。坚持以人民为中心的发展思想，以推进建筑业供给侧结构性改革为主线，以夯实建筑产业基础能力为根本，以构建社会化专业化分工协作的建筑工人队伍为目标，深化“放管服”改革，建立健全符合新时代建筑工人队伍建设要求的体制机制，为建筑业持续健康发展和推进新型城镇化提供更有力的人才支撑。

计划到 2025 年，符合建筑行业特点的用工方式基本建立，建筑工人实现公司化、专业化管理，建筑工人权益保障机制基本完善；建筑工人终身职业技能培训、考核评价体系基本健全，中级工以上建筑工人达 1000 万人以上。到 2035 年，建筑工人就业高效、流动有序，职业技能培训、考核评价体系完善，建筑工人权益得到有效保障，获得感、幸福感、安全感充分增强，形成一支秉承劳模精神、劳动精神、工匠精神的知识型、技能型、创新型建筑工人大军。

十、相关内容链接

国家职业标准：扫码即可查看。

相关政策文件：见表 6-29-01-04-03。

表 6-29-01-04-03　钢筋工相关政策文件

发布或通过时间	发布或通过机构	文件名称
2020 年 12 月	住房城乡建设部等	《关于加快培育新时代建筑产业工人队伍的指导意见》
2021 年 5 月	住房城乡建设部	《关于开展施工现场技能工人配备标准制定工作的通知》

供稿：广州城市理工学院　蒋艳芳

架子工

职业编码：6-29-01-05

建筑行业的发展离不开架子工。在建筑工地上，架子工在脚手架上灵活地挪动跳跃，像空中的舞者，犹如武林高手，灵巧地使用工具让架体慢慢长高。架子工一般需要露天作业，阳光和风雨使他们的皮肤变黑、变粗糙，同时在高空作业时需要克服内心的恐惧。架子工为后续工作的开展搭起了安全屏障，为建筑施工提供安全可靠的操作空间，是建筑界最不怕吃苦、最勇敢的人。

一、架子工的一天

记录时间：2021 年 5 月 18 日　　记录人：王某林

上午工作情况

8 点至 12 点：

1. 穿戴好防护用具，带齐工具在安全教育讲评台前集合。（工装准备）

2. 确认施工内容和技术要求，完成安全技术交底，熟悉应急预案。（技术交底）

3. 确认施工现场条件、熟悉搭设内容及要求，备齐工具材料，完成任务分工。（任务分配）

4. 首先按照放线位置摆放可调底座，将可调底座的螺母调整到设计高度（可调范围不大于 300mm），丝杠插入立杆的长度不小于 150mm，安装横纵向基座和扫地杆，并对扫地杆的水平度进行调整。（底座安装）

5. 将基座套入可调螺母上：根据设计要求，调出螺母大致尺寸。安装第一层水平杆：将水平杆套入圆盘小孔位置，使水平杆的横头抵住立杆圆管，再将销板插入小孔；用水准仪测量各基座标高，进行抄平；用榔头砸紧销板。安装基础立杆：未加装连接棒的立杆均为基础立杆；将基础立杆的长段插入基座的套筒中；从基座上的检查孔检查基础立杆是否插至套筒底部；基础立杆仅用在第一层搭接，第二层往上均使用立杆。具体场景如图 6-29-01-05-01 所示。（立杆安装）

图 6-29-01-05-01　立杆安装场景

下午工作情况

14 点至 18 点：

1. 岗前安全教育。（安全教育）

2. 安装第二层水平杆：按设计方案的步距、规格搭设水平杆；将水平杆套入圆盘小孔位置，使水平杆的横头抵住立杆圆管，再将销板插入小孔；用榔头砸紧销板。（水平杆安装）

3. 安装第一层竖向斜杆：将竖向斜杆依顺 / 逆时针方向组搭；将竖向斜

杆的斜杆头对准圆盘上的大孔；再将销板插入大孔，用榔头砸紧销板。

4. 安装上部立杆、水平杆、竖向斜杆：重复上述步骤，完成上部立杆、水平杆、竖向斜杆的搭设。工作场景如图 6-29-01-05-02 所示。（若第一层为顺 / 逆时针方向组搭时，则第二层同样需以顺 / 逆时针方向组搭）

图 6-29-01-05-02 架子工工作场景

5. 安装可调托撑：可调托撑就位后，按图纸要求进行标高的调整，满足图纸高程要求；托撑伸出顶层水平杆严禁超过 650mm；丝杆外露长度严禁超过 400mm，同时可调托撑插入立杆不得小于 150mm。

6. 安装主龙骨：按图纸要求，明确主龙骨设置方向；主龙骨对接时采用双钢管。安装次龙骨：次龙骨横交于主龙骨上；施工人员不得在龙骨上站立和行走。（龙骨安装）

7. 划分警戒区域，执行后搭先拆的原则；禁止向下抛扔材料。（架体拆除）

二、什么是架子工

职业定义。架子工是使用装拆、维护工具，架设、维护、拆卸施工现场操作架、防护架、支撑架、高处作业吊篮的人员。

定义解读。从事建筑施工的一类人员，必要工具为安全带、安全帽、扳手，通过使用搭设工具，将钢管、夹具和其他材料搭设成操作平台、安全网、井架、吊篮架、支撑架等，且能正确拆除。

关联职业。密切相关的职业有模板工、混凝土浇筑工。模板工是使用机械或工具，在混凝土制品的施工（生产）过程中，完成多种材质模板的加工制作、安装拆除、加固、维护保养的作业人员。混凝土浇筑工是将混凝土浇筑成构件、建筑物、构筑物的人员。

相应岗位。普通架子工、附着升降脚手架安装拆卸工、高处作业吊篮安装拆卸工、高处作业吊篮操作工。

三、架子工的主要工作职责

1. 能依照图纸要求，正确操作工具，并考虑到安全因素，搭建和拆除各类工程施工的脚手架。

2. 搬运脚手架的材料和工具，按规定严格选料，确保脚手架材料的安全运送，进行材料的分类、堆放、保护和性能检验。

3. 定期检查脚手架的稳定性和安全性，对所搭建的脚手架进行维护和管理，对脚手架进行清洁和维护，并适时处理各种问题，确保脚手架经久耐用，对各种脚手架的安全使用情况以及承载能力进行监督检查。

4. 协助其他建筑工种，搭建安全和稳定的操作平台，在施工现场供给必要的工具和设备，以便其他工种工人进行作业。

5. 确保所搭建脚手架的质量，适时发觉和矫正错误，遵守安全规定，在施工期间定期检查和修理脚手架，挂接和拆除安全网，安装信号台、避雷针等配件，防止发生安全事故，确保建筑物的施工质量和安全性。

四、架子工的薪酬福利待遇

平均薪酬水平。根据国家统计局公布数据，建筑业就业人员年平均工资不断增长，城镇非私营单位就业人员的薪酬水平从 2017 年的 55568 元提高到 2022 年的 78295 元，城镇私营单位就业人员的薪酬水平从 2017 年的 46944 元提高到 2022 年的 60918 元。近五年来架子工整体工资涨幅为 2.25 倍左右，年平均工资为 70000~100000 元。从区域来看，一线城市和经济发达地区架子工工资为 400~600 元 / 天，经济比较发达地区架子工工资为 300~500 元 / 天。

与类似职业对比。根据智联招聘网 2023 年 8 月数据，江苏地区的架子工薪酬为 8000~10000 元 / 月，该职业的薪酬水平一般要高于混凝土工、防水工和钢筋工等的薪酬水平，见表 6-29-01-05-01。

表 6-29-01-05-01 类似职业薪酬水平

职业名称	薪酬水平（元 / 月）
混凝土工	7000~8000
防水工	6000~8000
钢筋工	5000~7000

五、从事架子工工作需要哪些本领

该职业从业人员需要具备的知识和技能有：建筑识图与房屋构造基础知识，建筑力学基础知识，架料和搭设工具、机具设备识别，脚手架构造知识，建筑施工安全技术知识等。核心技能是架设、维护、拆卸施工现场操作架、防护架、支撑架。

根据《架子工国家职业技能标准》，该职业需具备的知识和技能见表 6-29-01-05-02。

表 6-29-01-05-02 架子工工作需具备的知识与技能

职业功能	工作内容	知识和技能要求
承插型盘扣式钢管脚手架	准备工作	能根据承插型盘扣式钢管脚手架及尺寸画出组装图，并对地面承载力进行判断； 能分析承插型盘扣式钢管脚手架受力结构； 能进行承插型盘扣式钢管脚手架地基处理、放线
	脚手架搭设	能安装杆件，达到安全使用要求； 能按搭设要求安装水平架或脚手板，能按施工部位需要安装斜梯； 能按承插型盘扣式钢管脚手架搭设要求指导工作； 能按工程进度需要合理安排用工； 能对承插型盘扣式钢管脚手架进行验收
	脚手架拆除	能拆除承插型盘扣式钢管脚手架； 能清理、保养构配件，达到二次安装要求
碗扣式钢管脚手架	准备工作	会测量放线知识，能根据脚手架施工方案，正确定位脚手架位置； 能按碗扣式钢管脚手架及配件的外观焊接质量及表面涂层技术要求验收进场的构配件
	脚手架搭设	能安装底座、立杆和可调底座，使相邻立杆间的扫地杆在同一平面上； 能按搭设要求安装碗扣式钢管脚手架； 能进行碗扣式钢管脚手架使用期间的检查、维护
	脚手架拆除	能按顺序拆除碗扣式钢管脚手架； 能清理、保养构配件，达到二次安装要求
扣件式钢管脚手架	准备工作	能辨识脚手架杆件和配件外观质量，熟悉脚手架杆件和配件的质量检验要求； 能使用绞磨、手动葫芦运送搭设架体的材料，熟悉常用机具的性能、规格以及使用和保养要求； 能检查验收安全用品，能检查验收安全设施

续表

职业功能	工作内容	知识和技能要求
扣件式钢管脚手架	脚手架搭设	能按建筑物结构形式要求搭设扫地杆、立杆； 能设置连墙件，满足架体拉接稳定性要求； 能搭设剪刀撑，达到脚手架刚度要求； 能进行脚手架使用期间的检查、维护； 能搭设物料提升机防护架； 能检查脚手架的扣件连接、连墙件、支撑体系是否符合要求； 能安装卸荷拉接件
	脚手架拆除	能按顺序拆除扣件式钢管脚手架； 能清理、保养构配件，达到二次安装要求
外挂脚手架	准备工作	能按设计图纸组装外挂脚手架
	脚手架搭设	能固定外挂脚手架穿墙螺栓； 能按操作规程要求提升外挂脚手架； 能维修外挂脚手架
	脚手架拆除	能拆除外挂脚手架穿墙螺栓； 能按顺序拆除各部位杆件
悬挑式脚手架	准备工作	能埋设预埋件，符合设计位置和达到强度要求； 能计算悬挑式脚手架的施工荷载及下部悬挑架的承载力
	脚手架搭设	能安装连墙杆和悬挑梁及梁上第一步脚手架，达到设计要求； 能调整架体垂直度，能进行悬挑式脚手架的检查、维护； 能进行自检，达到验收标准
	脚手架拆除	能拆除悬挑式脚手架
模板支架	准备工作	能根据支撑及尺寸画出支架组装图； 能根据结构形式估算用料量； 能按支架高度选配立杆、顶杆、可调底座和可调托撑
	模板支架搭设	能清理平整场地、定位放线、安放底座； 能排杆定位，达到支撑要求； 能搭设模板支架，达到使用要求； 能搭设异形结构支撑架

续表

职业功能	工作内容	知识和技能要求
模板支架	模板支架拆除	能按顺序拆除模板支架； 能拆除危险性较大的、具有一定规模的模板支架
安全防护设施	搭设、拆除安全网	能搭设、拆除有窗口的外墙水平网支架，铺设、拆除水平网； 能搭设、拆除无窗口的外墙水平网支架，铺设、拆除水平网； 能搭设、拆除大跨度安全网
	搭设、拆除防护棚	能根据使用环境要求搭设、拆除单层、双层防护棚； 能搭设、拆除悬挑防护棚
工具式脚手架	准备工作	能根据工具式脚手架施工工艺要求画出整体架构的平面图，并对工具式脚手架承力点和承载力进行判断； 能根据工具式脚手架施工环境确定搭设结构； 能进行工具式脚手架受力结构分析
	脚手架搭设	能安装杆件，达到安全使用要求； 能按搭设要求安装交叉斜撑和水平架或脚手板； 能按施工部位需要安装斜梯； 能按工程进度需要合理安排用工； 能按工具式脚手架搭设要求指导工作
	脚手架拆除	能拆除工具式脚手架； 能协助技术人员对工具式脚手架的拆除进行技术交底

六、架子工的专业教育现状

（一）相关专业

目前已有较多院校开设了与该职业相关的专业，涉及高职院校和中职学校。高职院校开设的相关专业有建筑工程技术、装配式建筑工程技术、建筑钢结构工程技术、智能建造技术等；中职学校开设的相关专业有建筑工程施工、装配式建筑施工等。

（二）开设相关专业的院校（排名不分先后）

◆ 相关院校：江苏城乡建设职业学院、江苏建筑职业技术学院、上海城建职业学院、四川建筑职业技术学院、浙江建设职业技术学院、广西建设职业技术学院、江西建设职业技术学院、湖北城市建设职业技术学院、山东城市建设职业学院、重庆建筑工程职业学院。

▼ 相关院校：南京高等职业技术学校、常州市高级职业技术学校、江苏省溧阳中等专业学校、上海市建筑工程学校、天津市建筑工程学校、成都职业技术学院、广西城市建设学校、河北城乡建设学校、长沙建筑工程学校等。

七、架子工的就业创业信息

该职业从业人员遍布全国各地，其中主要集中在经济发展较快或人口较多的省市，如北京、上海、江苏、浙江、安徽、山东、四川、河南等。

吸纳架子工就业较多的用人单位主要有：

1. 施工企业：如中国建筑集团有限公司、中铁建设集团有限公司、中国交通建设集团有限公司、浙江省建工集团有限责任公司、江苏省建筑工程集团有限公司等。

2. 装饰装修企业：如北京今朝装饰设计有限公司、业之峰装饰集团、深圳市名雕装饰股份有限公司等。

3. 房地产企业：如碧桂园控股有限公司、万科企业股份有限公司、保利发展控股集团股份有限公司、华润置地有限公司等。

注：以上机构信息仅供参考，不代表编写出版方对其推荐或认可。

八、架子工的职业贯通发展

该职业的发展路径主要有四条：

1. 管理路线，即经过工程项目锻炼，逐步提升管理能力，从普通员工晋升到架子工班组长。

2. 专家路线，即不断学习专业知识，提升技能水平，晋升为架子工技师。

3. 复合人才路线，即通过学习相关知识和专业技能，拓展职业领域，转型为钢筋工、混凝土工、砌筑工、施工员、质量员、安全员等，实现横向贯通和复合发展。

4. 创业路线，即基于个人业务能力和兴趣爱好，进行创新创业，实现自我价值。

架子工的职业贯通发展如图 6-29-01-05-03 所示。

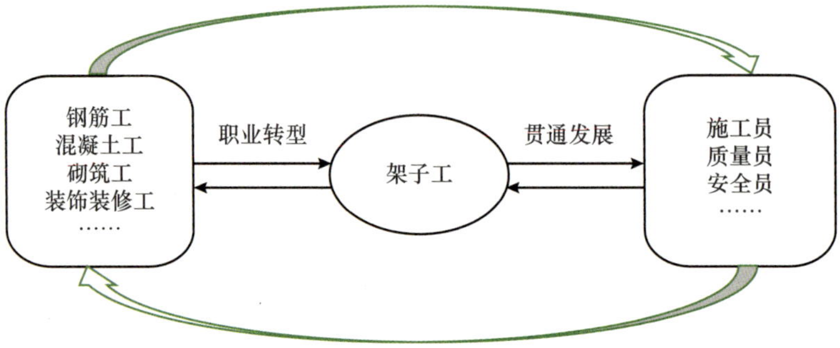

图 6-29-01-05-03　架子工的职业贯通发展

九、架子工的发展前景

从市场供需看。随着持续不断的城市化进程和基础设施建设的升级，架子工的需求也在不断增加。他们在道路、桥梁、电力、石油、化工等行业都有用武之地。根据行业预测，未来几年，架子工的就业前景仍将保持稳定，且需求量将继续增加。

此外，随着技术的不断进步和安全要求的提高，越来越多的公司需要拥有经验丰富的架子工来确保安全和高质量的施工。因此，具备丰富经验和技能的架子工将具有更好的就业前景和更高的薪资待遇。

从产业发展看。近年来，国内建筑脚手架产业发展、行业推广、市场监管等重要环节的宏观政策环境已经日趋完善。

从政策红利看。2019 年，相关部门依次出台多项与建筑脚手架紧密相关的政策文件，为建筑脚手架发展奠定了关键的政策基础；同时发布了关于建筑脚手架管理的文件，在建筑脚手架行业产生了重要影响；针对建筑脚手架行业形态，明确了互联网资源贯穿辅助服务业务的概念，相关市场管理政策也相继配套出台；

明确了我国关于建筑脚手架发展的指导思想、基本原则、发展目标、重点任务和保障措施。为了促进建筑脚手架的安全可靠发展和质量的改进，国家出台了一系列配套政策，以支持行业的发展。例如，国家加大了对施工企业的技术培训和质量监督力度，同时加强对建筑脚手架生产企业的质量监管。此外，国家还规定了一些强制性指标和标准，以确保脚手架搭设和使用的安全可靠，进一步提升了市场信誉度。

十、相关内容链接

国家职业标准：扫码即可查看。

相关政策文件：见表 6-29-01-05-03。

表 6-29-01-05-03　架子工相关政策文件

发布或通过时间	发布或通过机构	文件名称
2021 年 12 月	人力资源社会保障部	《关于印发“十四五”职业技能培训规划的通知》

供稿：江苏城乡建设职业学院　杨建华

乡村建设工匠

职业编码：6-29-01-07

民族要复兴，乡村必振兴，习近平总书记指出，现代农村是一片大有可为的土地、希望的田野。乡村建设在社会主义现代化建设中具有重要地位，乡村建设工匠大多是村里人，他们既是乡村建设者，也是美丽乡村受益者，他们作为农村建设的主力军，是推进乡村振兴战略的重要保障，在农村住房等乡村建设中扮演着举足轻重的角色，对于新农村建设和乡村振兴有着重要的作用，有助于农村人居环境的改善，随着乡村振兴战略的持续推进，乡村基础设施建设将为工匠们提供更加广阔的“舞台”。

坚持以习近平新时代中国特色社会主义思想为指导，深入贯彻党的二十大精神，全面落实习近平总书记重要指示要求，大力弘扬劳模精神和工匠精神，积极开展乡村建设工匠培育管理工作，大力培养乡村建设人才。乡村建设工匠实行实名制管理，部分乡村建设工匠录入全国危房改造信息系统中“乡村建设工匠”模块数据信息库，作为农村住房建设的首要人选，从而促进乡村建筑工匠逐步从“自由零散”向“规范管理”转变，做到持证上岗。

一、乡村建设工匠的一天

记录时间：2023 年 7 月 22 日　　记录人：高某

上午工作情况

8 点至 12 点：

1. 按要求穿戴整齐、戴好安全帽，识读施工图纸和施工方案，熟悉和理解施工图纸中构件的钢筋配置情况，发现图纸或方案有问题及时提出并解决。（识读图纸和方案）

2. 进入项目施工现场（如图 6-29-01-07-01 所示），现场施工员进行安全技术交底，下发工作任务。（班前教育、领任务）

3. 进入施工区域，检查场地、材料、加工设备等是否符合要求。（准备场地、材料和机具）

4. 完成工作任务范围内区域场地整理和施工区域放线，根据图纸，完成房屋某处墙体的砌筑。（施工放线、墙体砌筑）

图 6-29-01-07-01　乡村建设工匠某工地施工现场

下午工作情况

14 点至 18 点：

1. 按要求穿戴整齐、戴好安全帽，进入项目施工现场，现场进行安全技术交底，根据业主意见与设计方沟通，建议调整施工方案。（班前教育）

2. 继续完成小型工程建设项目墙体砌筑、墙面抹灰、墙体保温等施工作业。（墙体施工）

3. 对墙体施工技术问题进行诊断，提出解决和预防方案，在施工过程中，加强对施工现场安全的监督。（质量检查、资料记录）

二、什么是乡村建设工匠

职业定义。乡村建设工匠主要是指在乡村建设中，使用小型工具、机具及设备，进行农村房屋、农村公共基础设施、农村人居环境整治等小型工程修建、改造的人员。

定义解读。乡村建设工匠使用专业机具设备，进行农村房屋建筑、小型基础设施等工程建造。一般由“带头工匠”临时组织小规模施工班组承接工程。乡村建设工匠是推动乡村振兴、建设美丽宜居乡村的重要力量。

关联职业。密切相关的职业有装配式建筑施工员、砌筑工、石工、钢筋工、模板工、架子工和焊工。装配式建筑施工员是指在装配式建筑施工过程中从事构件安装、进度控制和项目现场协调等工作的人员。砌筑工是使用专业工具，进行建筑物和构筑物块体砌筑、屋面挂瓦、块材饰面粘贴的人员。石工是指使用工具，进行天然石料选材、加工、砌筑、维修、养护的人员。钢筋工是使用工具、机具、设备进行钢筋加工、骨架预制、钢筋连接和钢筋安装的人员。模板工是指从事模板结构搭建，模板施工的专业人员。架子工是使用装拆、维护工具，架设、维护、拆卸施工现场操作架、防护架、支撑架、高处作业吊篮的人员。焊工是操作焊机或焊接设备，焊接金属工件和构件的人员。

相应岗位。瓦工、混凝土工、木工、水暖工、电工等。

三、乡村建设工匠的主要工作职责

乡村建设工匠在乡村建设过程中起着至关重要的作用，他们负责乡村建设的施工以及其他相关工作。他们的职责主要有：

1. 参与乡村建设计划，编制乡村建设整体设计，识读农村工程建设项目设计图纸，并准备工具、机具及设备和建筑材料，根据建设计划和设计图纸开展施工。

2. 负责确定建筑建设、水利工程、管道建设等内容，保证材料和工程质量。

3. 按计划分解施工任务、管理临时工作，包括进行测量放线、脚手架搭设、模板安装拆卸、木构件制作安装等施工作业；进行农村小型工程建设项目砌筑、抹灰、挂瓦、墙体保温、屋面防水等施工作业；进行钢筋加工绑扎、混凝土拌制浇筑养护等施工作业；进行给排水管道、厨卫设施及采暖系统安装等施工作业；进行强弱电线路敷设、照明灯具及家电设备安装等施工作业；参与农村水电路气信等小型公共基础设施施工作业；进行改厕、污水垃圾处理、村容村貌提升等农村人居环境整治等施工作业。

4. 维护乡村建设工程的施工现场。

5. 维修和保养乡村建设的设备，保证其可正常使用。

6. 根据现场施工进度，不断完善和调整建设计划，实现乡村建设的安全、可靠、持久地运行。

7. 与乡村建设的监督组织和其他施工人员进行有效协作，保证施工项目的顺利完成，按时投入使用。

8. 负责乡村建设施工技术问题的诊断、解决和预防，在施工过程中，加强对施工现场安全的监督。

9. 自检自查，做好施工记录，参与验收。

图 6-29-01-07-02 至图 6-29-01-07-05 均为乡村建设工匠的工作场景。

图 6-29-01-07-02　乡村建设工匠识读图纸

图 6-29-01-07-03　乡村建设工匠拌制水泥砂浆

图 6-29-01-07-04　乡村建设工匠正在进行危房改造

图 6-29-01-07-05　乡村建设工匠听取用户意见

四、乡村建设工匠的薪酬福利待遇

平均薪酬水平。根据国家统计局数据显示，2022 年城镇非私营单位建筑业就业人员年平均工资为 78295 元，增长 3.3 %；2022 年城镇私营单位建筑业就业人员年平均工资为 60918 元，增长 0.8 %。从区域看，一线城市和经济发展快的城市如北京、上海、广州、深圳、杭州等地就业人员薪酬水平为 10000~15000 元 / 月，高于其他城市就业人员的薪酬水平（如济南为 6000~9000 元 / 月，沈阳为 5000~8000 元 / 月）。部分地区按天计算工资，一天 300~800 元不等。

与类似职业对比。根据职友集网、搜狐网 2023 年 8 月数据，乡村建设工匠的薪酬水平为 6000~12000 元 / 月，与混凝土工、砌筑工和木工的薪酬水平持平，略低于架子工的薪酬，见表 6-29-01-07-01。

表 6-29-01-07-01 类似职业薪酬水平

职业名称	薪酬水平（元 / 月）
架子工（特种工）	7000~13000
混凝土工	6000~11000
砌筑工	6000~12000
木工	6000~11000

五、从事乡村建设工匠工作需要哪些本领

该职业从业人员需具备的知识和技能有：建筑工匠制度、农房建设基本知识、相关的法律法规知识、建筑工程识图、农房建设管理、安全生产、环境保护及绿色施工等，各地在乡村建设工匠培育和管理方面进行了积极探索，通过“基础 + 技能 + 实训”模式，提高工匠的安全生产意识、专业技能及实操能力。基础课设农房建设政策与法律法规、工程项目管理、农房结构与安全、建筑工程识图、建筑材料、建筑风貌等内容；技能课设农房设计、测量与放线、地基处理与基础、砌体结构施工、框架结构施工、屋面施工、装饰装修施工、水电暖安装等技术内容；实训课可结合技能课的教学内容，针对乡村建设工匠日常工作与工种类别，进行施工现场观摩学习和实操训练。

该职业需具备的知识和技能见表 6-29-01-07-02。

表 6-29-01-07-02 乡村建设工匠需具备的知识和技能

职业功能	工作内容	知识与技能要求
项目准备	技术方案编制	能够识读乡村建设项目相关工程图纸，提出技术措施和专项施工方案，制定项目施工管理流程及工艺标准
	施工前期准备	能够汇总技术交底资料，并向所管辖的班组下达施工任务，完成施工技术交底，保证材料质量和工程质量

续表

职业功能	工作内容	知识与技能要求
建设施工	现场地形处置	能够根据施工图纸，按照施工作业条件及要求清理和准备作业场，完成场地平整、施工场地测量放线等
	项目施工	能够按照工程建设计划开展施工，能够进行脚手架搭设、模板安装拆卸、木构件制作安装等施工
		熟练掌握砌筑、抹灰、挂瓦、墙体保温、屋面防水等施工；能够进行钢筋加工绑扎、混凝土拌制浇筑养护等施工
		能够进行强弱电线路敷设、照明灯具及家电设备安装等；能够参与农村水电路气信等小型公共基础设施施工
		能够进行给排水管道、厨卫设施及采暖系统安装等施工；能够进行改厕、污水垃圾处理、村容村貌提升等农村人居环境整治等施工
工程管理	施工过程管理	根据现场施工进度，不断完善和调整建设计划，项目实施安全、可靠、持久；处理现场施工问题，跟踪现场巡视意见的反馈和落实
	施工现场管理	维护工程施工现场；维修和保养相关设备，保证其正常使用
	施工安全管理	加强对施工现场安全监督与检查，组织建立项目安全责任制，实施人员、材料、机械全过程安全管理
	资料管理	按时实现预定投入使用；参加工程竣工交验，负责工程完好保护；能够完成竣工图编制，并组织竣工资料整理
运营维护	成品交付	能够和其他工种施工人员进行协作，进行施工总结，自检自查，做好施工记录，参与验收
	管理维护	通过跟踪调研能进行技术改造和创新活动，并解决施工中的技术难题

六、乡村建设工匠的专业教育现状

（一）相关专业

乡村建设工匠归属于土木工程专业领域，目前已有较多院校开设了与该职业相关的专业，涉及普通本科院校、高职院校及中职学校等。普通本科院校专业有土木、智能建造、交通运输等。职业院校专业有建筑工程技术、建筑设计、装配式建筑施工、智能建造技术等。

（二）开设相关专业的院校（排名不分先后）

★ 相关院校：同济大学、哈尔滨工业大学、北京建筑大学、长沙理工大学、西安建筑科技大学等。

◆ 相关院校：山东城市建设职业学院、四川建筑职业技术学院、浙江建设职业技术学院、广州城建职业学院、江西建设职业技术学院等。

七、乡村建设工匠的就业创业信息

该职业从业人员遍布全国各地，主要集中在北京、上海、广东、湖南、浙江、江苏、天津、江西、山东、四川等省市。北京、山西、吉林等地相继出台了相关管理政策文件，多地建立了工匠名录并利用政府网站向社会公布。杭州开发了农房建设智慧管家系统，农户建房可从系统的工匠名录库中挑选工匠。一些地区还成立了乡村建设工匠协会，为工匠提供专业技能培训、政策法律咨询等方面的支持和服务。

吸纳乡村建设工匠就业较多的用人单位主要有：

1. 大型施工企业：大多数建筑施工企业都需要乡村建设工匠。如中国建筑集团有限公司、中铁建设集团有限公司、中国交通建设集团有限公司、中国能源建设集团有限公司、北京城建集团有限责任公司、上海建工集团股份有限公司等。

2. 房地产企业：如保利发展控股集团股份有限公司、万科企业股份有限公司、碧桂园控股有限公司、中海地产集团有限公司、华润置地有限公司等。

3. “带头工匠”组建小型化施工班组、合作社或合伙制企业，承揽相应的农村工程建设项目。

注：以上机构信息仅供参考，不代表编写出版方对其推荐或认可。

八、乡村建设工匠的职业贯通发展

该职业的发展路径主要有四条：

1. 管理路线，即经过工程实践锻炼，逐步提升项目协调管理能力，从普通乡村建设工匠到乡村建设带头工匠，甚至逐步晋升到项目经理。

2. 专家路线，即不断学习专业知识和提升技能水平，从乡村建设工匠转岗到项目负责人，再晋升到项目技术总工程师，工程实践经验不断积累、技术职称不断晋升，成为建筑领域专家。

3. 复合人才路线，即通过学习相关知识和专业技能，拓展职业领域，转型为施工员、安全员、质量员、注册建造师等，实现横向贯通和复合发展。

4. 创业路线，即基于个人业务能力、专业基础和兴趣爱好，选择合适机会进行创新创业，实现自我价值。

乡村建设工匠的职业贯通发展如图 6-29-01-07-06 所示。

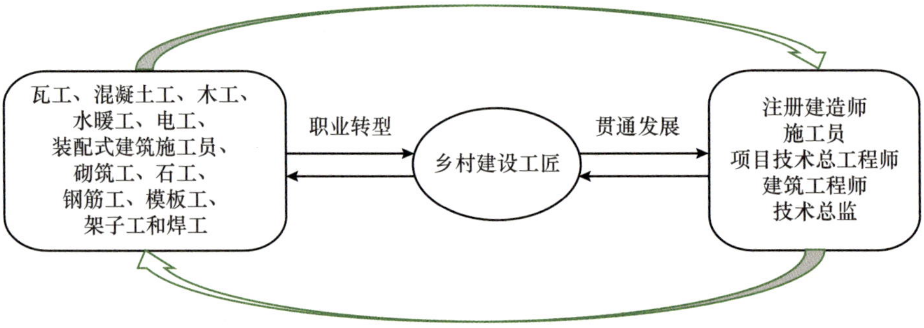

图 6-29-01-07-06　乡村建设工匠的职业贯通发展

九、乡村建设工匠的发展前景

从市场供需看。习近平总书记强调，全面建设社会主义现代化国家，实现中华民族伟大复兴，最艰巨最繁重的任务依然在农村，最广泛最深厚的基础依然在农村。随着国家对乡村振兴战略实施步伐的不断加快，乡村建设需要大量的乡村建设工匠，作为新农村建设的主力军，其在农村住房等工程建设中扮演着重要的角色，发展前景广阔。

保障农村危房改造工作落到实处、取得实效，离不开乡村建设工匠。在成为乡村建设工匠以前，他们多为普通的农村转移劳动力、返乡农民工、脱贫劳动力。这些人来自当地，扎根本土，大多有一身手艺，但缺乏系统学习，通常临时组队，管理松散，缺少专业基础，安全意识缺乏。通过培训获得职业资格的乡村建设工匠是一支正规军，是推动乡村建设发展的“现代鲁班”，组成了规范的农村建设工匠队伍，实现了真正的“业者有其技”。这也是农村发展的基础和优势，为巩固拓展脱贫攻坚成果同乡村振兴有效衔接提供保障，使农村成为村民安居乐业的家园。

乡村建设工匠作为具备现代建造技术、熟悉乡村文化、长期扎根农村，从事农村住房、农村基础设施和公共设施施工作业等工作的乡村工匠，承揽农村建房等小型工程项目，具有丰富实操经验、较高技术水平和管理能力的业务骨干，是保障农房建筑质量安全的重要行为实施主体，乡村建设工匠既当得了“建筑师”，又当得了“设计师”“管理者”等，甚至可以参与到乡村整体规划建设中来，能一定程度上带动乡村文化振兴、产业振兴。

从产业发展看。建筑行业是全球最具活力和竞争力的产业之一，它关系着全社会的建设与发展。在近几年的发展中，建筑行业经历了多方面的挑战、变化和创新。未来建筑行业的发展趋势是推动产业科技的发展。建筑业将逐渐向数字化、智能化和绿色化方向发展，通过信息化、智能化等手段推动建筑单位的规模和生产效率不断提升，加快建筑业升级进程，助力建筑行业的可持续发展。

传统基础设施和新型基础设施融合发展，乡村建设工匠同时也将不断提高建筑工程技术水平和个人素质，以满足市场和社会的需求。作为建筑行业从业者的乡村建设工匠，应不断学习和适应新技术、新理念，与时俱进地推动行业的发展，并为社会创造更美好的未来。

从政策红利看。我国城乡统筹力度不断增强，城乡融合发展步伐持续加快，城乡一体化发展水平大幅提升，我国城乡关系伴随着城镇化工业化进程正在发生新变化。中共中央、国务院印发的《关于建立健全城乡融合发展体制机制和政策体系的意见》提出，重塑新型城乡关系，走城乡融合发展之路，促进乡村振兴和农业农村现代化。国家“十四五”规划和 2035 年远景目标纲要明确，强化以工补农、以城带乡，推动形成工农互促、城乡互补、协调发展、共同繁荣的新型工农城乡关系。党的二十大报告强调，坚持农业农村优先发展，坚持城乡融合发展，畅通城乡要素流动。

乡村建设工匠服务于乡村建设，培养新时代乡村建设工匠是推进乡村振兴战略的重要基础。住房城乡建设部指出，到 2035 年，乡村建设工匠将成为农房和村庄建设的重要人才支撑。

十、相关内容链接

国家职业标准：扫码即可查看。

相关政策文件：见表 6-29-01-07-03。

表 6-29-01-07-03　乡村建设工匠相关政策文件

发布或通过时间	发布或通过机构	文件名称
2020 年 12 月	住房城乡建设部等	《关于加快培育新时代建筑产业工人队伍的指导意见》
2021 年 5 月	住房城乡建设部	《关于开展施工现场技能工人配备标准制定工作的通知》

供稿：广州城建职业学院　刘圆圆

铁路线桥工

职业编码：6-29-02-02

交通强国，铁路先行。截至 2022 年年底，我国铁路营业里程达 15.5 万公里，越织越密的铁路网，织出了助力经济社会发展的锦绣路，承载了老百姓快乐出行的幸福感。然而，飞驰在轨道上的火车，承载其数千吨钢铁之躯的线路、桥梁、隧道的安全都是谁在守护？在铁路职工队伍中有这样一群人，他们身披“黄战甲”，无论白昼黑夜，无论严寒酷暑，同风雨雪霜为伴，或是徒步数公里排查伤损，或是手持笨重机具整治病害，或是以人工力量翻动千斤钢轨……坚守铁路系统体力最繁重的岗位，把控着轨道毫米级别的误差标准，一年四季用辛勤汗水保障铁路轨道状态良好，确保列车安全、平稳和不间断地运行。他们就是——铁路线桥工（如图 6-29-02-02-01 所示）。

图 6-29-02-02-01　不惧严寒酷暑、风雨雪霜的铁路安全卫士——铁路线桥工

一、铁路线桥工的一天

记录时间：2023 年 5 月 16 日 **记录人：张某**

上午工作情况

7 点至 8 点：

1. 整理内务，清理责任区卫生，更换工作服或防护服；列队参加班前会议（如图 6-29-02-02-02 所示），明确上级有关安全通报和命令、作业内容（某车站 I 股道病害整治）、作业要求及安全注意事项等。（班前准备）

2. 领取轨距尺、液压起拨道器、内燃捣固机等机械工具并进行运行状态检查。（机具材料出库）

图 6-29-02-02-02 参加班前会议（安全教育、作业任务安排等）

8 点至 12 点：

1. 作业班组携带工器具进入某车站，列队步行走路肩至作业地点，再次检查作业工器具。（到达作业点）

2. 驻站联络员办理施工作业前登记、签认等联系手续，现场防护员在指定地点设置防护。（防护设置）

3. 现场负责人了解列车运行情况，确认800m无车后，安排2~3人上道调查作业量，1人负责测量水平、轨距，1人负责点撬，1人确定作业量，提出工作方案，用滑石笔记录在轨枕上。（作业调查）

4. 现场负责人指定专人测量轨温，符合作业条件方可进行作业。（测量轨温）

5. 将机具材料搬运到作业地点，做好上道作业准备。（机具材料到位）

6. 天窗点命令下达，移动停车防护作业设置完毕，作业班组按照病害调查情况，具体分工，对Ⅰ股道5处病害（轨距超限2处、三角坑1处、道床暗坑2处）进行记名修（如图6-29-02-02-03所示），现场负责人按照作业程序卡控作业安全、质量、进度。（维修作业）

7. 作业人员对各自作业的项目进行质量检查，现场负责人对作业地点及前后50m进行质量检查，发现问题立即纠正，直至质量合格，填写线路回检质量记录。（作业质量回检）

图6-29-02-02-03 进行线路道床捣固作业

8. 现场负责人确认线路设备质量达到规定要求，指挥作业人员对作业地段的旧料进行回收，整理线路外观后，携带机具材料撤离线路。（整理作业）

9. 天窗点结束命令下达，撤除移动停车防护，按照规定放行列车，作业人员携带机具材料列队走路肩返回。（作业完成返回）

10. 材料入库登记，机具使用人员进行机械保养，入库销账。（入库登记销账）

下午工作情况

14 点至 18 点：

1. 参加班后作业分析会，作业负责人分析讲评作业情况，对设备存在问题查找原因，针对病害重复发生地段，分析当日整治方法及病害处理结果，制定下一步整改措施。（班后总结）

2. 作业负责人对作业班组成员进行绩效考核评分。（作业绩效考核）

3. 进行工务案例学习，对照单项作业标准与安全卡控标准，明确案例中造成的危害、原因，达到举一反三，吸取教训，形成班后会议记录。（班后业务学习）

二、什么是铁路线桥工

职业定义。铁路线桥工是使用工具和设备，进行铁路线路、桥涵、隧道及附属设施检测、施工、维修、保养、看管的人员。本职业包含但不限于下列工种：铁路线路工、铁路路基工、铁路桥隧工。

定义解读。该职业属于铁路专有职业工种，通过运用铁路工务技术，开展铁路路基、轨道、桥涵、隧道及附属设施等线路设备的监测、维修、巡视及线路特殊故障处理，保障列车能以规定速度安全、平稳、不间断地在铁轨线路上运行，能够延长铁道线路设备服役周期。维修分为综合维修、经常保养和临时补修，其中综合维修是根据线路变化规律和特点，以全面改善轨道弹性、调整轨道几何尺寸和更换整修失效零部件为重点，按周期、有计划地对线路进行综合修理，使线路恢复完好技术状态；经常保养是根据线路变化情况，在年度和线路全长范围内进行的有计划、有重点的保养，以保持线路质量经常处于均衡状态；临时补修是及时整修超过临时补修容许偏差管理值及其他不良处所的临时性修理，做到修理时间不过夜，以保证行车的平稳与安全。

关联职业。密切相关的职业有铁路综合维修工、高速铁路线路综合维修工、铁道工务工程技术人员。铁路综合维修工是指对铁路线路、路基、桥涵、隧道、信号、牵引供电接触网及附属设备进行检测、施工、养护、维修的人员。高速铁路线路综合维修工是指对高速铁路线路、路基、桥涵、隧道、信号、牵引供电接触网及附属设备进行检测、施工、养护、维修的人员。铁道工务工程技术人员是从事运营铁路轨道、路基、桥隧等固定设施检测、监测、管理，指导养护维修的工程技术人员。

相应岗位。防护员、道口工、巡道工、线路（桥隧）工区工长等。

三、铁路线桥工的主要工作职责

1. 掌握车间（工区）管辖内铁路线路、桥涵、隧道及附属设施的类型、规格、数量、技术标准和服役状态等，了解其特点和病害变化规律，做好日常监测工作。

2. 负责铁路轨道、路基、桥涵、隧道及附属设施的巡视检查、病害防治、日常养护、值班值守、应急处置、施工配合等。

3. 负责巡视、检查、测量铁路线路状态，重点是线路轨距、水平、前后高低、方向，钢轨、夹板、连接零件、辙叉状态的检查；线路两侧堆载侵入限界及超负荷、道口轮缘槽状态的检查；违规使用及意外伤害铁路设施的检查；规范中要求的线路巡查季节性重点工作的检查（春季道床、路基冻融；夏季道床路基积水、翻浆冒泥，线路胀轨爬行，桥梁伸缩；秋季为铁路设施安全过冬进行全面检测；冬季道床、路基冻胀，钢轨、夹板及连接零件折断，道岔、道口清雪防冻）；桥涵护坡、支座，路基边坡、排水沟、防护网的检查等，发现线路病害做好记录并报告，及时消灭病害处所等。

4. 负责检查、检测、维修、保养、疏通铁路隧道设施。

5. 负责看守桥梁、隧道、道口，进行道口补修作业。

6. 发现危及行车安全的处所，及时采取有效措施，保证行车安全。

7. 加强业务技能学习，工作中严格执行《铁路技术管理规程》《普通铁路线路修理规则》《铁路桥隧建筑物修理规则》《普通铁路工务安全规则》等相关规程，熟练掌握铁路设施养护维修工作流程和操作技能。

四、铁路线桥工的薪酬福利待遇

平均薪酬水平。铁路线桥工是铁路系统专有工种，是中国国家铁路集团有限公司下属 18 个铁路局集团的职工（小部分就职于地方铁路公司），薪酬主要由基本工资、岗位津贴、绩效工资、加班津贴等组成。铁路线桥工的专业要求一般是与铁路相关的专业，学历要求一般是大专以上，从业人员遍布全国各地，地域范围从东部发达省份到西部偏远地区，其薪酬水平与地域经济发展水平和职称等级关联密切。全国 18 个铁路局集团人员基准薪酬可划分为三个梯度，其中第一梯队的中国铁路上海局集团有限公司人员基准薪酬为 10000 元 / 月，中国铁路北京局集团有限公司人员基准薪酬为 8500 元 / 月，中国铁路广州局集团有限公司人员基准薪酬为 8000 元 / 月，约为当地社会平均工资的 0.6~0.8 倍；第二梯队的中国铁路太原局集团有限公司人员基准薪酬为 7500 元 / 月，中国铁路济南局集团有限公司、中国铁路沈阳局集团有限公司、中国铁路武汉局集团有限公司、中国铁路哈尔滨局集团有限公司、中国铁路成都局集团有限公司、中国铁路呼和浩特局集团有限公司、中国铁路乌鲁木齐局集团有限公司人员基准薪酬均为 6500~7000 元 / 月，约为当地社会平均工资的 0.8~1.0 倍；第三梯队的中国铁路南昌局集团有限公司、中国铁路南宁局集团有限公司、中国铁路昆明局集团有限公司、中国铁路西安局集团有限公司、中国铁路郑州局集团有限公司、中国铁路兰州局集团有限公司、中国铁路青藏集团有限公司人员基准薪酬均为 6000~6500 元 / 月，为当地社会平均工资的 0.9~1.1 倍。综合分析，具体薪酬还与工作地点地理位置（条件艰苦地区、偏远地区补贴较多）、作业劳动强度、工作年限、技术技能水平有直接的关系。

与类似职业对比。根据多方调研数据，铁路线桥工薪酬为 6000~10000 元 / 月，低于铁路机车驾驶员、铁路信号工等职业，略高于车站值班员、列车乘务员等职业，具体见表 6-29-02-02-01。

表 6-29-02-02-01 类似职业薪酬水平

职业名称	薪酬水平（元/月）
铁路机车驾驶员	7500~12000
铁路信号工	6500~11000
车站值班员	4500~7000
列车乘务员	4000~5500

五、从事铁路线桥工工作需要哪些本领

该职业从业人员需具备的本领包括：具备铁路轨道、路基、桥涵、隧道及附属设施基本结构知识，熟悉《铁路技术管理规程》《普通铁路线路修理规则》《铁路桥隧建筑物修理规则》《普通铁路工务安全规则》等相关规程，具备铁路基础设施常见病害检查、病害成因分析、病害整治方案制定、组织或参与病害整治的能力。具体职业需具备的知识和技能见表 6-29-02-02-02。

表 6-29-02-02-02 铁路线桥工需具备的知识和技能

职业功能	工作内容	知识和技能要求
铁路线路设备状态监测	进行车间（工区）管内铁路轨道、桥涵、隧道及附属设施日常监测	熟悉铁路轨道、桥涵、隧道及附属设施的结构类型、规格、数量、技术标准等情况； 利用相关仪器设备进行铁路线路设备服役状态监测
铁路线路设备病害诊断	进行铁路线路、桥涵、隧道及附属结构病害检查、分析并制定整治方案	进行轨道几何形位检测分析；路基纵横断面测量及数据处理；路基常见病害检查分析；桥涵病害检查分析；隧道断面测量及病害检查分析；路基附属结构稳定性检查分析

续表

职业功能	工作内容	知识和技能要求
铁路线路设备养护维修	进行铁路线路、桥涵、隧道及附属结构病害整治作业，保障铁路安全运行	进行轨道病害整治（线路抄平、线路方向校正、曲线整正、起道、拨道、改道、更换钢轨、更换轨枕、更换道岔、调整道岔各部间隔尺寸、钢轨接头病害整治等单项作业）； 进行路基及附属结构病害整治（翻浆冒泥、路基下沉、挤出变形、边坡塌方、边坡冲刷、陷穴、浸水等病害处理）； 进行桥涵病害整治（钢结构涂装、支座保养、支座更换、墩台修补、钢梁构件整修、钢筋混凝土梁修补、钢筋混凝土梁压浆、防水层换铺、涵渠整修、桥涵观测标志设置等作业）； 进行隧道病害整治（隧道渗漏水、衬砌掉块脱落、隧道基底水害、隧道位移观测标志设置、洞口落石防护等作业）
铁路工务安全防护	进行铁路线路设备养护维修作业防护	熟知《普通铁路工务安全规则》，能进行各类作业安全防护（移动停车防护、移动减速防护、作业标防护、线路设备突发故障紧急防护、驻站联络防护等）
内业工作	进行车间（工作）技术资料填报、台账管理、归档等工作	将工作内容整理处理成文字资料，并进行规范管理
沟通交流	进行工务维护技术交流和跨专业寻求技术支持或作业配合等	针对专业技术问题进行专项汇报；涉及其他专业时，能够进行有效的对接沟通

六、铁路线桥工的专业教育现状

（一）相关专业

目前已有较多院校开设了与该职业相关的专业，涉及普通本科院校、高职院校和中职学校等。普通本科院校相关专业有土木工程、铁道工程等专业；高职院校相关专业有铁道工程技术、铁道桥梁隧道工程技术、高速铁路施工与维护、高速铁路综合维修技术、地下与隧道工程技术、道路与桥梁工程技术、给排水工程技术、城市轨道交通工程技术等专业；中职学校相关专业有铁道工程施工与维护、道路与桥梁工程等专业。

（二）开设相关专业的院校（排名不分先后）

★ 相关院校：中南大学、同济大学、北京交通大学、西南交通大学、兰州交通大学、大连交通大学、石家庄铁道大学、华东交通大学、上海工程技术大学、长安大学、南京工业大学、河南工业大学等。

◆ 相关院校：陕西铁路工程职业技术学院、湖南铁道职业技术学院、湖南高速铁路职业技术学院、西安铁路职业技术学院、天津铁道职业技术学院、包头铁道职业技术学院、柳州铁道职业技术学院、辽宁铁道职业技术学院、哈尔滨铁道职业技术学院、吉林铁道职业技术学院、昆明铁道职业技术学院、石家庄铁路职业技术学院、郑州铁路职业技术学院、武汉铁路职业技术学院、广州铁路职业技术学院、武汉铁路桥梁职业学院、兰州交通大学铁道技术学院等。

▼ 相关院校：合肥铁路工程学校、山西省铁路工程学校、齐齐哈尔铁路工程学校等。

七、铁路线桥工的就业创业信息

该职业从业人员遍布全国各地，哪里有铁路，哪里就有铁路线桥工。

吸纳铁路线桥工的单位主要为中国国家铁路集团有限公司下属 18 个铁路局集团，小部分就职于地方铁路公司及大型厂矿企业铁路运输公司等。

1. 中国国家铁路集团有限公司下属企业：中国铁路哈尔滨局集团有限公司、中国铁路沈阳局集团有限公司、中国铁路北京局集团有限公司、中国铁路太原局集团有限公司、中国铁路呼和浩特局集团有限公司、中国铁路郑州局集团有限公司、中国铁路武汉局集团有限公司、中国铁路西安局集团有限公司、中国铁路济南局集团有限公司、中国铁路上海局集团有限公司、中国铁路南昌局集团有限公司、中国铁路广州局集团有限公司、中国铁路南宁局集团有限公司、中国铁路成都局集团有限公司、中国铁路昆明局集团有限公司、中国铁路兰州局集团有限公司、中国铁路乌鲁木齐局集团有限公司、中国铁路青藏集团有限公司。

2. 地方铁路公司：如山西地方铁路集团有限责任公司、广东地方铁路有限责任公司、上海金山铁路有限责任公司、浙江省交通投资集团有限公司、宁波市城际铁路发展有限公司、江苏省铁路集团有限公司、南京铁路建设投资有限责任公司、合肥市地方铁路投资建设有限公司、陕西西延铁路有限责任公司等。

3. 大型厂矿企业铁路运输公司：如酒泉钢铁（集团）有限责任公司铁路运输分公司、陕西红柠铁路有限责任公司、宝钢集团新疆八一钢铁有限公司等。

注：以上机构信息仅供参考，不代表编写出版方对其推荐或认可。

八、铁路线桥工的职业贯通发展

该职业的发展路径主要有两条（如图 6-29-02-02-04 所示）：

1. 管理路线，即从铁路线桥工晋升到班组长、工长，由工人转干部至铁路工务工程技术人员，再晋升到车间副主任、主任（党支部书记、工务段相关科室负责人）、副段长、段长（党委书记、铁路局相关处室负责人）等铁路局集团中层领导，甚至往铁路系统高级领导职务发展。

2. 技术路线：即不断提高技能水平，在职业等级上不断晋升，从铁路线桥工初级工晋升到中级工、高级工、技师、高级技师、首席技师，成长为铁路工务技术领域技能大师；或不断提高学历和技术水平，在职称上不断晋升，从铁路线桥工晋升到助理工程师、工程师、高级工程师、正高级工程师，成长为铁路工务技术领域专家。

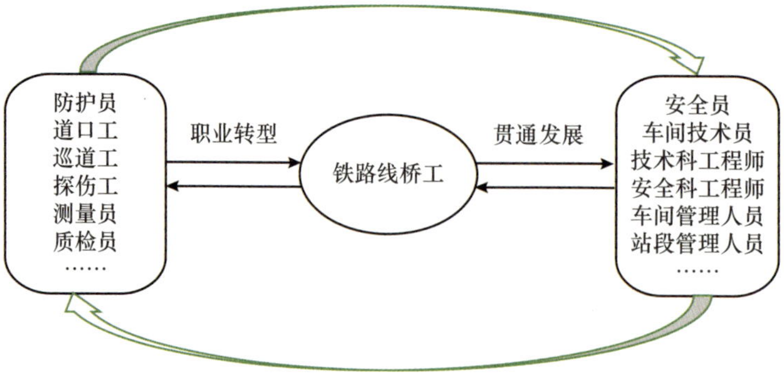

图 6-29-02-02-04　铁路线桥工的职业贯通发展

九、铁路线桥工的发展前景

从市场供需看。《新时代交通强国铁路先行规划纲要》提到，到 2035 年，全国铁路网运营里程达到 20 万公里左右，其中高速铁路 7 万公里左右。据统计，每公里线路需要配备铁路线桥工 20 名，随着一条条新建铁路线不断投入运营和大中城市地铁建设的蓬勃发展，国家将需要大量的、源源不断的铁路线桥工。而且，随着我国“一带一路”倡议的提出，中国铁路走出国门，海外铁路项目需要大量线桥养护维修作业人员。在未来 10 年，铁路线桥工将存在较大缺口。

从行业发展看。铁路运行速度和客货运量的不断提升，对铁路线桥工的素质和技能水平提出了更高的要求。铁路线桥工作为一种技术性非常强的工种，不仅可以从事铁路线路的维护工作，还可以从事其他相关领域的工作，如城市轨道交通等。随着城市轨道交通的发展，对铁路线路工的需求也会越来越大。因此，铁路线桥工的职业前景非常广阔。

随着铁路的快速发展，铁路运营单位管理模式也在发生着改变，从专业化管理到综合维修转型，对人才的技术技能提出了更高要求。铁路线桥养护维修由传统的劳动密集型向智能运维模式转变，在对铁路线桥工知识及技能储备要求更高的同时，铁路线桥工从业人员的作业环境也将得到很大的改善，职业幸福感将不断增强。

十、相关内容链接

国家职业标准：暂缺。

相关政策文件：见表 6-29-02-02-03。

表 6-29-02-02-03　铁路线桥工相关政策文件

发布或通过时间	发布或通过机构	文件名称
2020 年 8 月	中国国家铁路集团有限公司	《新时代交通强国铁路先行规划纲要》

续表

发布或通过时间	发布或通过机构	文件名称
2022 年 3 月	中国国家铁路集团有限公司	《“十四五”铁路安全发展规划》

供稿：陕西铁路工程职业技术学院　朱永伟

筑路工

职业编码：6-29-02-03

“要想富，先修路，道路通，百业兴。”交通基础设施建设对于经济发展至关重要，更好的交通基础设施会带来市场联通和发展机遇。乡村要快速发展，农民要奔向幸福，公路建设就必须得跟上。道路是农村通向外界的纽带，更是农民走向富裕幸福的关键，筑路工作在实现我国乡村振兴中发挥着重要作用。无论是农村公路，还是城市交通高等级公路，均有效地推动了区域产业优化升级，夯实了经济发展基础，为推动我国国民经济高质量发展做出了不朽贡献。

2023 年 2 月 23 日，国务院新闻办公室组织的“奋力加快建设交通强国，努力当好中国现代化的开路先锋”新闻发布会上，交通运输部部长李小鹏介绍，我国已经形成了以高速公路为骨架、普通干线为脉络、农村公路为基础的全国公路网，形成了全球最大的高速公路网。截至 2022 年年底，我国公路总里程达到 535 万公里，高速公路通车里程 17.7 万公里；在农村公路方面，已经实现了具备条件的乡镇和建制村全部通硬化路、通客车。筑路工活跃在道路建设一线，用辛勤和汗水、用勤劳和智慧、用“越是艰险越向前，敢教日月换新天”的雄心壮志铺筑了祖国四通八达的公路网。

一、筑路工的一天（以路基路面工为例）

记录时间：2023年8月15日 **记录人：林某江**

上午工作情况

8点至9点：

1. 在施工现场参加班组例会，明确工作任务、工作内容、进度安排、质量要求、安全要求，接受施工工长的技术交底并签字。（明确工作任务）

2. 根据工作任务准备所用工具、机具、设备，并对设备进行工作前检查。（准备机具）

3. 根据图纸或任务单准备所需材料或明确所用材料。（准备材料）

4. 检查已完工作面情况，判断是否具备今天工作条件。（现场准备）

9点至12点：

1. 检查路基路面横断面，了解各种施工标志，埋设各种施工标志并固定，进行直线中桩补点。（辅助施工测量）

2. 按要求处理作业段，对桥涵及其他构造物进行回填并指挥平地机、压路机进行整平和碾压。（路堤施工）

3. 按横向、纵向挖掘法施工，并按规定对路堑边坡进行刷坡、清坡。（路堑施工）

4. 按要求进行截水沟、边沟、排水沟、跌水、急流槽、蒸发池的施工，按要求进行盲沟、暗沟、渗井、渗沟的施工。（路基排水设施施工）

下午工作情况

14点至17点：

1. 按要求进行稳定土、稳定粒料类混合料的摊铺、整型，指挥碾压，形成路面功能层（如图6-29-02-03-01、图6-29-02-03-02所示）。（功能层施工）

2. 进行模板安装、局部修补，根据水泥混凝土离析现象，指挥车辆倒

车、卸料、布料，进行接缝和抗滑构造的施工。（水泥混凝土面层施工）

3. 种草、铺草皮、植树，进行抹面、勾缝、重力式挡土墙施工。（路基防护与加固施工）

图 6-29-02-03-01 筑路工进行混合料摊铺

图 6-29-02-03-02 筑路工进行路面碾压

17点至18点：

1. 检查路基路面工程施工质量，控制路面边线、中线位置，宽度、厚度，检查路面的平整度。（路面质量检查）

2. 修复施工后的质量缺陷。（缺陷修复）

3. 进行路基路面工程保养、成品保护。（成品保护）

4. 路基路面施工完成后进行现场清理。（清理现场）

5. 整理施工工具、机具、设备，并进行施工机具的维护保养、故障检查、检修。（养护工具）

二、什么是筑路工

职业定义。筑路工是操作专用机械和设备，进行路基、路面、桥隧、管涵等施工的人员。

定义解读。道路工程除低等级的土路外，都必定包括路基和路面工程。路基大多数都是用土或石筑成的，俗称土路基或者石路基，要求具有良好的稳定性。路面工程通常分为路面面层和路面基层两项。路面基层是路面结构除路面面层之外的总称，是路面的基础，直接承受路面传递的各种荷载和应力，不同强度的材料，逐层铺筑在路基上，要求具有良好的稳定性和均匀性。路面面层是道路与车辆和大气层接触的表面层，直接承受和抵抗车辆重力、冲击力、剪切力、弯折和摩擦，以及自然因素的侵蚀，如雨水、冰雪、阳光等。因此路面面层常常使用价格昂贵的高强、优良、耐磨和抗侵蚀强的材料修筑，同时要求施工技术更精更细，这样才能达到满足使用的要求。面层一般有沥青路面、水泥混凝土路面、石料砌块路面、水泥碎石路面、级配碎石路面等。筑路工主要是指城市道路、高速公路等道路的建造者。筑路工主要工作内容有开挖、填筑、石料搬运，滑坡、崩塌、岩堆等问题的处理，陡坡开挖、路基支挡等路基工程施工，石灰粉煤灰类基层、级配碎石类基层、水泥稳定类基层、沥青稳定类基层等路面基层施工，以及沥青路面、水泥混凝土路面、石料砌块路面等路面面层施工。

关联职业。密切相关的职业有测量放线工、混凝土搅拌工、混凝土泵送工、公路养护工、道路设计师、道路工程师等。

相应岗位。压路机操作工、平地机操作工、摊铺机操作工、稳定土拌和设备操作工、路基路面工、管涵顶进工、交通安全设施工、沥青混合料拌和设备操作工等。

三、筑路工的主要工作职责

1. 熟练操作推土机、平地机、挖掘机或装载机，按照路基图纸要求，进行土方开挖、填筑，采用冲击式、静力式、振动式压实机械进行路基夯实，达到路基施工验收规范。

2. 熟练操作路用稳定土拌和机，按照合理配比，拌和石灰类、石灰粉煤灰类、水泥类、沥青（渣油）类稳定土，并进行摊铺作业。

3. 操作专用设备，进行沥青的抽压、泵送和装卸。

4. 操作轨道式或滑模式沥青混凝土摊铺机和水泥混凝土摊铺机，进行沥青混凝土和水泥混凝土路面的铺筑，包括摊铺、振捣、做缝、做面、拉毛、压槽、压纹、养护、拆模、切缝、灌缝等。

5. 操作顶进设备，按照设计路线，进行管道或箱涵顶进作业，并进行方向纠偏和周边土体加固。

6. 操作混凝土浇捣、支撑等设备、机具，进行桥梁、涵洞、隧道内衬施工。

7. 使用工具和专用设备，进行路基护栏、活动护栏、隔离栅、交通标志、交通标线等公路交通安全设施施工。

8. 判断、识别通信、灯光信号，指挥道路施工。

四、筑路工的薪酬福利待遇

平均薪酬水平。根据国家统计局公布数据，建筑业规模以上企业就业人员年平均工资不断增长，从 2016 年的 41710 元提升到 2022 年的 70264 元。从区域看，一线城市和经济发展快的城市如北京、上海、深圳等的就业人员薪酬水平高于其他城市。筑路工的薪酬水平与当地的社会整体工资水平相关联，同时也与本地区经济发展、建筑业整体水平有关系。根据职友集网站的统计，筑路工在全国的平均月薪为5000~10000元。

与类似职业对比。根据智联招聘网2021年10月数据，在北京地区，筑路工薪酬为5000~10000元/月，类似职业的薪酬水平，见表6-29-02-03-01。

表6-29-02-03-01　类似职业薪酬水平

职业名称	薪酬水平（元/月）
公路养护工	5000~9000
砌筑工	6000~10000
混凝土工	6000~7000
抹灰工	5500~8000

五、从事筑路工工作需要哪些本领

筑路工应遵守的职业守则包括：遵纪守法，爱岗敬业；忠于职守，吃苦耐劳；谦虚谨慎，团结协作；规范操作，保证质量；钻研业务，提高技能；安全生产，文明施工。

根据人力资源社会保障部、交通运输部制定的《筑路工国家职业技能标准（2019年版）》，该职业8个工种均需具备一定的知识和技能，现以路面路基工为例，其需要具备的知识和技能见表6-29-02-03-02。

表6-29-02-03-02　筑路工需具备的知识和技能

职业功能	工作内容	知识和技能要求
施工前准备	识读图表	能识读公路平断面图、纵断面图、横断面图； 能识读公路用地图； 能识读路基设计表； 能识读土石方数量表
	辅助施工测量	能检查路基路面横断面； 能埋设各种施工标志，并进行固定和保护； 能进行直线中桩补点； 能确定附属设施的位置

续表

职业功能	工作内容	知识和技能要求
施工前准备	施工记录准备	能填写施工日志； 能填写施工原始记录表
路基施工	路堤施工	能按要求处理作业段； 能对桥涵及其他构造物进行回填并夯实； 能指挥平地机、压路机进行整平和碾压
	路堑施工	能按横向、纵向挖掘法施工； 能在大爆破后清理危石和路堑内石方； 能按规定对路堑边坡进行刷坡、清坡
	路基排水设施施工	能按要求进行截水沟、边沟、排水沟、跌水、急流槽、蒸发池的施工； 能按要求进行盲沟、暗沟、渗井、渗沟的施工
	路基防护与加固施工	能种草、铺草皮、植树； 能进行抹面、勾缝、重力式挡土墙施工
路面施工	作业面准备	能检查下承层，针对检查异常情况进行处理
	小型机具使用与保养	能使用小型沥青洒布机具洒布沥青，并保养； 能使用小型压实机具压实路面，并保养； 能使用小型搅拌机具搅拌混合料，并保养； 能使用小型振捣机具振捣混合料，并保养
	基层、底基层和功能层施工	能进行稳定土、稳定粒料类混合料的摊铺、整型； 能指挥碾压
	沥青路面施工	能按要求摊铺集料、喷洒沥青、撒布嵌缝料等，进行沥青表面处置、沥青贯入式、沥青碎石路面的施工； 能辅助沥青混合料摊铺施工，能测量热拌沥青混合料的温度并进行碾压质量控制； 能进行乳化沥青混合料摊铺施工

续表

职业功能	工作内容	知识和技能要求
路面施工	水泥混凝土面层施工	能进行模板安装、局部修补； 能进行传力杆、拉力杆、角隅钢筋、边缘钢筋、钢筋网的安装及小型机具施工操作； 能根据水泥混凝土离析现象，指挥车辆倒车、卸料、布料； 能进行接缝和抗滑构造的施工
	路面质量检查	能控制路面边线、中线位置，宽度、厚度； 能检查路面的平整度
安全环保	安全生产	识别明显的安全隐患； 能进行应急处置
	环境保护	能落实环境保护措施； 能在施工中减轻粉尘、有毒气体等的危害，进行职业健康防护

六、筑路工的专业教育现状

（一）相关专业

目前已有较多院校开设了与该职业相关的专业，涉及普通本科院校、高职院校、中职学校等。普通本科院校专业有道路桥梁与渡河工程、智能建造，职业院校相关专业有道路与桥梁工程、智能交通管理、道路与桥梁工程技术、道路机械化施工技术、智能工程机械运用技术、道路工程检测技术、道路工程造价、道路养护与管理、智能交通技术、道路与桥梁工程施工、公路养护与管理等。

（二）开设相关专业的院校（排名不分先后）

★ 相关院校：北京建筑大学、西南交通大学、东南大学、华中科技大学、武汉理工大学等。

◆ 相关院校：北京交通职业技术学院、营口职业技术学院、三门峡职业技术学院、江苏建筑职业技术学院、广东水利电力职业技术学院、内蒙古建筑职业技术学院、江苏工程职业技术学院、海南省交通学校、四川交通运输职业学校、成都铁路工程学校、攀枝花市建筑工程学校、青海交通职业技术学院等。

七、筑路工的就业创业信息

该职业从业人员涉及全国各地的路桥施工及养护企业、市政工程施工企业，以及公路运营企业，遍布全国各地。吸纳筑路工就业较多的用人单位有：

1. 路桥施工及养护企业：如中冶交通建设集团有限公司、中国交通建设集团有限公司、中国路桥工程有限责任公司、中建交通建设集团有限公司、北京建工集团、北京城建集团、山东省路桥集团有限公司、湖北国创高新材料股份有限公司、安徽省交通建设股份有限公司、中交第二公路工程局有限公司等企业。

2. 市政工程施工企业：如北京市政路桥股份有限公司、深圳市市政工程总公司、中国建筑第三工程局有限公司、上海城建市政工程（集团）有限公司等企业。

3. 公路运营企业：如中国铁建投资集团有限公司、吉林省高速公路集团有限公司、广东省交通集团有限公司等各地方交通集团及其子公司。

注：以上机构信息仅供参考，不代表编写出版方对其推荐或认可。

八、筑路工的职业贯通发展

该职业的贯通发展路径主要有四条：

1. 管理路线，即通过工程实践经验积累，逐步提升业务水平和管理能力，成为路桥施工员、路桥施工技术员、路桥施工现场工程师、路桥施工技术负责人、路桥施工生产负责人，逐步晋升到单位中层、高层，向更高领导职务发展。

2. 专家路线，即不断学习专业知识和提高技能水平，在本职业领域成为技术能手、大国工匠。

3. 复合人才路线，即通过学习相关专业知识和专业技能，拓展职业领域，向其他行业跨越或职业转型，转型为公路养护工、混凝土工、测量放线工、路桥施工员等岗位，实现横向贯通和复合发展等。

4. 创业路线，即基于个人业务能力，结合专业基础及个人兴趣爱好，进行道桥施工方面的创新创业。

筑路工的职业贯通发展如图 6-29-02-03-03 所示。

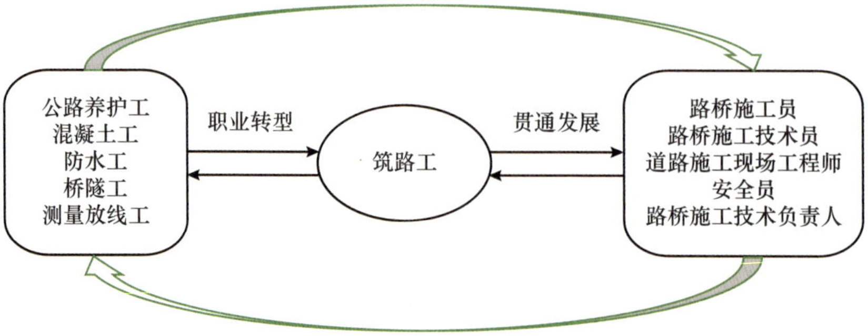

图 6-29-02-03-03　筑路工的职业贯通发展

九、筑路工的发展前景

从市场供需看。筑路工前景广阔。国家提倡加快推进国家高速公路贯通互联。以中西部地区为重心，加快国家高速公路待贯通路段建设，优先打通“71118”主线和省际衔接路段，提高国家高速公路网络质量和增加整体效应。持续推进国家高速公路繁忙通道扩容改造。以东中部地区为重心，积极发挥市场作用，推进北京至上海、北京至港澳、长春至深圳、上海至昆明、连云港至霍尔果斯等建设年代较早、技术指标较低、交通繁忙的国家高速公路路段扩容改造，提升国家高速公路网络运行效率和服务水平。

从产业发展看。筑路工大有可为。积极完善城市群都市圈交通网络。支撑城市群互动发展，加强京津冀、长三角、粤港澳大湾区和成渝地区双城经济圈等重点区域城际快速通道建设，构建高速公路环线系统，提升区域交通一体化水平。适应城市空间拓展要求，有序推进特大城市和城市群核心城市绕城高速、城市出入口路段、互通式立交等建设改造，服务都市圈同城化发展。稳步推进重大战略性通道建设。加强出疆入藏、中西部地区、沿江沿海沿边战略骨干通道建设。深化促进陆海双向开放，稳步推进西部陆海新通道建设。加快推动跨海峡海湾、大江大河通道建设，对于沪甬跨海通道等影响大、利长远的重大工程，积极开展前期研究和技术攻关，适时启动项目建设。

从政策红利看。筑路工作仍有较长红利期。2022 年 1 月，交通运输部发布《公路“十四五”发展规划》提出，到 2025 年，安全、便捷、高效、绿色、经济的现代化公路交通运输体系建设取得重大进展，高质量发展迈出坚实步伐，设施供给更优质、运输服务更高效、路网运行更安全、转型发展更有力、行业治理更完善，有力支撑交通强国建设，高水平适应经济高质量发展要求，满足人民美好生活需要。设施供给更优质。展望 2035 年，基本建成安全、便捷、高效、绿色、经济的现代化公路交通运输体系，基础设施网络趋于完善，运输服务质量效率全面提升，先进科学技术深度赋能公路交通发展，平安、绿色、共享交通发展水平和行业治理能力明显提高，人民满意度大幅提升，支撑“全国 123 出行交通圈”“全球 123 快货物流圈”和国家现代化建设能力显著增强。

十、相关内容链接

国家职业标准：扫码即可查看。

相关政策文件：见表 6-29-02-03-03。

表 6-29-02-03-03　筑路工相关政策文件

发布或通过时间	发布或通过机构	文件名称
2022 年 1 月	交通运输部	《公路“十四五”发展规划》

供稿：北京金隅科技学校　高志兴

公路养护工

职业编码：6-29-02-04

常言道：修路三分，养护七分。只有周到的养护，才能保障公路建设的延续。在熙熙攘攘的车流中，我们常常能够看到一群身穿醒目的橙色工作服的人，他们是公路战线上的英勇战士。他们时刻准备着，清理道路边沟的杂物，保持公路的整洁，并确保行车的安全；他们就像给公路问诊的“医生”，每天巡视检查路面，发现路面隐患，并及时修补处治，使公路处于最佳状态，延长公路的使用寿命；他们是公路安全的“守护神”，维修设施、保养设备，随时做好应急保畅与清障救援工作，不管在何处，他们总能带来一抹温暖的橙色。他们用手中的工具，给予公路“无微不至”的关爱，维护着公路的“畅、洁、绿、美、安、舒”，为建设人民满意的交通，打造绿色、品质、平安的公路，默默无闻地贡献着他们的热血与汗水。他们就是被誉为“马路天使”的“公路美容师”——公路养护工。

一、公路养护工的一天

记录时间：2023 年 7 月 21 日　　记录人：王某渊

上午工作情况

7 点至 8 点：

1. 集合进行班前教育和风险告知的学习，整理当前发现的路面坑槽问题，进行工作安排。（组织分工）

2. 驾驶养护生产用车前往道路养护现场，同时对沿途道路的路面状况进行巡视。（路面巡查）

8 点至 11 点：

1. 到达养护现场后开始养护作业的准备工作，布置养护作业控制区，排除隐患，保证养护工作的安全。（安全作业）

2. 对坑槽路面进行切割、清理、回填、压实等一系列的修补作业（如图 6-29-02-04-01 所示），修补完该处病害后将安全设施和车辆设备转移到另一处作业面继续进行修补作业。（路面维护）

图 6-29-02-04-01　公路养护工对坑槽路面进行修补作业

11 点至 12 点：

1. 清理在修补途中发现的泥沙堆积物和垃圾。（路面清洁）

2. 去吃饭休息的途中发现防撞墙后的树枝把弯道警示牌挡住了，停车对遮挡树枝进行了修剪。（设施维护）

下午工作情况

14 点至 15 点：

1. 检查养护使用的设备和工具，对出现损耗的工具进行保养维护。（工

具维护）

2. 完善巡查记录，记录和报告异常情况。（记录汇报）

15点至18点：

1. 接到突发事件的消息，乘车前往事发地清理降雨时山体落下的砂石。（应急处理）

2. 对道路沿线草坪进行适度修剪并对绿化内的植物开展病虫害综合防治。（绿化维护）

3. 返程巡查的途中发现一处边沟堵塞，对其进行了清理疏通。（巡查维护）

二、什么是公路养护工

职业定义。公路养护工是使用工具和设备，管理、维护公路、城市道路、桥梁、隧道和机场场道工程设施的人员。

定义解读。公路养护工在工作的过程中会用到各种各样的工具设备，比如：路面划线机、开槽机、吹风机、沥青灌缝机等，需要具备一定的技术知识和实践经验，具备较强的动手能力和团队合作精神。该职业需要对工程设施进行管理和维护，包括对设施进行日常检查、故障排除、紧急事件处理、维护计划的制定和执行等。负责的范围涉及公路、城市道路、桥梁、隧道和机场场道等工程设施，因此本职业对于保障交通的安全性和正常运行至关重要。

关联职业。密切相关的职业有道路与桥隧工程师、调度员、应急救援员、交通警察、高速公路收费员等。其中，道路与桥隧工程师可以提供养护工所需要的技术支持和指导；调度员负责协调不同的交通工具和运输资源，确保道路的通畅；应急救援员负责进行突发事件现场处置，指导和帮助遇险者避险逃生；交通警察负责维护交通秩序和安全，养护工需要遵守交通规则，确保施工区域的路段安全，遵守交通警察的指示和管理，以保障自身和驾驶员的安全；养护工也需要与高速公路收费员合作，确保修复和维护工作不会影响交通顺畅和收费站的正常运营。以上职业与公路养护工密切相关，在公路养护工作中扮演着不同的角色和职责，共同维护和管理公路交通的畅通和安全。

相应岗位。道路巡视养护工、桥梁巡视养护工、隧道巡视养护工、养护机械操作工、测量放线工等。

三、公路养护工的主要工作职责

1. 公路清洁：定期清理公路上的垃圾、树叶、积水等，保持道路的干净和通畅。

2. 路面维护：修补路面上的损坏，如填补坑洼和裂缝，以确保路面的平整和安全。

3. 标线和交通标志的维护：定期涂刷新道路标线，修复或更换破损的交通标志，确保交通标志的清晰和准确。

4. 排水系统维护：保持公路排水系统的畅通，清理和修复排水沟、下水道和排水管道，防止积水和洪水。

5. 绿化带和路域植被的维护：修剪道路两侧的草坪、树木和植被，保持良好的景观和环境。

6. 紧急事件响应：在发生交通事故、自然灾害或其他紧急情况时，参与紧急抢修和清理工作，以确保交通的安全和畅通。

7. 巡检记录：定期巡视公路，检查道路的状况，及时发现和解决问题，并记录和报告异常情况。

8. 设备和工具维护：负责养护和维修所使用的机械设备、工具和车辆，保持其良好的工作状态。

四、公路养护工的薪酬福利待遇

平均薪酬水平。根据国家统计局公布数据，交通运输业规模以上企业就业人员年平均工资不断增长，从 2018 年的 82852 元提升到 2022 年的 109674 元。从区域看，一线城市和经济发展快的城市如北京、上海、深圳等地就业人员的薪酬为 5000~10000 元 / 月，高于其他城市（如西安为 4000~8000 元 / 月，乌鲁木齐为 3000~7000 元 / 月）。

与类似职业对比。根据智联招聘网 2023 年 7 月数据，在北京地区，公路养护工的薪酬与筑路工、桥隧工等的薪酬相当，高于防水工、城市轨道交通检修工等的薪酬，低于凿岩工的薪酬，见表 6-29-02-04-01。

表 6-29-02-04-01 类似职业薪酬水平

职业名称	薪酬水平（元 / 月）
公路养护工	5000~10000
筑路工	4500~9000
桥隧工	5500~11000
防水工	4000~8500
城市轨道交通检修工	4000~8000
凿岩工	7000~12000

五、从事公路养护工工作需要哪些本领

该职业从业人员需具备的知识和技能有：公路基本知识、公路养护常用材料基本知识、公路测量基本知识、公路工程养护机械基本知识、工程识图、班组生产与管理、安全生产知识，还包括与公路工程养护相关的技术标准、法律法规和政策。

根据《公路养护工国家职业标准》，该职业需具备的知识和技能见表 6-29-02-04-02。

表 6-29-02-04-02 公路养护工需具备的知识和技能

职业功能	工作内容	知识和技能要求
路基养护	加固与防护工程养护	能拆除或重建边坡护坡，并在线形调整后，进行边坡的改善工作； 能清除透水路堤护底铺砌的淤泥杂物，修理病害，用砂桩防治路基翻浆； 能拆除或重建挡土墙，修理挡土墙的病害以及加固受洪水危害的浸水挡土墙

续表

职业功能	工作内容	知识和技能要求
路基养护	排水设施养护	能修复被损坏的边沟、排水沟、截水沟，并对淤塞严重的盲沟进行翻修
	特殊路基养护	能治理黄土地区路肩的坑凹，并用侧向压缩方式治理泥沼、软土地区路基以及用护坡道防止盐渍土地区路基边坡水土流失； 能进行沙漠地区公路风季养护作业，及时排除和处理沙害
路面养护	沥青路面养护	能进行沥青路面状况调查与评定，分析沥青路面常见病害的产生原因并处治
	水泥混凝土路面养护	能进行水泥混凝土路面状况调查与评定，分析水泥混凝土路面常见病害的产生原因并处治； 能在水泥混凝土路面上局部加铺沥青磨耗层，调整混凝土路面面板的平整度
	砂石、碎砾石等路面养护	能在整线整段用稳定材料改善路面以及加宽、加厚、翻修、重铺碎砾石路面
桥隧构造物养护	桥梁检查与养护	能制订桥梁定期检查计划、检查工作流程； 能进行桥梁的定期检查，使用检测仪器查明桥梁病害原因并进行记录统计； 能判别橡胶支座的老化情况以及橡胶伸缩缝的使用情况，并提出维修建议； 能对钢筋混凝土梁的露筋、剥落和裂缝修补以及采用梁底粘贴钢板的方法加固主梁，对桥梁墩、台、基础局部冲刷现象采取加固措施
	涵洞养护	能提出涵洞渗漏水的处置方案，对涵洞进行加固维修以及对涵洞出口水流冲刷进行防治； 能查明砖石、混凝土及钢筋混凝土端墙和翼墙变形的原因，进行维修处理
	漫水桥和过水路面养护	能检查漫水桥和过水路面上游河段淤积等病害情况、分析原因、制定相应处理措施，并进行处理

续表

职业功能	工作内容	知识和技能要求
桥隧构造物养护	隧道检查与养护	能借助必要工具仪器进行隧道的日常与定期检查并记录统计，对隧道机电设施进行日常巡查和清洁维护
	调治构造物养护	能观察河床水文与调治构造物的变化情况，填写记录，制定相应处理措施，并进行处理
沿线设施养护	安全设施	能实施交通安全设施设置方案并进行优化
	公路绿化	能制订和实施公路绿化养护方案，建立公路绿化档案

六、公路养护工的专业教育现状

（一）相关专业

目前已有较多院校开设了与该职业相关的专业，涉及普通本科院校和职业院校。普通本科院校专业有土木工程、道路桥梁与渡河工程、交通工程等。职业院校专业有道路与桥梁工程、道路与桥梁工程技术、道路养护与管理、道路与桥梁工程施工、公路养护与管理等。

（二）开设相关专业的院校（排名不分先后）

★ 相关院校：清华大学、同济大学、长安大学、西南交通大学、东南大学、哈尔滨工业大学、天津大学、中南大学等。

◆ 相关院校：陕西铁路工程职业技术学院、新疆交通职业技术学院、青海交通职业技术学院、南京交通职业技术学院、湖南交通职业技术学院、四川交通职业技术学院、云南交通职业技术学院、贵州交通职业技术学院等。

七、公路养护工的就业创业信息

该职业从业人员涉及全国各地的公路网络，遍布全国各地，一些省份拥有较多的公路网，其公路养护工从业人员数量也相对较多，例如山东省、河北省、河南省、安徽省、陕西省等。此外，随着中国交通基础设施的不断发展和城乡地区的经济活动增加，公路养护工在农村地区也有一定的存在。

吸纳公路养护工就业较多的用人单位有：

1. 养护原材料及设备供应行业：如鞍山森运路桥股份有限公司、中公高科养护科技股份有限公司、湖北国创高新材料股份有限公司、江苏宝利国际投资股份有限公司、西藏天路股份有限公司、达刚控股集团股份有限公司等企业。

2. 养护施工行业：如中冶交通建设集团有限公司、杭州市路桥集团股份有限公司、山东省路桥集团有限公司、湖北国创高新材料股份有限公司、安徽省交通建设股份有限公司等国企、央企集团或控股子公司，杭州修路人科技股份有限公司、知行良知实业股份有限公司等私业。

3. 公路运营行业：如吉林省高速公路集团有限公司、福建省高速公路集团有限公司、广东省交通集团有限公司等各地方交通集团及其子公司。

4. 政府 / 事业单位：如各省市的公路局、公路养护中心等。

八、公路养护工的职业贯通发展

该职业的发展路径主要有四条：

1. 管理路线，即从初级养护工作起步，逐步晋升为养护队长或中层管理人员。随着经验的积累，可以晋升为养护区域经理、养护项目主管等职位，最终可能进入公路养护单位的高级管理层，甚至担任机关领导职务。

2. 专家路线，即在养护工作中不断提高技术水平，学习新的养护技术和方法，在职业等级上不断晋升，成为养护领域的专家。

3. 复合人才路线，即基于已有的养护技能通过进一步的学习和培训，将养护经验与其他领域的知识相结合。向公路养护相关的其他岗位转换，例如道路工程师、桥隧工程师、材料研发人员、环保工程师、公路养护设计师、工程监理员或验收专员等职位，实现跨领域的职业贯通。

4. 创业路线，基于个人的综合能力和养护经验，可以考虑创办自己的养护公司、养护咨询公司、养护设备供应公司等。

公路养护工的职业贯通发展如图 6-29-02-04-02 所示。

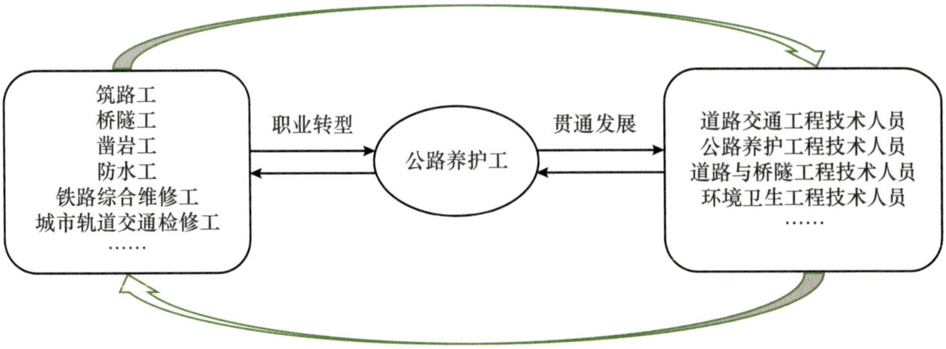

图 6-29-02-04-02　公路养护工的职业贯通发展

九、公路养护工的发展前景

从市场供需看。我国一线公路养护工人才存在较大的缺口。目前一线公路养护工普遍年龄偏大，知识老化问题比较突出，无法适应现代化公路养护的需求。随着公路等级的提高和养护机械化水平的不断提升，公路日常养护对养路工人数量的需求相对减少，但对拥有较高知识水平和专业技能的养护人才的需求却日益旺盛。截至 2020 年年底，全国公路通车总里程达到 519.81 万公里，按照平均每 100 公里需要新增 5 名一线公路养护工人才进行测算，全国人才缺口达到 25 万人。而且我国的公路里程还在不断地增加中，因此需求量在不断增加。

从产业发展看。2013—2021 年，我国公路养护里程从 425.14 万公里增长至 525.16 万公里，年均复合增速为 2.68%，养护比例从 97.6% 提升至 99.4%。各级交通运输主管部门和公路养护管理单位不断加强公路养护管理工作，特别是“十三五”以来，全国累计投入养护资金 1.29 万亿元。截至 2020 年年底，我国高速公路通车里程已达到 16.1 万公里。根据《国家综合立体交通网规划纲要》，未来我国将建设国家高速公路网、普通国道网等公路，合计 46 万公里左右。随着国家高速公路网的建设，公路养护的需求与日俱增，预计到 2026 年我国公路养护的财政支出将增长至千亿元以上，公路养护行业发展前景广阔。

从政策红利看。为了引导公路养护行业向市场化、规范化和智慧化方向发展，推动转型升级、提质增效，国家出台了一系列相关政策。“十三五”时期，国家为推动公路养护行业向市场化方向发展，出台了《“十三五”公路养护管理发展纲要》《国务院办公厅关于深化农村公路管理养护体制改革的意见》等政策来鼓励社会资本参与公路养护服务，提供了更多的市场机会和合作空间。“十四五”时期，《交通领域科技创新中长期发展规划纲要（2021—2035年）》《“十四五”公路养护管理发展纲要》《“十四五”交通领域科技创新规划》等明确，为了推进公路养护发展水平，政府提供了资金支持政策，包括增加资金投入、补贴和奖励措施等，还提供资金支持给养护企业。例如在上海，符合申领条件取得高级（三级）证书的公路养护工每人每次可领取2500元的补贴。以上政策红利将为公路养护行业提供更多机遇和发展空间，从业者将受益于政府对公路养护的投入增加、技术创新的推广应用以及管理和市场机制改革的推进。

十、相关内容链接

国家职业标准：扫码即可查看。

相关政策文件：见表6-29-02-04-03。

表6-29-02-04-03　公路养护工相关政策文件

发布或通过时间	发布或通过机构	文件名称
2022年4月	交通运输部	《“十四五”公路养护管理发展纲要》

供稿：西安创美数码科技有限公司　刘炀镔

桥隧工

职业编码：6-29-02-05

2013 年 1 月 5 日，中共中央总书记、中共中央军委主席习近平在新进中央委员会的委员、候补委员学习贯彻党的十八大精神研讨班开班式上发表重要讲话。他强调，全党同志永远要有逢山开路、遇河架桥的精神，锐意进取，大胆探索，敢于和善于分析回答现实生活中和群众思想上迫切需要解决的问题，不断深化改革开放，不断有所发现、有所创造、有所前进，不断推进理论创新、实践创新、制度创新。“逢山开路、遇河架桥”就是桥隧工建设我们伟大祖国的生动体现。在铁路、公路和城市交通建设中，人类为实现跨越江河、深谷和海峡或穿越山岭都要建造各种桥梁和隧道。改革开放以来，我国的桥梁与隧道工程建设取得了举世瞩目的成就，已建成大量的桥梁和隧道工程。今后中国桥梁与隧道工程仍将有更大规模的发展，在铁路、公路、跨海工程中仍将需要建造大量的桥梁、隧道等。建造、维护和保养好桥梁和隧道工程，保障交通畅通和国民经济的持续发展需要知识型、技能型和创新型的广大桥隧工人队伍。

一、桥隧工的一天

记录时间：2023 年 8 月 6 日 **记录人：王某明**

上午工作情况

8 点至 12 点：

1. 做好班前准备工作，参加班前活动，确认工作内容，检查安全措施和劳动防护用品。（班前准备）

2. 识读桥梁工程图纸，了解桥梁构件钢筋的数量、规格、位置、尺寸等要求。（了解需求）

3. 准备材料和工具，定位放线，进行钢筋的定位、绑扎、机械连接和就位，对照图纸对构件钢筋进行质量自检（如图 6-29-02-05-01 所示）。（钢筋安装）

4. 制作模板，搭设桥梁构件的模板，对照图纸对构件模板进行质量自检。（模板安装）

5. 进行混凝土的浇筑，对照图纸对构件混凝土浇筑进行质量自检。（混凝土浇筑）

6. 整理和打扫施工现场，做到工完场清。（文明施工）

7. 填报工作记录，做好资料归档。（资料填报）

图 6-29-02-05-01　桥隧工进行钢筋安装

下午工作情况

14 点至 18 点：

1. 做好班前准备工作，参加班前活动，确认工作内容，检查安全措施和

劳动防护用品。（班前准备）

2. 操作常用钻眼机具进行锚杆施工。（锚杆作业）

3. 操作喷射混凝土机械进行喷射混凝土和注浆施工。（支护作业）

4. 对照图纸对隧道进行喷射混凝土质量自检。（质量控制）

5. 整理和打扫施工现场，做到工完场清。（文明施工）

6. 填报工作记录，做好资料归档。（资料填报）

二、什么是桥隧工

职业定义。桥隧工是操作工程专用机械、设备，进行桥梁和隧道工程新建、改建和维修施工的人员。本职业包含但不限于下列工种：盾构机操作工、桥梁工、隧道工。

定义解读。桥梁由上部结构、下部结构、防护设备及调节河流建筑物组成。上部结构包括桥面、桥跨结构、支座。下部结构包括桥墩、桥台及基础。隧道包括主体建筑物和附属设备两部分。主体建筑物由洞身和洞门组成，附属设备包括避车洞、消防设施、应急通信和防水排水设施，较长的隧道还有专门的通风和照明设备。

关联职业。有架子工、焊工、机械工等。桥隧工在建造和维修施工中需要与以上的职业工种密切配合和联系。架子工是指用搭设工具，将钢管、夹具和其他材料搭设成操作平台、安全栏杆、井架、吊篮架、支撑架等，且能正确拆除的人员。焊工是指操作焊接和气割设备，进行金属工件的焊接或切割成型的人员。机械工是指负责安装、操作和维护各种机械设备的人员。

相应岗位。钢筋工、模板工、混凝土工、砌筑工、抹灰工、盾构机操作工等。

三、桥隧工的主要工作职责

1. 识读桥梁或隧道工程的施工图纸，预估施工中可能遇到的施工工艺难点和安全风险。

2. 参与安全教育培训、技术交底和班前活动等，熟悉施工工艺、安全技术措施和事故应急预案。

3. 操作工程专用机械、设备，对公路、铁路以及其他交通设施中的桥梁进行工程施工、日常维护、修复、养护和改建，包括检查桥梁的结构和支撑系统，修补破损的部分，更换老化的材料，确保桥梁的安全性和可靠性（如图 6-29-02-05-02 所示）。

图 6-29-02-05-02　桥隧工进行桥梁的日常维护

4. 操作工程专用机械、设备，进行隧道工程施工、维修和改建，包括开挖隧道、设置支撑结构、铺设道路和安装设备等工作，确保隧道的结构牢固、通风良好，并满足使用要求。

5. 操作大型桥梁施工专用起重、架设、搬运设备，严格遵守施工工艺、安全技术等要求进行桥梁施工。

6. 进行隧道内作业的安全防护工作。

7. 操作盾构机，严格遵守施工工艺、安全技术等要求进行隧道等设施开挖作业。

8. 维修保养桥梁、隧道工程的起重机、挖掘机、钻机、盾构机等专用机械，负责设备的日常检修和维护，确保设备正常运行并及时处理故障。

9. 严格遵守规章制度和操作规程进行作业，做好自我防护和“四不伤害”。

10. 编写记录施工过程的有关资料，对已完成的工作项目进行质量自检、交接检，负责已完工作的成品保护。

四、桥隧工的薪酬福利待遇

平均薪酬水平。根据相关数据可知，全国桥隧工薪酬平均值约为 5435 元 / 月，其中，全国铁路桥隧工薪酬平均值约为 9740 元 / 月。一线城市的工资水平较高，如 2023 年 7 月广东省城市轨道交通工程劳务市场用工价格监测报告公布的广州市桥隧工相应工作岗位中的钢筋工市场用人价格为 335 元 / 天，混凝土工为 308 元 / 天，砌筑工为 370 元 / 天。

与类似职业对比。根据相关数据可知，桥隧工薪酬为 5435 元 / 月，大致跟类似职业的薪酬水平相当，见表 6-29-02-05-01。

表 6-29-02-05-01　类似职业薪酬水平

职业名称	薪酬水平（元 / 月）
钢筋工	5435
砌筑工	5600

五、从事桥隧工工作需要哪些本领

桥隧工需具备的知识包括：了解和掌握建筑材料的性能及保存方法，工程机械的操作及维修方法，工程制图与识读，地质、水文知识，桥梁施工知识（限桥梁工），隧道施工知识（限隧道工），安全防护、职业健康和环境保护知识，相关法律、法规知识。

桥梁工需具备的核心技能包括：能完成施工作业准备，能进行钢筋、模板、混凝土施工作业，能进行基础施工作业，能进行下部结构施工作业，能进行钢筋混凝土和预应力混凝土梁式桥施工作业，能进行拱桥拱结构施工作业，能进行桥面及附属工程施工作业，能实施安全、环保和职业健康防护。

隧道工需具备的核心技能包括：能完成施工作业准备，能进行洞口工程施工作业，能进行洞身开挖作业，能进行隧道支护与衬砌作业，能进行隧道施工质量控制作业，能实施安全、环保和职业健康防护。

根据《桥隧工国家职业技能标准》的有关要求，桥梁工和隧道工职业需具备的知识和技能见表 6-29-02-05-02、表 6-29-02-05-03。

表 6-29-02-05-02 桥梁工职业需具备的知识和技能

职业功能	工作内容	知识和技能要求
施工准备	机具操作保养	能正确操作钢筋加工、模板制作、混凝土浇筑、基础施工等所使用的机械； 能及时保养钢筋加工、模板制作、混凝土浇筑等所使用的机械
	施工场地布设	能布设钢筋加工场、模板加工场； 能布设混凝土拌合场； 能布设梁板预制场
钢筋、模板、混凝土施工	钢筋加工及安装	能识读基础、墩台身、桥面系及附属设施等钢筋结构图； 能进行钢筋的绑扎、焊接和机械连接； 能按图加工普通钢筋
	模板制作及安装	能识读桥梁结构图； 能识别梁板、护栏等构造； 能制作模板； 能搭设基础、承台、低墩台、预制梁、桥梁附属设施等结构的模板
	混凝土施工	能进行混凝土的拌合； 能进行混凝土的浇筑
基础施工	基坑开挖	能开挖木挡板支护的基坑； 能进行井点降水； 能进行地基检验，并能对浅层地基处理
	围堰施工	能识别土石围堰类型； 能进行土石围堰施工

续表

职业功能	工作内容	知识和技能要求
基础施工	基础圬土砌（浇）筑	能在干地基上砌（浇）筑圬工； 能进行水下圬工、混凝土浇筑； 能进行排水后圬工砌（浇）筑； 能设置施工缝
	钻（冲）、挖孔灌注桩施工	能进行钻（冲）孔前护筒埋设、简单地质条件下泥浆制备和钻机就位等准备工作； 能进行挖孔前井口砌筑、护壁材料以及机具等准备工作； 能进行清孔作业
	沉入桩施工	能进行钢筋混凝土桩制作； 能对钢筋混凝土桩进行养护； 能对钢筋混凝土桩进行起吊、存放
下部结构施工	低墩、台身施工	能利用串筒、溜管等对布料点布料； 能进行低墩、台身养护
	墩、台帽施工	能进行墩、台帽的施工； 能安装各类预埋件； 能设置预留孔
钢筋混凝土和预应力混凝土梁式桥施工	现浇施工	能进行支架的制作、安装、拆卸； 能进行支架的预压； 能设置施工预拱度
	装配式桥施工	能制作预制梁底座； 能进行装配式构件的横向连接施工； 能进行预制梁的移运、堆放
拱桥拱结构施工	就地现浇拱圈施工	能进行拱圈、拱架的放样； 能进行拱圈、支架的搭设
	石拱桥砌筑	能选择砌筑石拱圈的拱石； 能加工拱石； 能进行石拱圈的砌筑

续表

职业功能	工作内容	知识和技能要求
桥面及附属工程施工	支座安装	能识读支座构造图； 能安装盆式支座、球形支座
	伸缩缝安装	能识读伸缩装置构造图； 能识别各种类型的伸缩装置； 能安装伸缩缝
	桥面防水施工	能检查桥面防水施工质量； 能处理桥面漏水
	混凝土桥面铺装	能处理桥面铺装层； 能检查桥面铺装施工质量
	桥面防护设施施工	能预制桥面防护栏； 能识读安全防护设施
	桥头搭板施工	能进行搭板下卧层施工； 能进行搭板施工
	翼墙、锥坡施工	能修建翼墙； 能砌筑锥坡
安全、环保和职业健康	安全防护	能识别施工过程中的安全隐患； 能制止人员进入安全隐患区域； 能及时处理安全隐患
	环境保护和职业健康	能及时发现环境污染存在的隐患； 能及时处理环境污染事故； 能及时发现危害人身健康的隐患

表 6-29-02-05-03　隧道工职业需具备的知识和技能

职业功能	工作内容	技能要求
施工准备	钢筋加工	能识别钢筋型号、种类； 能进行钢筋的堆放、保管、除锈
	模板制作	能识读工程结构的模板和支架图； 能准备模板固定、连接工具

续表

职业功能	工作内容	技能要求
施工准备	混凝土准备	能识读混凝土浇筑施工方案； 能按图计算工料，按配合比、含水量计算配料单； 能排除常用振捣器的故障
洞口工程施工	砌筑准备	能识读洞口结构图； 能计算工料
	石料砌筑	能按图放样、支立与调整样板； 能搭设砌筑用的脚手架
洞身开挖	炮眼布置	能识别隧道围岩的变化； 能按照钻爆设计标注炮眼位置； 能按照炮眼布置图进行检查并做好记录
	清孔	能分派清孔任务； 能保养清孔机具
	装药及爆破	能协助爆破人员进行现场清理； 能设置爆破警戒区范围，并能实施警戒区范围的人员撤离
	排险、出渣、运输	能进行爆破后的排险任务安排； 能完成排险、出渣等各项工作
隧道支护与衬砌	锚杆施工	能操作常用钻眼机具； 能安装常见类型锚杆
	喷射混凝土、注浆	能按工地配合比准确拌合混凝土； 能操作喷射混凝土机械
隧道施工质量控制	喷射混凝土检查	能检测喷射混凝土的厚度； 能检测喷射混凝土与围岩的黏结强度
	结构混凝土检查	能检查结构混凝土质量； 能现场取样混凝土试块
安全、环保和职业健康	安全与职业健康防护	能发现瓦斯等有害气体的溢出； 能落实隧道施工安全措施
	环境保护	能及时发现各类环境污染隐患； 能编制粉尘防治措施

六、桥隧工的专业教育现状

（一）相关专业

目前已有较多院校开设了该职业相关的专业，涉及普通本科院校、高职院校及中职学校等。普通本科院校专业有道路桥梁与渡河工程、土木工程（交通方向）等。职业院校专业有铁道桥梁隧道工程技术、地下与隧道工程技术、道路与桥梁工程技术、道路与桥梁工程施工、铁道工程施工与维护、铁道桥梁隧道施工与维护等。

（二）开设相关专业的院校（排名不分先后）

★ 相关院校：东南大学、哈尔滨工业大学、西南交通大学、长安大学、吉林大学、武汉理工大学、郑州大学、河北工业大学、广东工业大学等。

◆ 相关院校：广东建设职业技术学院、湖南交通职业技术学院、南京交通职业技术学院、浙江交通职业技术学院、辽宁省交通高等专科学校、广东交通职业技术学院、南京铁道职业技术学院、陕西铁路工程职业技术学院、郑州铁路职业技术学院、湖南铁道职业技术学院等。

七、桥隧工的就业创业信息

该职业从业人员主要集中在面向国家铁路、地方铁路、城市轨道交通、铁道工程公司、公路工程公司、桥梁工程公司、市政工程公司等市政与交通工程的施工、维护、管理等工作。

吸纳桥隧工就业较多的用人单位主要有：

1. 铁路局工务段：如中国铁路哈尔滨局集团有限公司哈尔滨工务段、中国铁路沈阳局集团有限公司长春工务段、中国铁路呼和浩特局集团有限公司包头工务段、中国铁路北京局集团有限公司北京高铁工务段、中国铁路太原局集团有限公司秦皇岛西工务段、中国铁路济南局集团有限公司青岛工务段、中国铁路广州局集团有限公司长沙工务段等。

2. 铁道工程公司：如中国铁建股份有限公司、中国中铁股份有限公司、中国交通建设集团有限公司、中国国家铁路集团有限公司、中国电力建设集团、中铁隧道局集团有限公司、中铁十四局集团有限公司、中铁二局集团有限公司等。

3. 公路与桥梁工程公司：如中国交通建设集团有限公司、中铁大桥局集团有限公司、中国中铁股份有限公司、中国水利水电建设股份有限公司、中铁十五局集团有限公司、中交一公局集团有限公司、中交第二公路工程局有限公司、中交第三公路工程局有限公司、中国建筑第五工程局有限公司等。

4. 市政工程公司：中国交通建设集团有限公司、广东华隧建设集团股份有限公司、上海市市政工程建设有限公司等。

八、桥隧工的职业贯通发展

该职业的发展路径主要有两条：

1. 技能路线，即按照五级 / 初级工→四级 / 中级工→三级 / 高级工→二级 / 技师→一级 / 高级技师的顺序成长。

2. 管理路线，即从普通员工晋升到班组长、工长、技术人员、劳务公司负责人等。

桥隧工的职业贯通发展如图 6-29-02-05-03 所示。

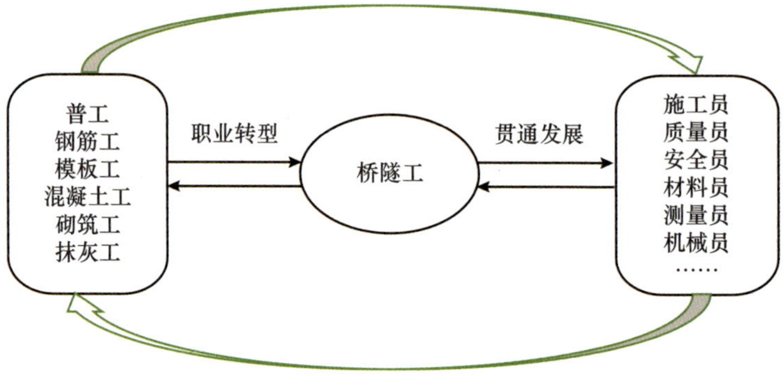

图 6-29-02-05-03　桥隧工的职业贯通发展

九、桥隧工的发展前景

从市场供需看。根据国务院印发的《“十四五”现代综合交通运输体系发展规划》，“十四五”时期，我国将新增铁路营业里程 1.9 万公里、公路通车里程 30.2 万公里，城市轨道交通运营里程 10000 公里左右，以上的交通工程项目需要建设大量的桥梁和隧道工程。同时已建成的桥梁和隧道需要定期维护和进行改造以确保安全和有效性。随着旧桥梁和隧道的老化，修复和更新需求不断增加，这将带来更多的岗位需求。

从产业发展看。我国开启了全面建成社会主义现代化强国的新征程，交通运输是中国现代化的开路先锋，是对经济社会发展全局和国家重大战略的保障。为建设交通强国，国家出台了《交通强国建设纲要》《国家综合立体交通网规划纲要》《“十四五”现代综合交通运输体系发展规划》《公路“十四五”发展规划》等政策文件，为建设安全、便捷、高效、绿色、经济的现代化铁路、公路和轨道交通运输体系指明了方向，为桥梁和隧道工程的建设提供了广泛的、可采用的建议，与之相关的桥梁与隧道工程的施工、维护和管理需求也将稳步增长。

从政策红利看。为加强桥梁、隧道工程的建设和养护管理工作，提高运行管理水平和运行效率，保障运行安全，国家有关部门先后出台了《交通运输部关于进一步提升公路桥梁安全耐久水平的意见》《关于进一步加强隧道工程安全管理的指导意见》等政策文件，在分类落实管养资金、提高养护资金标准和加强产业工人队伍建设等方面提出了具体要求，桥隧工的职业发展前景广阔。

十、相关内容链接

国家职业标准：扫码即可查看。

相关政策文件：见表 6-29-02-05-04。

表 6-29-02-05-04　桥隧工相关政策文件

发布或通过时间	发布或通过机构	文件名称
2021 年 2 月	中共中央、国务院	《国家综合立体交通网规划纲要》
2021 年 12 月	国务院	《“十四五”现代综合交通运输体系发展规划》
2022 年 1 月	交通运输部	《公路“十四五”发展规划》

供稿：广东建设职业技术学院　曾跃飞

防水工

职业编码：6-29-02-08

建筑业是我国经济的重要支柱产业，约占整体国内 GDP 的 20%~30%，涉及的细分领域众多。在房地产开发建造期间会涉及水泥、钢材、木材、防水、水电等领域，个人在购房之后要想装修入住，又包含水电、防水、木板、水泥、瓷砖、腻子、乳胶漆、厨卫器具、沙发床品、办公或家用电器等领域。在众多的细分领域中，建筑防水问题是大家最为关注的问题之一，建筑一旦发生渗漏水，会严重影响建筑的使用，影响人们的生活和工作。那么怎样才能降低建筑的渗漏水概率呢？在建筑防水领域，通常有“三分材料，七分施工”的说法，质量好的材料仅仅是半成品，要想达到为用户解决渗漏水的目的，则需要专业的施工人员采用正确的施工工艺来完成，才能真正意义上起到防水的作用；防水是建筑的“保护罩”，保护建筑安全，保障内部人员的正常活动，因此，防水工是真正意义上的“建筑持久安全的缔造者”。

一、防水工的一天

记录时间：2018 年 10 月 10 日　　　　记录人：刘某辉

上午工作情况

8 点至 12 点：

1. 确认施工范围、材料及工艺，做好施工前技术及安全交底，熟知质量保证措施及安全应急预案。（施工前准备）

2. 准备作业所需防水材料及施工机具，按照要求进行分散码放，避免荷

载集中，做好安全防护措施。（现场安排）

3. 处理防水施工基层，包括但不限于基层修补、打磨，异物剔除，清理灰尘及油污等，确保防水基层坚实、干燥、平整、无浮灰，并在管根、阴角等部位抹圆弧处理，避免防水层应力集中开裂。（基层处理）

4. 为了确保基层防水与基层更加牢固地粘结，首先在基层进行处理剂喷涂或涂刷施工，对基层进一步加强。（基层加固）

下午工作情况

14 点至 18 点：

1. 在阴阳角、管根等节点部位进行防水附加层施工，并检查附加层厚度及宽度是否符合要求，如图 6-29-02-08-01 所示。（防水附加层施工）

图 6-29-02-08-01　防水工进行防水附加层施工

2. 节点加强完成后，进行大面积防水层施工，卷材类防水采用热熔或自粘工艺，涂料类采用机械喷涂或辊涂工艺，使防水层形成连续不透水的整体，如图 6-29-02-08-02 所示。（防水层施工）

图 6-29-02-08-02　防水工进行防水层施工

3. 在建筑物边缘，即防水层收边的部位，采用金属压条及密封膏进行防水层边部收口、密封。（收边处理）

4. 对防水层搭接边、收口、节点部位进行检查，如发现张口、虚粘情况及时修补，并经相关方验收合格后方可进行下道工序施工。（质量检查验收）

二、什么是防水工

职业定义。防水工是使用工具和机具，进行建筑物、构筑物及管道等防水、防潮和渗漏治理施工的人员。本职业包含但不限于下列工种：防渗墙工。

定义解读。建筑防水是建筑的“保护罩”，保护建筑安全，保障内部人员的正常活动，防水产品（如防水卷材、防水涂料等）在工厂进行加工制作，包装好以后，运输至施工现场，防水工通过正确的施工工艺，在建筑结构体上完成建筑防水的施工。防水工是指进行防水产品施工与建筑结构表面具体操作的人员。

关联职业。相关联的职业有混凝土工、钢筋工、瓦工。混凝土工是指配合混凝土罐车及泵送车，进行结构混凝土浇筑的施工人员。钢筋工是指使用工器具进行钢筋现场下料、绑扎和布置的人员。瓦工是指采用工具进行二次结构的砌筑或抹灰等工作的操作人员。

相应岗位。钢筋工、混凝土工、瓦工、木工、门窗安装工。

三、防水工的主要工作职责

建筑防水目的只有一个，就是通过在结构表面施工防水层，达到对建筑及内部人员安全防护的目的。建筑需要进行防水的部位、所使用的产品类型及工艺是多样的，需要做防水的建筑部位包括建筑屋面、地下室、卫生间、水池、阳台、外墙等；产品类型主要包括防水卷材及防水涂料两大类，卷材类防水产品使用热熔、自粘、湿铺等工艺，涂料类防水产品使用刷涂、刮涂、辊涂、机械喷涂等工艺。不同的建筑部位、不同产品类型、不同工艺所需要掌握的专业知识不尽相同，防水工需要全面了解相关产品及工艺等专业知识，而个人既可以精通某一类产品及工艺的施工，成为专项的防水工，也可以精通全部类型产品及工艺，成为全能的防水工。

1. 识图及绘图。能够识读各类施工图，了解工程概况及各建筑部位的构造，了解渗漏高发部位，并绘制防水深化施工图，对渗漏高发部位防水进行深化设计，确保设计合理性。

2. 开工前准备。根据具体项目情况、部位及现场条件，进行安全防护措施落实，材料及工器具准备，做好开工前准备工作。

3. 工程材料复核。根据项目情况，对现场材料进行数量及质量复核，如遇劣质产品、过期产品或假冒产品应及时上报。

4. 防水层施工。按照规范、图纸及深化设计等文件要求，进行防水层的施工，确保防水层紧密铺贴于基层之上，对建筑形成防水防护。

5. 协调现场进度。协调不同项目参建方、前后工序和施工队伍之间的穿插配合，确保人员、材料、机械及时到位，确保施工顺利。

6. 过程资料记录。完成施工日志、隐蔽施工记录等相关资料收集。

7. 质量检验及协助验收。能够对各种防水工程的质量进行检查、评定，协助竣工验收前的准备，负责成品保护。

四、防水工的薪酬福利待遇

平均薪酬水平。 根据国家统计局公布数据，建筑业从业人员年平均工资不断增长，城镇非私营单位中，从 2020 年的 69986 元提升到了 2022 年的 78295 元，一线城市和经济快速发展的城市则能达到平均工资的 1.5~2 倍。

与类似职业对比。 根据猎聘网 2023 年 9 月数据，在北京地区，该职业从业人员的薪酬为 10000~15000 元 / 月，一般高于钢筋工、混凝土工和瓦工等的薪酬，见表 6-29-02-08-01。

表 6-29-02-08-01　类似职业薪酬水平

职业名称	薪酬水平（元 / 月）
钢筋工	9000~10000
混凝土工	7000~8000
瓦工	7000~10000

五、从事防水工工作需要哪些本领

该职业从业人员需要具备的知识和技能有：相关职业道德知识，建筑识图知识，房屋构造知识，防水材料区分知识，常用工具、机械熟练使用技能，卷材及涂膜防水施工技能，施工协调管理，质量检查，工程渗漏防治方法，培训指导以及安全生产及相关法律法规等。

该职业需具备的知识和技能见表 6-29-02-08-02。

表 6-29-02-08-02　防水工需具备的知识和技能

职业功能	工作内容	知识和技能要求
施工前准备	识图及绘图	能够识读各类施工图，确定施工部位及范围，了解渗漏高发部位，并绘制防水深化施工图，对渗漏高发部位防水进行深化设计

续表

职业功能	工作内容	知识和技能要求
施工前准备	技术、安全交底	根据图纸、深化设计及相关法规做好现场技术及安全交底，明确熟知质量保证措施及安全应急预案
	材料及工具准备	准备防水材料及施工机具，按照要求进行分散码放，避免荷载集中，做好安全防护措施
基层处理	基层剔凿	对基层上的异物，如钢筋、石子等突出物进行切割剔凿，将其处理坚实平整
	基层修补	基层存在疏松及凹坑的部位，先清理疏松部位，露出坚实的结构，再对凹坑进行修补，保证坚实平整
	基层清理	采用扫帚、吸尘器或吹风机，对基层存在的浮灰、油污、杂物进行清理，保证基层干净整洁
	基层加强	对阴角及管根部位进行抹圆弧处理，减少防水层节点部位应力集中，避免出现开裂问题
	基层处理剂施工	在基层进行处理剂喷涂或涂刷施工，对基层进一步加强，使基层防水与基层更加牢固地粘结
防水层施工	节点加强层	在阴阳角、管根等节点部位进行防水附加层施工，并检查附加层厚度及宽度是否符合要求
	大面防水层	节点加强完成后，进行大面防水层施工，卷材类防水采用热熔或自粘工艺，涂料类采用机械喷涂或辊涂工艺，使防水层形成连续不透水的整体
	防水层收口	在建筑物边缘，即防水层收边的部位，采用金属压条及密封膏进行防水层边部收口、密封
检查验收及成品保护	自检	对防水层搭接边、收口、节点部位进行检查，如发现张口、虚粘情况及时修补

续表

职业功能	工作内容	知识和技能要求
检查验收及成品保护	隐蔽验收	完成施工日志、隐蔽施工记录等相关资料收集，协助竣工验收前的准备，负责成品保护
现场管理	质量管理	完成开工前深化设计及技术交底，施工中随时把握施工要点，能够对各种防水工程的质量进行检查、评定，并提出整改方案
	安全管理	完成开工前安全交底，并确保安全保障措施的落实及正确使用
	协调现场进度	协调不同项目参建方、前后工序和施工队伍之间的穿插配合，确保人员、材料、机械及时到位，确保施工顺利

六、防水工的专业教育现状

（一）相关专业

目前已有较多院校开设了与该职业相关的专业，涉及普通本科院校、高职院校及中职学校等，普通本科院校的专业有建筑学、土木工程、工程管理等，职业院校专业有建筑设计、建筑装饰工程技术、建筑工程技术、建设工程管理、给排水工程技术等。

（二）开设相关专业的院校（排名不分先后）

★ 相关院校：同济大学、东南大学、湖北工业大学、哈尔滨工业大学、青岛理工大学、西安建筑科技大学、长沙理工大学等。

◆ 相关院校：山东城市建设职业学院、四川建筑职业技术学院、广西建设职业技术学院、浙江建设职业技术学院、济南工程职业技术学院、江西建设职业技术学院、武汉职业技术学院等。

▼ 相关院校：上海市建筑工程学校、广西城市建设学校、河北城乡建设学校、长沙建筑工程学校、成都职业技术学院、天津市建筑工程学校、青岛市房地产职业中等专业学校、南京高等职业技术学校等。

七、防水工的就业创业信息

防水工职业工作灵活度高，市场需求巨大，可以在各类公司及平台就业，同时，基于个人能力及兴趣爱好，也可以选择创业，获得更多资金回报，并实现自我价值。该职业从业人员遍布全国各地，包括北京、上海、广州、深圳、重庆、沈阳等一、二线城市，同时三、四线城市也有大量防水工的需求。

吸纳防水工就业较多的用人单位主要有：

1. 防水企业：如北京东方雨虹防水技术股份有限公司、科顺防水科技股份有限公司、江苏凯伦建材股份有限公司、上海三棵树防水技术有限公司、北新防水有限公司、深圳市卓宝科技股份有限公司、远大洪雨防水材料有限公司、广州市台实防水补强有限公司等。

2. 开发商物业：如万科企业股份有限公司、碧桂园控股有限公司、中国保利集团有限公司、中海企业发展集团有限公司、华润置地有限公司等。

注：以上机构信息仅供参考，不代表编写出版方对其推荐或认可。

八、防水工的职业贯通发展

该职业的发展路径主要有四条：

1. 专家路线，即经过防水工程的实践操作，逐步积累防水施工技术水平，不断学习专业知识和提升技能水平，从防水施工人员逐步晋升为技术总工程师，同时技术职称不断晋升，成为防水施工的专家。

2. 管理路线，即通过工程的实际操作，不断提升项目协调管理能力，从普通的操作者晋升到项目主管或项目经理，甚至逐步晋升至公司中高管理层。

3. 复合人才路线，即通过学习其他专业和知识，拓展职业领域，可转型成为建造师、监理工程师、造价工程师、施工员或项目经理等，实现横向贯通和复合发展。

4. 创业路线，即基于个人业务能力、专业知识和兴趣爱好，选择合适时机进行创新创业，实现个人价值。

防水工的职业贯通发展如图 6-29-02-08-03 所示。

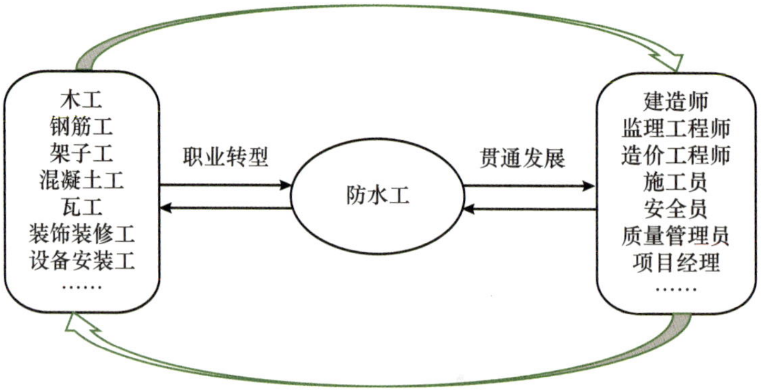

图 6-29-02-08-03　防水工的职业贯通发展

九、防水工的发展前景

从市场供需看。建筑业是我国经济支柱产业，近些年发展虽然有所放缓，但仍然存在较大的体量，2022 年，全国房地产开发企业房屋施工面积为 904999 万平方米，建筑业对于防水工的需求量仍然巨大，同时，随着建筑老龄化情况愈加严重，渗漏水问题频发，严重影响用户的工作和生活，因此，防水工的需求数量将会增多，经过专业培训获得相应资格的人员缺口较大。

从产业发展看。中央经济工作会议指出，要坚持房子是用来住的、不是用来炒的定位，全面落实因城施策，稳地价、稳房价、稳预期的长效管理调控机制，促进房地产市场平稳健康发展。看似建筑业发展放缓，但却是走上了健康持续发展的正确道路，同时，改造老旧小区、提升小区物业管理水平是未来趋势，目前中国重点一、二线城市存量住宅普遍进入“老龄化”阶段，随着城市与经济发展，老城区的老旧小区已经无法满足居民的生活需求，老旧小区改造及渗漏维修成为建筑业发展的新增动力，故防水工市场空间巨大。

从政策红利看。自 2003 年以来，国务院、国家发展改革委、住房城乡建设部等多部门都陆续印发了支持、规范防水建筑材料行业的发展政策，内容涉及鼓励新型防水建筑材料产品、规范和淘汰落后的防水建筑材料产品、促进防水建筑材料产量和规模增长等内容。从 2003 年住房城乡建设部发布的《关于加强建筑防水材料生产与应用管理工作的意见》，2013 年工业和信息化部发布的《建筑防水卷材行业准入条件》，一直到 2023 年 4 月，住房城乡建设部发布的《建筑与市政工程防水通用规范》正式实施，关于防水行业相关政策及文件约有 20 项，促进了防水行业规范健康的发展，防水工程质量进一步提升，渗漏水率更低，无论是开发商、建设者，还是购房者均有受益。

十、相关内容链接

国家职业标准：扫码即可查看。

相关政策文件：见表 6-29-02-08-03。

表 6-29-02-08-03　防水工相关政策文件

发布或通过时间	发布或通过机构	文件名称
2013 年 1 月	工业和信息化部	《建筑防水卷材行业准入条件》
2022 年 10 月	住房城乡建设部	《建筑与市政工程防水通用规范》

供稿：东方雨虹民用建材有限责任公司　靳宝龙

水工建构筑物维护检修工

职业编码：6-29-02-10

水是生命之源，但在特定条件下也极易转变为洪涝灾害。中华民族自古就有许多与水相关的典故，如大禹治水，也建造了许多举世瞩目的水利工程，如都江堰、三峡大坝和京杭大运河等。体量大的水利工程建构筑物的维护与检修也是一项十分庞大的系统工程，小到河道清淤，大到坝体加固，无一不关系到水利工程建构筑物的运营安全。常言道“千里之堤，溃于蚁穴”，形象地用千里长的大堤往往因为蚂蚁洞穴而崩溃来比喻小事不慎将酿成大祸。水工建构筑物维护检修工就是每天为水工建构筑物提供检测与维护的“医生”，发现潜在隐患，及时修复加固，维护水工建构筑物的健康运行。

一、水工建构筑物维护检修工的一天

记录时间：2023 年 7 月 18 日　　记录人：张某川

上午工作情况

8 点至 10 点：

1. 参加早会，与夜班同事沟通昨晚发生的突发事故和未处理完的工作，了解夜班设备运行状况和维修需求，提出需要协调的资源配置。（工作交接）

2. 处理夜班电机设备突发跳闸故障，进行应急维修处理。（应急处理）

3. 进行设备日常巡检工作，监控监测设备的运行状态、磨损和异常情况，并记录相关数据，如图 6-29-02-10-01 所示。（常规巡检）

图 6-29-02-10-01　水工建构筑物维护检修工常规巡检

10 点至 11 点：

1. 对辖区的桥涵、隧道以及道路设施进行全面巡查。（重点巡查）

2. 对标注的墙面开裂与隧道渗漏水情况进行处理，采用壁后注浆、开槽填充的方式。（缺陷处理）

11 点至 12 点：

1. 清理施工建筑垃圾。（杂物清理）

2. 清理涵洞进口处堆积的垃圾。（垃圾清运）

下午工作情况

14 点至 16 点：

1. 检查排水管道过水流量，清理排水管道内的沉积物、垃圾等杂物，保证管道通畅。（维护保养）

2. 完善检查与维护记录。（过程记录）

16 点至 18 点：

1. 巡检过程中发现水闸密封设备老化并且已经影响密封效果，第一时间上报管理单位并启动应急预案。（应急处置）

2. 关闭问题闸门，使用专用工具拆卸旧的密封设备并进行更换，打开水闸检查密封设备的密封性并做好记录。（试运行调试）

3. 清理涵洞清淤工作现场的建筑废料，整理维护工具并做好相关记录等，做好一天工作记录并做交接班准备。（收尾交接）

二、什么是水工建构筑物维护检修工

职业定义。水工建构筑物维护检修工是使用工具、设备，进行港口、码头附属设施和水电站水工建筑物、构筑物修缮、维护的人员。本职业包含但不限于下列工种：港口维修工、水电站水工建构筑物维护检修工。

定义解读。水工建构筑物是用来控制和调配江河湖海等水流而修建的建筑物与构筑物，如坝、闸和堤防等挡水建构筑物，溢洪道、泄洪洞等泄水建构筑物，引水管、渠道等输水建构筑物，进水闸、泵站等取水建构筑物，还有导流堤、护岸等用来整治河道、改善河道的水流条件等整治建构筑物。图 6-29-02-10-02 为南方水利工程某水闸全貌。水工建构筑物维护检修工是利用专用设备对上述设施进行维护与检修的人员，属于国家职业技能等级类工种之一。

图 6-29-02-10-02　南方水利工程某水闸全貌图

关联职业。密切相关的职业有铁路线路工、桥隧工、港口维修工、河道修防工、水工监测工等。以上职业与水工建构筑物维护检修工密切相关，铁路线路工、桥隧工为水工建构筑物的内外人员通勤与材料设备运输提供保障；港口维修工负责维护和修理港口的设备和机械，以确保它们的正常运行；河道修防工负责河道与堤防的修缮和防洪工作，保护水工建构筑物的安全和稳定。

相应岗位。铁路线路工、桥隧工、港口维修工、河道修防工、水工监测工、水工闸门运行工、水电站水工建构筑物维护检修工等。

三、水工建构筑物维护检修工的主要工作职责

1. 加固、修缮港口、码头附属设施以及所属的水上设施，更换、安装护舷，根据船舶靠泊等使用条件进行选型，制订加固设计方案并备案审批，护舷更换结束进行质量检测使其满足使用要求。

2. 操作除油设备，清除油港水面污染，根据油港水面污染的范围、程度和污染物种类等信息选用适用的除油设施，按操作规程清理并收集水面污染物，并将工作现场恢复。

3. 使用干湿除尘设备，防止和清除煤炭等货物在港口装卸过程中产生的粉尘污染。需要根据粉尘污染的范围、程度和污染物种类等信息选择合适的干湿除尘设备并制订专项施工方案，履行相关的审批手续后进行施工作业。

4. 维护检修水电站水工建构筑物表面、止水设施、排水设施和监测设施，根据维修计划制订检修设备与材料计划，如油漆、涂料、止水装置、水位计与流量计等，长时间施工作业注意设置警戒线、安全标志和照明等警示标志，确保人员安全。

5. 进行水电站水工建构筑物汛期检查，维修排水设施，处理防洪度汛缺陷，尤其是明沟、暗沟、拦洪坝、挡水建筑物和泵站等，发现结构问题及时维修，确保其能够正常排水。

6. 应急处理水电站水工建构筑物临时渗水和管道疏通与清淤、草树清理等，发现杂物阻塞通道及时清理，防止漫堤、倒灌和坍塌等事故。

7. 维护保养常用设备及工具。

四、水工建构筑物维护检修工的薪酬福利待遇

平均薪酬水平。2023 年 5 月 9 日，国家统计局公布 2022 年全国城镇非私营单位就业人员年平均工资，水利、环境和公共设施管理业就业人员的年平均工资由 2021 年的 65802 元增长至 2022 年的 68256 元，增长率达到 3.7%。从 2022 年全国城镇非私营单位分区域就业人员年平均工资可以看出，东部地区的年平均工资最高，接下来依次是西部地区、中部地区和东北地区。在房地产业就业人员年平均工资增长率为 -0.9% 的环境下，水利、环境和公共设施管理业就业人员年平均工资达到 3.7% 的增长率，也足以反映水利工程行业的发展前景与人才需求状况。

与类似职业对比。据智联招聘网 2023 年 7 月数据，全国类似职业的薪酬水平见表 6-29-02-10-01。在一些城市，如北京、上海、广州等，就业人员平均月薪可能会达到甚至超过 10000 元 / 月。

表 6-29-02-10-01　类似职业薪酬水平

职业名称	薪酬水平（元 / 月）
铁路线路工	7900~10000
桥隧工	5500~11000
港口维修工	7000~12000
河道修防工	7000~10000
水工监测工	7000~12000

五、从事水工建构筑物维护检修工工作需要哪些本领

该职业从业人员需具备的知识和技能有：常用维修材料性能及保存方法、力学基本知识、码头基本知识、常用的维护检修材料、水电站水工建构筑物基本知识、测量学基本知识、工程制图与识读、安全生产知识、环境保护与职业健康知识、质量管理知识，还包括与水工建构筑物维护检修相关的技术标准、法律法规

和政策。根据《水工建构筑物维护检修工职业技能标准》，现以水电站水工建构筑物维修工为例，该职业需具备的知识和技能见表 6-29-02-10-02。

表 6-29-02-10-02　水工建构筑物维护检修工需具备的知识和技能（以水电站水工建构筑物维修工为例）

职业功能	工作内容	知识和技能要求
施工准备	机械组织和故障排除	能根据工程施工需要确定机具设备； 能组织各类机具进场； 能排除常用机具的故障
	钢管脚手架的搭设	能根据修补的部位按照规范选择材料和确定材料用量； 能绘制脚手架搭设图； 能搭设钢管脚手架
混凝土及钢筋混凝土建筑物	裂缝处理	能编制配料单，估算工料； 能判断裂缝对结构的影响，进行裂缝常用施工方法施工； 进行裂缝水泥灌浆和化学灌浆； 能编制裂缝施工归档资料
	表面破损修补	能识读各类水工建构筑物构造施工图； 能按图计算工料； 能绘制修补部位图纸，并编制归档资料
排水设施	维修作业	能进行截水沟、排水沟、边沟等的施工； 能进行盲沟、暗沟、渗沟、渗井的施工； 能进行厂房集水井、检修井的清淤
水工钢闸门及其启闭机	止水装置更换	能识别各类止水材料种类、特性，在不同条件下确定安装方案； 能按图计算工料； 能编制止水装置更换归档资料
监测设施	保养作业	能识别监测设施各类故障； 能进行监测设备维修、更换； 能对原始监测数据进行整理

续表

职业功能	工作内容	知识和技能要求
施工质量控制	裂缝处理施工质量检查	能进行基本的裂缝处理质量检查； 对不符合处理标准的提出整改措施
	表面修补质量检查	能进行基本的混凝土表面修补质量检查
	排水设施维修质量检查	能对排水设施维修后的排水效果进行初步检查
	止水装置更换质量检查	能初步检查止水装置更换后的止水效果
	监测设施保养质量检查	能初步检查监测设施维修保养质量
安全、环境保护和职业健康	安全生产	能处理施工过程中的安全问题； 能进行施工中常见安全施工的预防； 能进行应急处置
	环境保护	能根据环境保护要求采取保护措施； 能根据职业健康要求采取保护措施

六、水工建构筑物维护检修工的专业教育现状

（一）相关专业

目前已有较多院校开设了与该职业相关的专业，涉及普通本科院校、高职院校、中职学校。普通本科院校专业有道路桥梁与渡河工程、水利科学与工程、铁道工程、港口航道与海岸工程等。职业院校专业有水电站运行与管理、治河与港航工程、水利水电建筑工程、道路养护与管理、水利机电设备智能管理等。

（二）开设相关专业的院校（排名不分先后）

★ 相关院校：清华大学、河海大学、天津大学、武汉大学、华北水利水电大学、中国海洋大学、西北民族大学等。

◆ 相关院校：福建水利电力职业技术学院、重庆水利电力职业技术学院、湖南水利水电职业技术学院、江西交通职业技术学院、安徽水利水电职业技术学院、广东水利电力职业技术学院、三峡电力职业学院、黄河水利职业技术学院等。

七、水工建构筑物维护检修工的就业创业信息

2023 年 7 月 12 日，水利部召开新闻发布会介绍 2023 年上半年水利基础设施建设进展和成效。上半年，全国新开工水利项目 1.76 万个，较去年同期增加 3707 个，投资规模 7208 亿元，较去年同期多 1113 亿元。水利项目开工数量多、吸纳就业能力强，直接提供了大量就业岗位。上半年，水利项目施工吸纳就业 138.34 万人。随着水利工程设施的不断增多，水工建构筑物维护检修工还将出现比较稳定的需求。

吸纳水工建构筑物维护检修工就业较多的用人单位有：

1. 施工企业：如中交上海航道局有限公司、中交广州航道局有限公司、中交水利水电建设有限公司、中港疏浚有限公司、上海交通建设总承包有限公司等。

2. 水利工程运营单位：如长江口航道管理局等。

3. 政府与管理单位：如各省市水利局、河湖管理处等。

注：以上机构信息仅供参考，不代表编写出版方对其推荐或认可。

八、水工建构筑物维护检修工的职业贯通发展

该职业的发展路径主要有三条：

1. 技术型方向：这个方向主要是让水工建构筑物维护检修工在技术领域不断深化和拓展。通过学习，掌握最新的技术和工具，提高维护检修工作的效率和质量，成为技术专家或高级工程师。

2. 管理型方向：这个方向主要是培养水工建构筑物维护检修工成为团队领导者或管理人员。通过学习，提升领导能力、沟通能力、团队协作能力等，有效地组织和管理团队，提高团队整体素质和工作效率。

3. 业务型方向：这个方向主要是让水工建构筑物维护检修工深入了解客户需求和市场变化，拓展业务领域和服务范围。通过学习，掌握市场营销、客户沟通、

业务拓展等技能，成为业务专家或业务经理。

水工建构筑物维护检修工的职业贯通发展如图 6-29-02-10-03 所示。

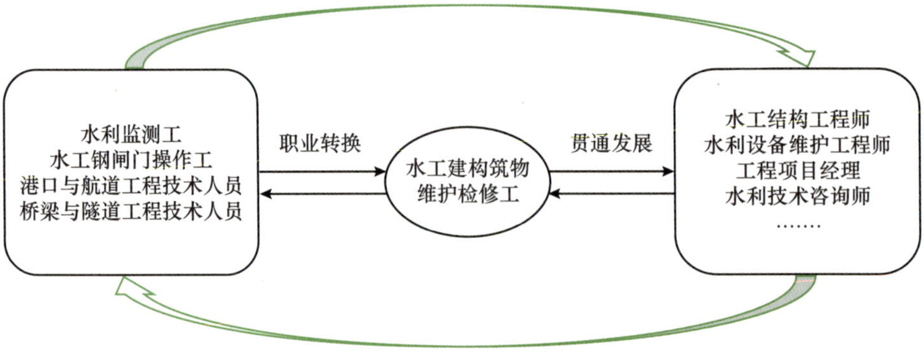

图 6-29-02-10-03 水工建构筑物维护检修工的职业贯通发展

九、水工建构筑物维护检修工的发展前景

从市场供需看。水工建构筑物维护检修工是维护和修复水工建筑物的重要专业人员，市场需求量大，尤其在大型水利工程中更是需要大量的水工建构筑物维护检修工。2022 年我国完成水利建设投资 10893 亿元，比 2021 年增长 44%。开工实施 529 处大中型灌区建设和改造项目，新建 790 座淤地坝、拦沙坝，完成 124 座大中型水库、6082 座小型水库、622 座淤地坝除险加固。随着水利工程建设的不断发展和水工建构筑物的老化，水工建构筑物维护检修工的需求也在不断增加。

从产业发展看。根据水利部公布的数据，截至 2021 年 9 月，全国已经建成了 9.8 万多座水库，总库容达到了 8983 亿立方米，对于防洪、灌溉、发电、供水等都具有重要意义。同时，还修建了各类河流堤防 43 万公里，开辟国家蓄滞洪区 98 处，总容积达到了 1067 亿立方米。首先，国家对水利工程的投入不断加大，水利工程的建设和维护成了重要的产业领域，这为水工建构筑物维护检修工提供了广阔的职业发展空间。其次，水工建构筑物维护检修工的职业地位和薪酬水平也将逐步提高，从而吸引更多的人加入该领域。因此，随着水利工程领域的不断发展，水工建构筑物维护检修工的需求将会持续增长。

从政策红利看。党的二十大报告对坚持全面依法治国，推进法治中国建设提出明确要求。水利部提出新阶段水利高质量发展的目标任务和实施路径，推动水利高质量发展需要以健全的体制机制法治管理为保障，不断提升水利治理能力和水平。2023 年 4 月，水利部印发《堤防运行管理办法》《水闸运行管理办法》，其中第二章管理保障对人员培训等提出了具体要求，促进了水工建构筑物维护检修工技能的提升和职业的发展。

2022 年 3 月，水利部印发《关于推进水利工程标准化管理的指导意见》《水利工程标准化管理评价办法》及其评价标准。文件提出了推进标准化管理的指导思想和总体目标，明确了标准化管理要求。其中，运行管护方面要求工程巡视检查、监测监控、操作运用、维修养护和生物防治等管护工作制度齐全、行为规范、记录完整，关键制度、操作规程上墙明示；及时排查、治理工程隐患，实行台账闭环管理；调度运用规程和方案（计划）按程序报批并严格遵照实施。国家对于水利工程领域的政策支持力度不断加大，特别是在防洪、灌溉、发电、供水等方面，这将会为水工建构筑物维护检修工提供更多的职业机会。

2022 年 1 月，国家发展改革委、水利部印发《“十四五”水安全保障规划》，这是国家层面首次编制实施的水安全保障五年规划，是“十四五”时期水安全保障工作的重要依据。政府对于解决技术技能型人才短缺问题的政策也将会对水工建构筑物维护检修工的发展产生积极的影响。例如，江苏省人力资源社会保障厅印发了《关于加强和改进政府补贴性职业技能培训的若干意见》，政府鼓励企业加强人才培养和引进。各类优惠政策必将吸引更多的人才进入该领域，这将会为水工建构筑物维护检修工的发展提供更多的机会和条件。综合来看，政策红利对于水工建构筑物维护检修工的发展前景具有积极的影响。

十、相关内容链接

国家职业标准：暂缺。

相关政策文件：见表 6-29-02-10-03。

表 6-29-02-10-03　水工建构筑物维护检修工相关政策文件

发布或通过时间	发布或通过机构	文件名称
2022 年 3 月	水利部	《关于推进水利工程标准化管理的指导意见》
2022 年 3 月	水利部	《水利工程标准化管理评价办法》
2023 年 4 月	水利部	《堤防运行管理办法》
2023 年 4 月	水利部	《水闸运行管理办法》

供稿：徐州工业职业技术学院　唐珺

电力电缆安装运维工

职业编码：6-29-02-11

保障电力电缆设备安全一直是电力电缆安装运维工职责所在，初心所向。从安装到运营维护，他们默默地付出，保障维护电力设备的正常运行，定期检测各种设备，包括变压器、开关箱、电缆、电线等，发现问题及时解决，防止事故发生等，如图 6-29-02-11-01 所示。因此，他们的职责非常重要，涉及广泛而细致的工作，他们不仅需要学习电力知识的相关技术，还需要具备团队协作、沟通表达及应急处理等多方面的素质，更重要的是要高度重视工作中的隐患防范以及安全事故的杜绝。这样才能保障电力电缆设备设施等安全平稳地运行，保障人民生产、生活所必需的电力供应。

图 6-29-02-11-01　电力电缆安装运维工检测设备

一、电力电缆安装运维工的一天

记录时间：2022 年 3 月 27 日 记录人：李某

上午工作情况

8 点至 9 点：

1. 列队参加早交班会议，确定当日主要工作事项和工作重点。（班前会议）

2. 完成分组。着工作服，备好各种检测仪器、对讲机和标准化作业卡，确保“方案、人员、装备”三到位，从人员分工、设备器具、材料等方面进行细致安排，开展当日电缆敷设和电缆通道日常巡查工作。（工作准备）

9 点至 12 点：

1. 检查现场安全措施、通信设备，通风和照明的情况，检测牵引力、侧压力是否符合要求，蛇形敷设节距、幅度等是否符合标准。（现场检查）

2. 依据标准化作业卡，组装接头，仔细检查各项环节。（标准化作业）

下午工作情况

14 点至 18 点：

1. 组织巡视人员对线路、各个电缆终端站开展不间断的重点巡视、环流检测以及红外测温“体检”工作。（巡检）

2. 利用红外测温仪等检测设备对电缆终端站内的设备进行红外测温，全方位排查电缆终端站内主要设备及重点线路的进出线接头，认真做好测温记录，详细记录测量时间、气象条件、测点温度及缺陷部位等信息，做到及时发现问题、分析问题、处理问题，做到对电缆线路和设备的真实情况了然于心，为提前预防和及时检修提供可靠依据。（问题记录、分析与处置）

3. 确认智能巡检机器人等工作设备主机功能完好，电缆光纤测温、局部放电、接地环流监测数据均符合要求，设备运行正常。（确认设备运行状态）

4. 完成电缆隧道在线监控系统检查工作，填好巡视卡。（完成工作日志）

二、什么是电力电缆安装运维工

职业定义。电力电缆安装运维工是使用专用设备和工具，进行电力电缆安装、检修、调试、运行及维护的人员。

定义解读。电力电缆安装运维工的工作主要涉及电缆的安装、维护和修理。需要详细了解电缆的特性、结构和规范，掌握正确的安装技巧和方法，并具有解决各种问题的能力。经常需要在户外、有限空间等条件下工作，在安装过程中，他们会使用各种工具，如电缆切割机、电缆熔接机等，对电缆路径进行挖掘、铺设和固定。维护维修整个电力网络出现的各类故障，避免大面积的停电。运维工作则是在安装后对电缆进行维护和检查，这包括定期的巡视、检查和修理，在出现故障时能够迅速定位并解决问题。

关联职业。送配电线路工，电力电缆安装工，输电、配电、变电设备值班人员，土木工程建筑施工人员，电力工程技术人员，电力热力生产和供应人员。

相应岗位。输配电工程施工人员，输配电线路运行与维护人员，输配电线路设计人员，输电工程技术人员，配电设备运维人员。

三、电力电缆安装运维工的主要工作职责

1. 负责制作和安装电缆隧道、电缆沟、电缆夹层、竖井支架、吊架和电缆桥架。

2. 负责配管，预埋电缆保护管，敷设电力电缆，安装电缆附件及接线。

3. 负责敷设电缆防火隔板，封堵电缆孔洞。

4. 掌握管内电力电缆设备、电缆沟、电缆夹层、竖井支架、吊架和电缆桥架的类型、规格、数量、技术标准和服役状态等，了解其特点和病害变化规律，做好日常监测工作。

5. 负责电缆隧道、电缆沟、电缆夹层、竖井支架、吊架和电缆桥架的巡视检查、病害防治、日常养护、值班值守、应急处置、施工配合等，如图 6-29-02-11-02 所示。

6. 负责巡视、检查、测量电力电缆状态，重点是电力电缆绝缘、电阻等参数，发现故障做好记录并报告，及时消灭故障，消除缺陷等。

7. 负责检查、检测、维修、保养电力电缆设施以及检测检验设备和工器具。

8. 加强业务技能学习，工作中严格执行各项维修规程和标准化作业规范，熟练掌握电力电缆安装运维的工作流程和操作技能。

图 6-29-02-11-02　电力电缆安装运维工进行线路维护

四、电力电缆安装运维工的薪酬福利待遇

平均薪酬水平。电力电缆安装运维类职业具有工作环境艰苦、安全风险系数高、专业性较强等特点，电力电缆安装运维工一般为电力维护保障的关键技术岗位，其薪酬水平也逐步提高。电力电缆安装运维工的平均薪酬水平为 5000~8000 元 / 月，处于技术工种的中上水平。

与类似职业对比。相比普通制造业工人 3000~5000 元 / 月的薪酬水平，电力电缆安装运维工的薪酬水平为 5000~8000 元 / 月，收入相对较高，尤其在大中型城市体现得更为明显，城市内电力电缆设备设施规模大，对于安全平稳运行的要求高，需要从业人员具备更专业的技能和更高的责任感。与电气设计师、电气工程师等专业技术岗位相比，电力电缆安装运维工的收入略低，但仍高于一般操作工。具体见表 6-29-02-11-01。

表 6-29-02-11-01　类似职业薪酬水平

职业名称	薪酬水平（元 / 月）
普通制造业工人	3000~5000
电气设计师	10000~12000
电气工程师	10000~12000

五、从事电力电缆安装运维工需要哪些本领

该职业从业人员各个岗位需要具备的知识和技能见表 6-29-02-11-02。

表 6-29-02-11-02　电力电缆安装运维工需具备的知识和技能

职业功能	知识和技能要求
输配电工程技术	具有电工基本工艺、电力电缆运维、电气实验、工程测量等技术技能，具有使用电工器具、操作电气设备等专业能力； 具有电气一、二次回路制图和识图的能力，具有输电线路工程和配电工程勘察和设计的能力； 具有参与输电线路工程和配电工程施工的能力； 具有输电线路巡视、检修计划制订等线路管理的能力； 具有参与输配电设备停电检修、带电作业等检修和实验的能力； 具有配电工程设备运行维护的能力； 具有输配电工程项目策划、项目组织、项目计划、安全管理、质量管理、技术管理、进度管理、技经管理等能力； 具有专业安全知识和技能，熟悉电力法律法规和安全生产规程； 具有适应电力行业数字化发展需求的数字技术和信息技术的应用能力

续表

职业功能	知识和技能要求
电缆工程技术	掌握电线电缆和光纤光缆领域的专业理论知识，具备较强的技术能力和解决技术问题的实践应用技能； 掌握电线电缆和光纤光缆的运行和设计原理，具备产品结构设计和新产品开发的能力； 掌握电线电缆和光纤光缆的制造工艺技术原理，具备电缆与光缆工艺流程设计和工艺文件编制以及对生产过程管理控制的能力； 掌握电线电缆和光纤光缆原材料、在制品和成品的检验原理和方法，具备对材料、在制品和成品进行质量检测、监控和质量提升的能力； 掌握电缆材料改性原理，具备金属和高分子材料性能改进和制备的能力； 掌握一定的电气控制、机械原理，具备电线电缆及光缆生产设备运行及维护的基本能力； 具备电力电缆及光缆线路的运行与维护能力
高压输配电线路施工运行与维护	具备对电力线路的组成、基本运行方式、常规线路元件及设备的结构、作用与型号的通识能力； 具备熟练运用测量仪器，正确进行输配电线路工程测量，处理工程测量数据，绘制工程测量图的能力； 具备从事输配电线路工程整体初步设计及部分施工设计的能力； 具备线路设备安装测试与常规故障诊断测试能力； 具备运用成熟技术进行输配电线路施工、运行、维护与检修的能力； 具备识读和绘制输配电线路工程图与按图施工的能力； 具备输配电线路运行、维护作业中常规故障诊断与排除的能力

六、电力电缆安装运维工的专业教育现状

（一）相关专业

目前已有较多院校开设了与该职业相关的专业，涉及普通本科院校、高职院校及中职学校等。普通本科院校专业有电缆工程、智能电网信息工程、电气工程及其自动化、电气工程与智能控制、电机电器智能化。职业院校专业有输配电工程技术、输配电线路施工与运行、供用电技术等。

（二）开设相关专业的院校（排名不分先后）

★ 相关院校：华北电力大学、西南交通大学、西北工业大学、河南工学院、辽宁理工学院等。

◆ 相关院校：重庆电力高等专科学校、郑州电力高等专科学校、福建电力职业技术学院、武汉电力职业技术学院等。

七、电力电缆安装运维工的就业创业信息

该职业的就业需求遍布全国各地，用人单位主要有电力公司、电力设计院、工程局、电力设备公司。

1. 电力公司包括：如电力集团有限公司，各地市电气有限公司，国家电网各省、各地市电力公司，国家电网各省、各地市电力建设有限公司，各地电力股份有限公司，各省水电集团等。

2. 电力设计院包括：如中国电力工程顾问集团东北电力设计院有限公司、中国电力工程顾问集团华北电力设计院有限公司、中国电力工程顾问集团西北电力设计院有限公司、中国电力工程顾问集团华东电力设计院有限公司、中国电力工程顾问集团西南电力设计院有限公司、中国电力工程顾问集团中南电力设计院有限公司，各省电力设计院等。

3. 工程局包括：如中国铁路工程集团有限公司、中国铁建股份有限公司、中国交通建设集团有限公司、中国建筑集团有限公司等大型工程建设单位，各基建领域如机场、轨道交通、通信信号等包括各省机场集团有限公司、各省通信产业服务有限公司，18 个铁路局集团有限公司，城市地铁运营有限公司，中核检修有限公司，北京京东方光电科技有限公司等。

八、电力电缆安装运维工的职业贯通发展

电力电缆安装运维工的职业发展路径主要有四条：

1. 管理路线，即从员工晋升至组长、项目经理等中层岗位，再晋升到分管领导、技术负责人等单位领导层，甚至往高级领导职务发展。

2. 专家路线，即不断提高技能水平，在职业等级上不断晋升，从电力电缆安

装工（初、中、高级），到工程师，再到技术专家、技术总监、首席技术官，成为电气设备领域专家。

3. 复合人才路线，即向其他行业跨越或职业转型，如通过学习相关知识和技能转型成为电气工程师、机械工程师、自动化工程师等，与专业技术岗位横向贯通。

4. 创业路线，即基于个人资源能力进行创新创业。

电力电缆安装运维工的职业贯通发展如图 6-29-02-11-03 所示。

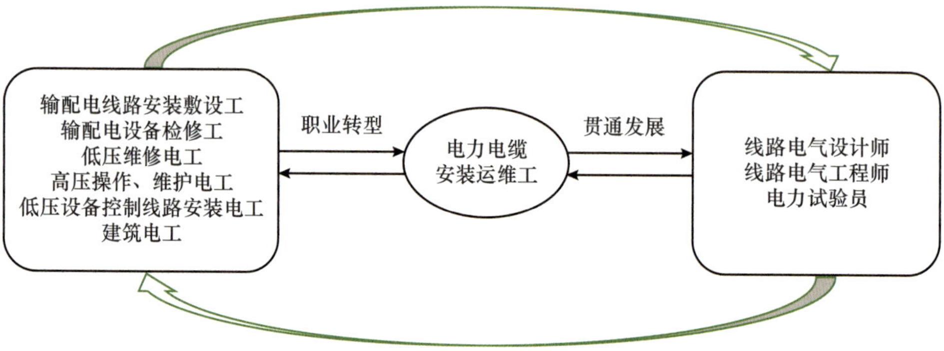

图 6-29-02-11-03 电力电缆安装运维工的职业贯通发展

九、电力电缆安装运维工的发展前景

从市场供需看。由于我国电力工业的高速发展，电气类专业的就业形势整体来看都不错，尤其是我国电网电压等级的不断提升、标准要求的逐步提高、适度超前的基础设施的建设，将给电线电缆行业带来良好的发展机遇，为电线电缆安装运维岗位提供强有力的需求保证。

根据国家统计局的数据显示，2011—2015 年，随着电力电缆行业规模不断壮大，行业内规模以上企业数量呈不断上升趋势，2015 年达到 3831 家，为历年来的最大值。2017 年随着行业调整，产品升级、落后产能淘汰加快，行业并购整合速度加快，行业规模以上企业数量有所下降，为 3734 家，较 2016 年减少了 57 家。随着我国对新能源和基础设施建设的投入，2018—2020 年，全国电线电缆行业开始逐渐回暖，规模以上企业数量由 3817 家上升至 4009 家。从我国电线电缆行业企业数量的区域分布来看，电线电缆行业企业数量最多的地区是山东，其次是江苏、广东、上海、河南、安徽、山西、陕西、河北、浙江等地区。企业规模的发展对所在区域的岗位存在长期的需求。

从产业发展看。电力工业是国民经济的支柱产业，是服务千家万户的公用事业。电力运维服务是指为维护电力系统的安全稳定运行，保证电能质量，针对配电设施、用电设施，进行规划设计、安装调试、运行监测、维护保养、设备检修等专业的服务。电力工业的迅速发展，带动了电力设备制造业的繁荣，也使得中国电力电缆业的生产技术与能力得到了提升。2022 年，中国电力电缆产量为 5620 万千米，较 2021 年增长 146 万千米。大量的设备需要大量安装维护人员，关键运维人员需求量高达 40 万人，随着新建设备投入运营，运维人员需求量持续增加。从设计、制造、施工、运营等全产业看，需求量则更大，发展前景光明。同时大量的电力工程建设商、成套设备制造商等企业会转向运维和能源服务领域，从而催生大量的商业新模式和新业态。对产业工人在电缆行业上下游的设备安装和运维提出了更高的要求。在华北、华东、华南等经济发达地区和用能发达地区，电力运维业务已经逐步市场化。因此对产业工人的服务能力、人员素质和薪资的要求更加市场化。

从政策红利看。我国目前基本上已进入了大电网、大电厂、大机组、高电压输电、高度自动控制的新时代。

根据中国国民经济和社会发展“八五”计划至“十四五”规划，国家对电力电缆行业的支持政策经历了从“努力加强农村电力建设”到“加强城乡电网建设和改造”再到“提高特高压输电通道利用率，加快电网智能化改造”的变化。《中华人民共和国国民经济和社会发展第十四个五年规划和 2035 年远景目标纲要》提出，大力提升风电、光伏发电规模；提高特高压输电通道利用率。加快电网基础设施智能化改造和智能微电网建设，提高电力系统互补互济和智能调节能力，提升向边远地区输配电能力。

《中国电线电缆行业“十四五”发展指导意见》指出，争取到“十四五”期末，我国电线电缆行业的自主创新能力显著增强，突破重点领域线缆产品“卡脖子”问题，完善产业链布局，实现关键材料、装备自主可控；加强头部企业的国际品牌影响力和国际竞争力，增加细分领域隐形冠军的数量；在行业创新主体中形成一批具有创新引领能力和赶超国际先进水平的研发创新团队。这对行业人才提出更高的要求。

十、相关内容链接

国家职业标准：扫码即可查看。

相关政策文件：见表 6-29-02-11-03。

表 6-29-02-11-03　电力电缆安装运维工相关政策文件

发布或通过时间	发布或通过机构	文件名称
2021 年 3 月	全国人民代表大会	《中华人民共和国国民经济和社会发展第十四个五年规划和 2035 年远景目标纲要》
2022 年 8 月	工业和信息化部等	《关于印发加快电力装备绿色低碳创新发展行动计划的通知》

供稿：沪昆铁路客运专线湖南有限责任公司　张健

牵引电力线路安装维护工

职业编码：6-29-02-13

随着经济和社会的发展，人们出行越来越频繁，迫切需要有更便捷快速的交通方式，高速铁路、地铁的快速发展让我们的出行既舒适又便捷。当我们乘坐高速列车疾驰在祖国大地，或是乘坐地铁穿梭在繁华的街区时，你是否想过高速动车组或地铁列车的电能是如何获得的，国家电网电能又是如何输送到列车上的，这都归于牵引电力线路的功劳。牵引变电所的电能通过架设在铁路上方的牵引电力线路即接触网输送给电力机车或动车组，为电力机车或动车组提供可靠的电能。牵引电力线路还负责把变电所的电能输送给车站、信号通信设备等，保障铁路运输系统安全可靠的工作。接触网和铁路电力线路安全可靠的运行离不开牵引电力线路安装维护工的精心呵护。

一、牵引电力线路安装维护工的一天

记录时间：2023 年 7 月 24 日 **记录人：王某强**

上午工作情况

8 点至 9 点：

1. 到工区报到，召开班前会。（班前会议）

2. 准备今天工作所需的工具材料。（工具准备）

3. 一切准备就绪后，与作业组成员一起带着准备好的工具材料奔赴作业地点。（奔赴作业点）

9 点至 10 点：

1. 按计划对分相标志进行更换安装，将分相标志搬到施工地点。（分相标志更换准备）

2. 进行分相标志更换安装工作，随后发现分相绝缘器外轨侧灭弧角隙金属棒断裂脱落。（发现设备缺陷）

3. 立即将情况向上级报告，并做好行车防护。（汇报情况）

10 点至 11 点：

1. 分相标志更换作业争分夺秒进行，挖坑、搬运材料、处理旧标志。（分相标志更换）

2. 分相标志更换作业完成。（更换完成）

3. 根据指令，准备处理分相绝缘器设备缺陷。（准备处理设备缺陷）

11 点至 12 点：

1. 处理分相绝缘器设备缺陷，测量参数，进行调整，使分相绝缘器状态达到技术标准。（处理设备缺陷）

2. 确认分相绝缘器技术状态恢复良好，人员机具撤离到安全地带，消令送电。（确认恢复）

3. 观察两趟列车顺利平稳驶过分相，返回工区。（观察行车）

下午工作情况

14 点至 15 点：

1. 班组召开巡检作业例会，定时下楼集合出发。（召开例会）

2. 准备巡检作业所需工具仪器，对作业使用的测量仪器进行测试，确认电池电量是否充足。（准备巡检）

3. 全体作业人员登车出发。（登车出发）

15 点至 16 点：

1. 到达巡视区段，按照安全防护制度进行防护。（到达巡视地点）

2. 确认铁路线路已停电并封锁，携带工具进入线路。（确认线路封锁）

3. 开始进行巡视工作，巡视作业在地面进行，检查各部设备的状态，如果发现问题，就通过停电检修作业来处理。（巡视作业）

4. 记录测量数据。

16 点至 18 点：

1. 测量分相磁感应器，对测量数据进行拍照，留存影像资料。（测量磁感应器）

2. 检查锚段关节各部设备、零件状态，螺栓和绑线有无锈蚀损坏。（检查锚段关节）

3. 检查支持定位装置各零件状态，螺栓、螺母是否缺失。（检查定位）

4. 检查吊弦、电连接、供电线、回流线、吸上线等有无烧损。（检查线索）

5. 检查有无侵入限界、妨碍机车车辆运行的障碍。（检查限界）

6. 检查支柱有无破损变形。（检查支柱）

7. 检查限界门、安全挡板或网栅、各种标识是否齐全完整。（检查标识）

8. 巡视测量结束，清点工具仪器，撤离现场，消点。（撤离现场）

18 点至 18 点 30 分：

1. 整理记录巡视结果。（整理记录）

2. 向上级部门汇报。（汇报）

二、什么是牵引电力线路安装维护工

职业定义。牵引电力线路安装维护工是使用工具和设备，安装、调试、维修、保养电气化牵引供电、电力、变（配）电所设备或设施的人员。

定义解读。牵引电力线路包括接触网、铁路电力线路、无轨电车供电线等，牵引电力线路安装维护工主要是从事普速铁路，高速铁路，城市轨道交通接触网施工、维护、检修工作的人员，也可以是从事铁路电力线路或无轨电车供电线路施工、维护、检修工作的人员。

关联职业。密切关联的职业有变电设备检修工、送配电线路工。变电设备检修工是从事变电所变压器、断路器、隔离开关、成套组合电器及直流装置等变电设备检修、更换、调试的人员，主要侧重于变电所内设备的检修，而牵引电力线路安装维护工主要侧重于变电所外电力线路的检修。送配电线路工是从事送电、配电线路架设施工，线路及附属设备巡视、维护、检修工作的人员，主要侧重于国家电网、地方电网等输电、配电线路施工、维护、检修工作，而牵引电力线路安装维护工主要侧重于轨道交通接触网、电力线路或无轨电车供电线路的施工、维护、检修工作。

相应岗位。接触网工、铁路电力线路工、无轨电车架线工等。

三、牵引电力线路安装维护工的主要工作职责

1. 根据接触网、电力线路、变（配）电所的设计图纸和实际文件，确定施工和检修所需的材料、设备、型号、规格、构造、主接线图等。

2. 根据测量定位，开凿、灌注杆坑和基坑。

3. 树立杆、塔，架设承力索、接触导线、供电线等，安装附属设备。

4. 安装、维修架空线、导线，并调整其松弛度、拉力，如图 6-29-02-13-01 所示。

5. 安装、调整、保养、维修隔离开关、避雷器、限界门等设备及变（配）电所设备。

图 6-29-02-13-01　牵引电力线路安装维护工安装架空线、导线

6. 安装、调试、维修变压器、开关柜、动力箱、照明箱等高、低压电器设备。图 6-29-02-13-02 和图 6-29-02-13-03 为牵引电力线路安装维护工的工作场景。

7. 进行电力线路停送电及变（配）电所倒闸作业，并排除故障，确保正常供电。

8. 安装、维修站场灯塔（桥），调整照明投射角。

9. 调整接触网结构参数，确保受电弓正常取流。

图 6-29-02-13-02　牵引电力线路安装维护工工作场景

图 6-29-02-13-03　牵引电力线路安装维护工调试设备

四、牵引电力线路安装维护工的薪酬福利待遇

平均薪酬水平。从区域看，一线城市和经济发展快的城市如北京、上海、深圳、广州等，该职业从业人员薪酬水平为12000~30000元/月，其薪酬水平高于其他城市。从所从事工作的工作性质看，施工企业从业人员的平均薪酬水平高于运营企业平均薪酬水平。

与类似职业对比。根据相关数据，该职业从业人员的薪酬为7000~19500元/月，一般要高于变配电运行值班员、变电设备检修工、电工、轨道交通通信工、铁路列车乘务员、城市轨道交通服务员、铁路车站客运服务员等，低于轨道交通调度员、轨道交通列车司机、电气设备安装工的薪酬，见表6-29-02-13-01。

表6-29-02-13-01　类似职业薪酬水平

职业名称	薪酬水平（元/月）
变配电运行值班员	5500~9500
变电设备检修工	7500~15500
电工	4000~8000
轨道交通通信工	5000~10000
铁路列车乘务员	4500~8000
城市轨道交通服务员	5000~9500
铁路车站客运服务员	4500~8500
轨道交通调度员	8500~19500
轨道交通列车司机	12000~21000
电气设备安装工	9000~20500

五、从事牵引电力线路安装维护工工作需要哪些本领

该职业从业人员需具备的知识和技能有：电气及机械制图与识图知识、力学

基础知识、电工技术知识、电子技术知识、牵引供电系统知识、高电压设备试验知识、接触网检修与故障处理技能、接触网施工技能、电力线路施工技能、电力线路检修技能、变配电所运行与检修技能等。核心技能是接触网施工与检修能力或电力线路施工与检修能力。

根据《接触网工国家职业标准》《电力线路工国家职业标准》，该职业需具备的知识和技能见表 6-29-02-13-02。

表 6-29-02-13-02　牵引电力线路安装维护工需具备的知识和技能

职业功能	工作内容	知识和技能要求
接触网施工与检修	接触网施工	熟悉电路、输电线路、机械基础相关知识； 掌握接触网的设计施工规范； 掌握接触网施工知识； 能进行接触网支柱基础施工； 能进行接触网支持装置安装； 能进行接触网定位装置安装； 能进行接触网承力索架设； 能进行接触导线架设； 能进行附加导线架设； 能进行隔离开关、避雷器等安装； 能进行软横跨、硬横跨装配； 能进行接触网参数调整； 能进行接触网上电实验、施工验收
	接触网巡视	能识别、使用安全带、接触网检测仪、兆欧表等安全工具、作业工具、仪器仪表； 能进行接触网巡视； 能测量接触网参数； 能进行接触网参数分析； 能进行电压、电流等参数测量； 能填写接触网巡视记录

续表

职业功能	工作内容	知识和技能要求
接触网施工与检修	接触网检修	熟悉接触网结构； 熟悉接触网检修标准； 掌握接触网安全作业知识和安全作业措施； 能正确使用接触网检修常用工具、仪表、器材； 能正确识读接触网图纸； 能对接触网支柱与基础进行维护； 能处理接触网支柱故障； 能进行接触网支持装置、定位装置的维护检修与常见故障处理； 能进行接触线、承力索、吊弦、电连接的维护检修与常见故障处理； 能进行接触网补偿装置、线岔的维护检修与常见故障处理； 能进行锚段关节及中心锚节的维护检修与常见故障处理； 能进行分段绝缘器、分相绝缘器的维护检修与常见故障处理； 能进行软横跨、硬横跨维护检修与常见故障处理； 能进行接触网线索类设备典型故障预防处理； 能进行接触网主要悬挂类设备典型故障预防处理； 能进行接触网事故抢修
电力线路施工与检修	电力设备巡视	能识别、使用安全带、断线钳、兆欧表等安全工具、作业工具、仪器仪表； 能进行电力线路的巡视； 能进行电压、电流等参数测量； 能填写电力线路巡视记录； 能进行变配电设备巡视作业； 能测量变配电所电压、电流等参数； 能填写变配电所巡视记录
	电力设备检修	能识别并选用兆欧表、万用表、钳形电流表等仪器仪表和安全工具； 能进行登杆作业； 能进行设备清扫、绝缘电阻测量； 能进行电力线路检修； 能描述电力线路现场故障； 能处理开关跳闸、保险熔断等故障； 能更换绝缘子、绑扎线等

续表

职业功能	工作内容	知识和技能要求
电力线路施工与检修	电力设备施工	能根据施工需要选择电力设备材料； 能根据施工需要进行工具准备； 能按要求登杆进行施工作业； 能进行电力杆杆顶组装等电力设备安装； 能进行杆塔基础开挖、地锚基础开挖、安装抱箍等施工作业； 能进行架线施工作业

六、牵引电力线路安装维护工的专业教育现状

（一）相关专业

目前已有较多院校开设了与该职业相关的专业，涉及普通本科院校、高职院校及中职学校等。普通本科院校专业有电气工程及其自动化、电气工程与智能控制、智能电网信息工程。高职院校专业有铁道供电技术、城市轨道交通供配电技术、供用电技术等。中职学校专业有电气化铁道供电、供用电技术等。

（二）开设相关专业的院校（排名不分先后）

★ 相关院校：北京交通大学、西南交通大学、兰州交通大学、华东交通大学、大连交通大学、石家庄铁道大学、中南大学、同济大学等。

◆ 相关院校：陕西铁路工程职业技术学院、西安铁路职业技术学院、武汉铁路职业技术学院、南京铁道职业技术学院、天津铁道职业技术学院、湖南铁路科技职业技术学院、包头铁道职业技术学院、辽宁铁道职业技术学院、湖北铁道运输职业学院、吉林铁道职业技术学院等。

七、牵引电力线路安装维护工的就业创业信息

该职业从业人员主要集中在 18 个铁路局集团有限公司、中国中铁股份有限公司下属各集团有限公司、中国铁建股份有限公司下属各集团有限公司、各大城市轨道交通集团有限公司、地方铁路公司等。吸纳牵引电力线路安装维护工的用人

单位主要有：

1. 国家铁路运营企业：如中国铁路西安局集团有限公司、中国铁路兰州局集团有限公司、中国铁路北京局集团有限公司、中国铁路沈阳局集团有限公司、中国铁路郑州局集团有限公司等。

2. 铁路施工企业：如中铁一局集团有限公司、中铁二局集团有限公司、中铁三局集团有限公司、中铁四局集团有限公司、中铁五局集团有限公司、中铁十局集团有限公司、中铁十一局集团有限公司、中铁十二局集团有限公司、中铁二十一局集团有限公司等。

3. 轨道交通运营企业：如西安市轨道交通集团有限公司、济南轨道交通集团有限公司、北京市地铁运营有限公司、广州地铁集团有限公司、南京地铁集团有限公司、深圳市地铁集团有限公司等。

4. 地方铁路企业：如内蒙古集通铁路（集团）有限责任公司、江西赣榕地方铁路开发建设有限公司、河南铁路集团有限责任公司等。

5. 铁路设计企业：如中铁第一勘察设计院集团有限公司、中铁二院工程集团有限责任公司、中国铁路设计集团有限公司、中铁第四勘察设计院集团有限公司等。

注：以上机构信息仅供参考，不代表编写出版方对其推荐或认可。

八、牵引电力线路安装维护工的职业贯通发展

该职业的发展路径主要有四条：

1. 管理路线，即从普通员工晋升到车间主任 / 项目部经理，再晋升到供电段领导层 / 公司领导层，甚至铁路局领导 / 集团公司领导层。

2. 专家路线，即依托所从事的牵引电力线路技术背景不断提高技能水平，在职业技能上持续提升，成为领域专家，如从事高速铁路接触网施工的人员，可以成长为接触网技术专家。

3. 复合人才路线，即依托所从事的牵引电力线路技术背景，向其他行业跨越或职业转型，如从事接触网检修工作的技术人员，通过相关知识学习，可转型为高速铁路综合维修技术人员。

4. 创业路线，即基于个人兴趣爱好进行创新创业。

牵引电力线路安装维护工的职业贯通发展如图 6-29-02-13-04 所示。

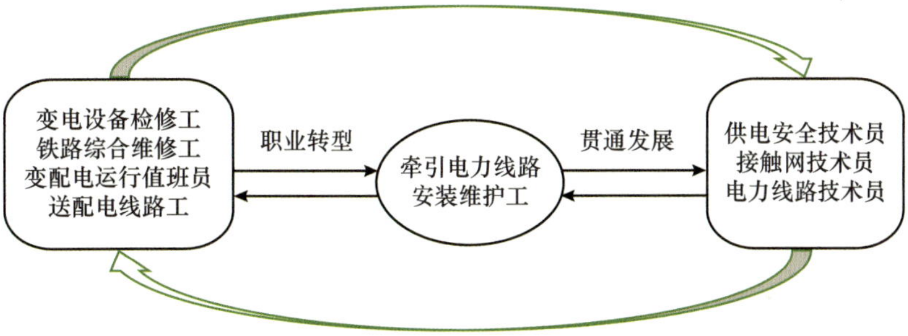

图 6-29-02-13-04　牵引电力线路安装维护工的职业贯通发展

九、牵引电力线路安装维护工的发展前景

从市场供需看。2020 年 8 月，中国国家铁路集团有限公司发布《新时代交通强国铁路先行规划纲要》，纲要明确，到 2035 年，全国铁路网运营里程将达到 20 万公里左右，其中高速铁路将达到 7 万公里左右。到 2050 年，全面建成更高水平的现代化铁路强国，全面服务和保障社会主义现代化强国建设。城市轨道交通方面，到 2035 年，中国城市轨道交通运营里程将达到 2 万公里，同时，市域铁路、地方铁路也会迎来大发展。轨道交通的建设和运营需要各工种密切配合，预计未来至少需要 100 万牵引电力线路安装维护工担负起相关重任。

从产业发展看。截至 2022 年 9 月底，我国铁路运营里程已达 15.3 万公里，99% 的 20 万以上人口城市都已被铁路网覆盖。截至 2022 年年底，我国已开通城市轨道交通的城市共有 53 个，运营里程已达到 9584 公里。大量的运营线路需要大量维护人员，牵引电力线路安装维护工作为轨道交通运营行业重要运营维护人员，需求量高达 30 万人，随着新建线路投入运营，需求量持续增加。从设计、制造、施工、运营等全产业看，需求量则更大，发展前景光明。

从政策红利看。国家“十四五”发展规划明确提出加快建设交通强国，完善综合运输大通道、综合交通枢纽和物流网络，加快城市群和都市圈轨道交通网络化。国家铁路局提出交通强国，铁路先行，铁路是关系国计民生的重要基础设施，是综合交通运输体系的骨干。“十四五”发展规划也明确指出，要依托辐射带动能力较强的中心城市，提高 1 小时通勤圈协同发展水平，培育发展一批同城化程度高的现代化都市圈。高速铁路、城市轨道交通、市域铁路依然是发展的热点，特别是碳达峰目标与碳中和愿景的提出，绿色环保依靠电力牵引的轨道交通必然成为建设交通强国非常重要的组成部分。

十、相关内容链接

国家职业标准：暂缺。

相关政策文件：见表 6-29-02-13-03。

表 6-29-02-13-03　牵引电力线路安装维护工相关政策文件

发布或通过时间	发布或通过机构	文件名称
2016 年 7 月	国家发展改革委等	《中长期铁路网规划》
2020 年 8 月	中国国家铁路集团有限公司	《新时代交通强国铁路先行规划纲要》
2022 年 3 月	中国国家铁路集团有限公司	《“十四五”铁路安全发展规划》

供稿：陕西铁路工程职业技术学院　王语园

铁路综合维修工

职业编码：6-29-02-16

当您乘坐风驰电掣般疾驰的高速铁路领略祖国的大好河山时，当大多数人还在梦乡时，他们却已经活跃在高速铁路线路的各个角落。他们昼伏夜出，披星戴月，穿梭在一条条高速铁路线路上，有的眼睛紧盯着高速铁路轨道线路上的各种病害，精心维修，以保证行车的平稳和安全；有的对铁路信号和相关控制设备进行定期保养、准确测试，以保证高速铁路线路上的各种信号设备完好，使火车运行时“耳聪目明”、调度精确；有的每天行走在 6 米高的接触网上，严格按规定时间对接触网设备进行检修，以保证高速铁路列车持续不断的电力供应。他们就是铁路综合维修工。

一、铁路综合维修工的一天

记录时间：2022 年 8 月 15 日　　**记录人：张某军**

下午工作情况

14 点至 16 点：

1. 工区点名，对凌晨作业的数据进行整理，更新编制维修台账，整理铁路维修资料并归档。（整理资料并归档）

2. 接收数据分析中心传递下来的轨检车波形图分析资料并确定维修方案。（资料数据分析）

3. 编制当日维修日计划。（编制计划）

16点至18点：

1. 利用铁路局内网系统上传当日维修计划，等候上级部门的批复。（上报计划）

2. 根据维修计划，安排任务、确定人员分工。（安排任务）

3. 根据作业场所的远近，安排车辆和司机，通知库房管理人员准备相应材料机具。（材料机具准备）

夜间工作情况

23点至24点：

1. 工区报到。（签到）

2. 开班前会，施工负责人进行人员分工、当天工作任务布置、安全教育，强调安全注意事项。（开班前会，安全教育）

3. 按照分工安排领取当日维修材料和工机具，并检查工机具状态是否完好。（检查工机具）

4. 坐车前往作业地点，施工负责人安排专人在车站或调度所进行登记，进入高速铁路线路入口处要求所有人员列队、材料工机具摆放整齐进行拍照。（上道登记）

24点至3点30分：

1. 按照分工，线路维修人员按照维修任务安排查找铁路线路上的病害处所，并进行钢轨及零配件的维修或更换。（线路病害维修）

2. 信号设备维修人员负责对铁路信号设备进行安装、维护、测试，精心检修铁路线路和车站处的信号设备。（信号设备维护）

3. 接触网维修人员对接触网设备进行巡视检查并维修，并严格按规定时间对接触网设备进行检修。（供电设备维护）

3点30分至5点：

1. 施工负责人进行维修后的质量检查。（维修质量检查）

2. 作业人员检查工机具及换下的零配件有无遗漏在铁路线路上的情况。

（安全检查）

3. 确认质量合格，无工机具遗落，施工负责人安排专人在车站或调度所进行销记，撤出线路，所有作业人员列队、工机具摆放整齐拍照并上传照片。（销记）

4. 返回工区进行班后总结。（班后总结）

二、什么是铁路综合维修工

职业定义。铁路综合维修工是从事铁路线路、路基、桥涵、隧道、信号、牵引供电接触网及附属设备检测、施工、养护、维修的人员。

定义解读。铁路线路、路基、桥涵、隧道是构成支撑铁路安全行车的基础设施，养护维修人员需要定期或不定期地对这些设施进行巡检、维修保养、更换施工等作业，以确保行车的安全；铁路信号设备是火车的“眼睛”，24 小时不间断地指挥着列车运行，养护维修人员需要对铁路信号的相关设备进行安装、维护、测试，精心检修铁路线上的信号设备，以保证调度命令和信号传达的准确性；接触网是高速铁路运行的动力保障，因此需要养护维修人员按规定时间对接触网设备进行检修，确保铁路供电安全稳定，让一列列动车组、电力机车顺利通过。

关联职业。密切相关的职业有安全防护员、材料员。安全防护员是铁路综合维修工上道作业前后在车站或调度所进行登记和销记的人员，负责向现场作业负责人通报列车运行情况以及在作业现场负责现场的安全防护，防止在作业过程中有列车进入作业现场，保证作业过程中人员安全。材料员负责维修台账的整理、记录和归档，负责上级部门文件的接收和传达。

相应岗位。铁路线路维修工、铁路探伤工、铁路桥隧维修工、铁路网线维修工、铁路信线维修工、铁路房建设备巡检维修工等。

三、铁路综合维修工的主要工作职责

1. 负责采集并上报铁路线路钢轨的轨距、水平、前后高低、轨向等数据，检查线路轨道零配件的损坏和缺失情况；现场查找轨道病害并通过更换维修等方式进行病害处理，如图 6-29-02-16-01 所示。

图 6-29-02-16-01　线路轨道零配件检查

2. 负责对管辖范围内铁路信号设备的巡视检查并上报相应情况，结合维修计划对铁路信号设备进行日常养护、应急处置、施工配合等。

3. 负责对管辖范围内的铁路牵引供电接触网设备的巡视检查并上报相应情况，结合维修计划对铁路牵引供电接触网进行日常养护、值班值守、应急处置、施工配合等。

4. 负责对管辖范围内铁路通信设施的检查和维修，如图 6-29-02-16-02 所示。

图 6-29-02-16-02　铁路通信设施检查和维修

5. 负责制订并上报每天的维修计划，根据基础施工段或维修车间批准下达的维修计划进行人员分工和任务安排，负责更新铁路维修设备台账和维修记录。

6. 负责每天上道作业之前在调度所或车站进行登记，完成维修作业之后进行销记。

四、铁路综合维修工的薪酬福利待遇

平均薪酬水平。铁路综合维修工的工资构成主要分为基本工资和绩效工资两部分。目前，全国铁路综合维修工的工资差异较大，与各铁路局的经济效益、所处地域、岗位技能和学历要求等有密切关系。以大专学历的铁路综合维修工为例，宁夏银川、云南昆明、安徽合肥从业人员的平均工资分别为6817元/月、8123元/月、12368元/月。即便是同一个铁路局，所处地域不同，工资差异也是比较大的，以中国铁路上海局集团有限公司为例，上海高铁基础设施段、合肥高铁基础设施段、芜湖工务段人员的平均工资分别为16000元/月、12000元/月、8000元/月左右（本数据来源是分别在上述每个单位找5名获中级工资格的职工取其工资平均值，不一定十分准确）。

与类似职业对比。根据综合统计数据，该职业岗位薪酬为8000~12000元/月，一般要高于城市轨道线路工以及普通铁路线路工的薪酬，见表6-29-02-16-01。

表6-29-02-16-01 类似职业薪酬水平

职业名称	薪酬水平（元/月）
城市轨道线路工	4500~6500
普通铁路线路工	5000~7000

五、从事铁路综合维修工工作需要哪些本领

铁路综合维修工需要具备的知识和技能见表 6-29-02-16-02。

表 6-29-02-16-02　铁路综合维修工需具备的知识和技能

职业功能	工作内容	知识和技能要求
设备检查与维护	对铁路线路、路基、桥涵、隧道、信号系统、供电设备等进行定期或不定期的巡视检查；对铁路基础设施的一般性养护维修、病害整治和处理等	掌握信号系统、供电设备等基础设施的类型、结构、功能及运行原理；了解这些设施在铁路系统中的作用和相互关系，能够对设备进行定期或不定期的巡视检查；根据巡视检查结果，对发现的问题进行日常养护
应急处理	在铁路设备出现故障或突发情况时，迅速响应并采取有效的应急措施	掌握“铁路技术管理规程”“铁路工务安全规则”等规章制度；在铁路发生设备故障或突发情况时，能够迅速响应，并进行应急处置，减少故障对铁路运输的影响
数据采集与分析	利用专业设备和技术手段，采集铁路现场信号系统及供电设备的数据；对采集到的数据进行整理和分析	能够进行铁路基础设施的数据采集、分析；掌握现场信息采集的能力
施工配合	在铁路基础设施的施工或维护中，配合不同作业队伍进行相关工作	熟悉工务、电务、供电等专业的基本要求，具备良好的团队合作能力，能够与其他工作人员密切合作
安全防护与管理	负责铁路基础设施施工或养护维修作业现场的安全防护工作，确保作业过程中的人员、设备和行车安全	熟悉现场作业的安全规定和要求；具备安全防护的能力

六、铁路综合维修工的专业教育现状

（一）相关专业

目前已有较多院校开设了与该职业相关的专业，涉及普通本科院校、职业院校等。普通本科院校相关的专业包括铁道工程、轨道交通信号与控制、电气工程及其自动化。职业院校相关专业有高速铁路综合维修技术、铁道工程技术、高速铁路施工与维护、铁道信号自动控制、铁道供电技术等。

（二）开设相关专业的院校（排名不分先后）

★ 相关院校：西南交通大学、北京交通大学、中南大学、兰州交通大学、石家庄铁道大学、大连交通大学、华东交通大学等。

◆ 相关院校：陕西铁路工程职业技术学院、湖南铁道职业技术学院、郑州铁路职业技术学院、石家庄铁路职业技术学院、黑龙江交通职业技术学院、吉林铁道职业技术学院、辽宁铁道职业技术学院、包头铁道职业技术学院、天津铁道职业技术学院、安徽职业技术学院、广州铁路职业技术学院、湖南高速铁路职业技术学院等。

▼ 相关院校：贵阳铁路工程学校、郑州铁路技师学院、太原铁路机械学校、凉山州职业技术学校、哈尔滨铁道技师学院、石家庄城市建设学校、成都市工业职业技术学校、合肥铁路工程学校等。

七、铁路综合维修工的就业创业信息

该职业从业人员遍布全国各地，包括 18 个铁路局集团公司、地方铁路公司和城市轨道交通运营公司，以及为国家铁路、地方铁路和城市轨道交通运营公司等提供技术服务和协助的企业。

吸纳铁路综合维修工就业较多的用人单位主要有：

1. 中国国家铁路集团有限公司下属的 18 家铁路局集团公司：如中国铁路北京局集团有限公司、中国铁路上海局集团有限公司、中国铁路哈尔滨局集团有限公司、中国铁路沈阳局集团有限公司、中国铁路西安局集团有限公司、中国铁路郑州局集团有限公司、中国铁路兰州局集团有限公司、中国铁路青藏集团有限公司等。

2. 地方铁路公司：如山东高速轨道交通集团有限公司、陕西铁路物流集团有限公司、广梅汕铁路有限责任公司、四川省铁路集团有限责任公司等。

3. 劳务派遣公司：如湖北通衢人才服务有限公司、陕西信兴铁路人力资源管理有限公司、云南伯联建筑有限责任公司、广东三骏轨道交通工程有限公司等。

注：以上机构信息仅供参考，不代表编写出版方对其推荐或认可。

八、铁路综合维修工的职业贯通发展

铁路综合维修工的职业发展路径多样，可以根据个人兴趣和能力选择不同的方向。该职业的发展路径主要有四条：

1. 管理路线，即从铁路综合维修工晋升至技术员、车间副主任、车间主任，甚至高速铁路基础设施段副段长、段长等。这需要不断提升管理和领导能力。

2. 专家路线，即在职业生涯中不断提高技能水平，逐步晋升为初级工、中级工、高级工、技师、高级技师等。这需要持续学习和实践，成为铁路综合维修领域的专家。

3. 复合人才路线，即在积累了丰富的铁路维修经验后，可以考虑向其他行业跨足或进行职业转型，如材料员、防护员等。

4. 创业路线，即基于个人兴趣爱好和创新创业欲望，可以开设相关的维修公司，为铁路维修提供专业服务。

铁路综合维修工的职业贯通发展如图 6-29-02-16-03 所示。

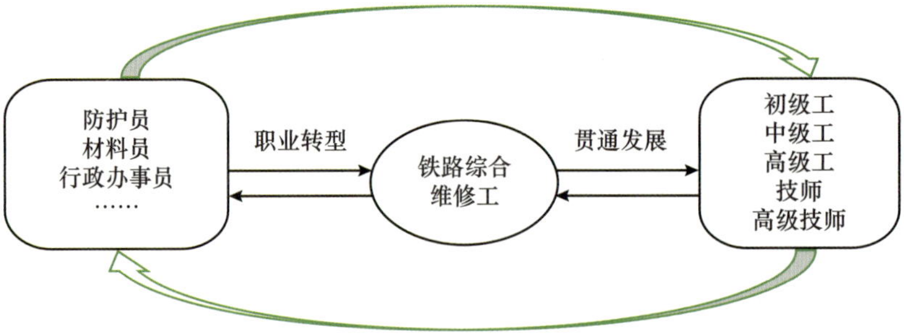

图 6-29-02-16-03　铁路综合维修工的职业贯通发展

九、铁路综合维修工的发展前景

从市场供需看。截至2022年年底，我国铁路总里程达到15.5万公里，其中高速铁路4.2万公里。根据公职资讯网公布的2022年铁路系统招聘公告信息显示，2022年全国铁路系统共招聘员工51604名。随着我国高速铁路里程数量的日益增长，铁路综合维修工存在着巨大缺口，全国18个铁路局集团公司都面临着综合维修工数量不足的情况，招聘人数在逐年上涨。全国有28个省市均在2021年陆续发布有关铁路建设发展的指导意见或发展目标，促进各地区铁路在全国交通运输网络中发挥骨干枢纽的作用，向国际领先的现代化铁路强国迈进，因此铁路综合维修工的缺口依然较大。

从行业发展看。国务院印发的《"十四五"现代综合交通运输体系发展规划》指出，到2025年，综合交通运输基本实现一体化融合发展，智能化、绿色化取得实质性突破，综合能力、服务品质、运行效率和整体效益显著提升，交通运输发展向世界一流水平迈进。铁路营业里程达到16.5万公里，其中高速铁路营业里程达到5万公里。根据我国《中长期铁路网规划》，到2030年，远期铁路网规模将达到20万公里左右，其中高速铁路4.5万公里左右，年均增速达2%左右。2020年中国国家铁路集团有限公司颁布的《新时代交通强国铁路先行规划纲要》中指出，到2035年，我国高铁运营里程要达到7.0万公里左右，50万人口以上城市高速铁路通达。

从政策红利看。2017年，中国铁路总公司下发了《关于推进高速铁路综合维修生产一体化管理的指导意见》，明确提出了铁路综合维修工的推广和应用。2019年，中国国家铁路集团有限公司专门下发了《关于进一步深化高速铁路综合维修生产一体化站段改革的指导意见》，部署设置高速铁路基础设施段。中国国家铁路集团有限公司细化用工管理，要求按照创新劳动组织、多专业融合的原则，在综合维修车间设立高速铁路综合维修工，鼓励培养一岗多能、一专多能人才。2023年国务院办公厅下发了《关于优化调整稳就业政策措施全力促发展惠民生的通知》，明确提出了支持国有企业扩大招聘规模。

十、相关内容链接

国家职业标准： 暂缺。

相关政策文件： 见表 6-29-02-16-03。

表 6-29-02-16-03　铁路综合维修工相关政策文件

发布或通过时间	发布或通过机构	文件名称
2016 年 7 月	国家发展改革委等	《中长期铁路网规划》
2020 年 8 月	中国国家铁路集团有限公司	《新时代交通强国铁路先行规划纲要》
2021 年 12 月	国务院	《“十四五”现代综合交通运输体系发展规划》

供稿：陕西铁路工程职业技术学院　周永胜

机械设备安装工

职业编码：6-29-03-01

有一群人，他们能够根据机械设备图纸，按照设计要求准确理解机械结构、尺寸标注、公差要求、装配关系等，以扎实的知识和熟练的技能进行机械设备装配，他们使用专用检测仪器对机械设备进行联动调试，使机械设备能够高效、可靠、安全地运转。他们就是机械设备安装工。机械设备安装工是制造业中承担机械设备安装、调试和维修等工作的专业技术人员。他们能够准确完成从机械设备图纸到实物的转化，是实现机械设备设计与生产对接的关键纽带。他们拥有扎实的专业技能和精益求精的工作态度，是制造业质量水平得以提升的重要保证。他们需要学习新技术新工艺，不断更新知识结构，胜任设备更新迭代的现代制造业。他们用智慧和汗水支撑起了制造业的发展，是保证机械设备产品质量和生产效率的重要力量。

一、机械设备安装工的一天

记录时间：2023 年 7 月 31 日 **记录人：赵某**

上午工作情况

8 点至 9 点：

1. 来到工厂，查看今日的机械设备安装任务单和图纸。（查看任务）
2. 和主管确认设备安装位置，进行场地准备工作。（工作准备）
3. 领取设备安装所需的工具，进行清点和检查。（领取工具）

9点至10点：

1. 使用起重机将机械设备主体从运输车上吊运至定位场地。（主体定位）

2. 根据机械设备装配图纸上的位置和高度要求，通过起重机精确调整机械设备主体的位置和水平度，使底座四角完全接触地面。（调整水平度）

3. 使用专门的机械设备搬运机，细致调整机械设备主体的位置，使其达到图纸定位的高精度要求。（精确定位）

10点至11点：

1. 仔细检查机械设备底座与地面接触面的清洁情况，发现有灰尘或油渍则需要先进行清理处理，以保证两者间的可靠接触。（清洁接触面）

2. 使用扳手拧紧连接机械设备底座与地面的螺栓，确保底座牢固接地。（拧紧连接螺栓）

3. 按规定的力矩要求，使用扭矩扳手精确拧紧每一个连接螺栓，防止过松或过紧。（精确拧紧）

11点至12点：

1. 机械设备底座安装就位后，开始安装驱动主轴运转的主轴电机，这是机械设备的核心部件。（安装主轴电机）

2. 按照电气控制图的连接要求，准确无误地连接电机的输入电源线和信号线。（连接电机线路）

3. 使用扭矩扳手检查主轴电机固定螺栓的拧紧力矩，确保电机牢靠固定在机械设备上。（检查拧紧程度）

下午工作情况

14点至15点：

1. 对机床主轴的皮带轮、齿轮等进行组装，建立起完整的主轴传动系统。（安装传动系统）

2. 通过微调传动齿轮的间隙和位置，精确实现图纸要求的间隙大小，保证传动系统的正确匹配。（调整传动间隙）

3. 手动转动传动系统，检查传动是否灵活顺畅、运动是否平稳。（检查传动系统）

15 点至 16 点：

1. 传动系统组装完成后，进行无负载空转的试运转测试。（空载试运转）

2. 使用转速表检测机械设备主轴在各挡位下的实际转速是否达到设计指标要求。（测试转速）

3. 在运转过程中仔细聆听，检查有无异常的噪声发生，以找出问题。（检查异常噪声）

16 点至 17 点：

1. 开始安装机械设备的工作台部分，这将直接影响加工的精度。（安装工作台）

2. 根据不同加工工件的要求，精确调节工作台的高度。（调整工作台高度）

3. 测试工作台在机械设备上的移动灵活性，确认其是否可依需求灵活定位。（检查工作台）

17 点至 18 点：

1. 各关键部件安装就位后，对机械设备进行全面的无载和负载功能试运行测试，如图 6-29-03-01-01 所示。（功能试运行）

2. 通过试验加工样品，检查机械设备的实际工作精度是否达到设计指标要求。（检查工作精度）

3. 记录各项功能的运行参数，编制机械设备的调试报告。（编制调试报告）

图 6-29-03-01-01 机械设备功能试运行

二、什么是机械设备安装工

职业定义。机械设备安装工是使用工具、机具、检测器具等，安装、调试机械设备、生产线和静置设备，制作、安装非标准设备的人员。

定义解读。机械设备安装工主要负责使用各种工具、仪器和检测设备，对机械设备、生产线和固定设备进行安装、调试和维护工作。他们需要按照设计图纸和操作规程，正确组装机械部件，完成机械传动、管路、电气等系统的连接。在安装过程中，还要进行参数调整和设备调试，确保设备能正常稳定运行。此外，机械设备安装工还会根据实际需要，设计和制作一些非标准化的机械装置。

关联职业。机械设备安装工与机械设计工程师、机械制造工人、电工、机械维修工、工装师以及测量员等职业密切相关。机械设计工程师负责提供设备的设计图纸；机械制造工人生产设备的各个部件；电工进行设备电路连接；机械维修工在机械安装后进行保养；工装师提供各类工装夹具；测量员提供精密测量支持。各相关职业人员通力配合，以确保机械设备的正确安装和正常运行。

相应岗位。可以在工厂车间担任机械安装工、设备调试工等，也可以在机械设备供货公司担任机械安装工程师、现场技术人员等。

三、机械设备安装工的主要工作职责

1. 进行设备开箱检查，确认运输途中各部分无损坏情况，根据装配图要求进行定位，调整设备的垂直度和水平度，进行管路接口的试装配，完成电气系统的连接并测试，确保设备的各项条件就绪，为后续的详细安装调试做好准备。

2. 识记设备的安装工程图纸，充分理解其结构布置、接口位置等细节，明确设备的各项技术指标、工艺要求和使用条件，同时认真学习相关的安全施工规范，做到施工过程中操作规范，确保人身和设备安全。

3. 对定制的非标准设备，需要进行设计并制作，使用各类机械工具进行精确拼装，控制各部分间隙和位置公差，进行管路、电气和信号系统的连接，检查所有接口是否密封，确保设备组装质量达到设计要求。

4. 在组装完成后，进行设备的自检和空载调试，调试各项功能；与其他相关联动设备一起调试，确认协同动作正常；还需要配合使用方，在实际负载条件下进行试运行，记录相关技术参数，确保设备运行达到设计指标要求。

5. 在设备运行过程中，出现各种故障时能及时判断原因，通过维修或更换零部件来排除故障。

6. 需要做好设备从安装到运行的各个阶段的详细记录，包括部件清单、操作步骤、运行参数等，形成完整的设备档案。

四、机械设备安装工的薪酬福利待遇

平均薪酬水平。随着我国制造业的发展，各类机械设备的安装调试工作日益重要，机械设备安装工作为关键的专业技术岗位，其薪酬水平也逐步提高。机械设备安装工的平均月薪水平为 5000~8000 元，处于制造业技术工种中的中上水平。

与类似职业对比。相比普通制造业工人 3000~5000 元的月薪，机械设备安装工的收入较高，为 5000~8000 元 / 月，这与其较强的专业技能要求相关。机械设备安装工需要掌握机械制图、机械原理等专业知识，独立完成机械安装调试全过程，担负着重要职责。与机械设计师、机械工程师等专业技术岗位相比，机械设备安装工的收入略低，但仍高于一般普通制造业工人。可以看出，技能型人才在制造业中的地位逐步提升，机械设备安装工作为其中的典型代表，其薪酬水平也体现了社会对其专业技能的认可程度，见表 6−29−03−01−01。

表 6-29-03-01-01　类似职业薪酬水平

职业名称	薪酬水平（元 / 月）
普通制造业工人	3000~5000
机械设计师	10000~12000
机械工程师	10000~12000

五、从事机械设备安装工工作需要哪些本领

该职业从业人员需具备的知识和技能有：机械制图识图能力、设备安装基本

知识、设备程序调试技能、解决设备故障问题技能。

根据《机械设备安装工国家职业技能标准》，该职业需具备的知识和技能见表 6-29-03-01-02。

表 6-29-03-01-02　机械设备安装工需要具备的知识和技能

职业功能	工作内容	知识和技能要求
机械制图识读能力	机械制图识读	通晓机械制图知识，准确理解机械图纸
	了解机械原理	掌握机械原理、机械零件用法
设备安装基本知识	了解设备安装材料	掌握常用金属材料、非金属材料指标参数
	进行设备安装	熟悉设备安装工艺过程，安装机械结构和电气管路系统
设备程序调试	进行设备调试	掌握设备原理及电路原理，进行设备调试
	进行设备程序配置	掌握设备原理及电路原理，进行设备程序配置
解决设备故障问题	定位设备故障	能够诊断设备故障
	解决设备故障	设备维修拆装能力

六、机械设备安装工的专业教育现状

（一）相关专业

机械设备安装工的专业背景主要集中在机械制造和机械电子控制两个方面。目前已有较多普通本科院校和职业院校开设了与该职业相关的专业。普通本科院校相关专业有机械设计制造及其自动化、机械工程、机械电子工程等。学生通过系统的理论教学，可以掌握机械设计、制造、控制等方面的知识。职业院校相关专业有机械制造及自动化、机械制造技术、机械加工技术、机电设备技术等。职业院校更加强调学生动手实践能力的培养，使其可以获得直接的操作经验。

（二）开设相关专业的院校（排名不分先后）

★ 相关院校：清华大学、哈尔滨工业大学、上海交通大学、浙江大学、华南理工大学、武汉理工大学、湖南大学、西北工业大学、大连理工大学、南京大学等。

◆ 相关院校：北京工业职业技术学院、广东机电职业技术学院、聊城职业技术学院、天津职业技术师范大学、西安航空职业技术学院、湖南机电职业技术学院、北京现代职业技术学院、上海电机学院、浙江机电职业技术学院、四川机电职业技术学院、广西机电职业技术学院等。

七、机械设备安装工的就业创业信息

该职业从业人员主要分布在我国东部沿海省份如山东、广东、浙江的机械制造业集群，中部省份如湖北的交通运输设备生产基地，陕西的能源设备生产基地，河南的电子电器产品生产基地，东北省份如黑龙江、辽宁的重型工业机械设备基地。这些地区汇集了完整的机械产业链条，大量机械设备制造企业对机械设备安装工有持续需求。机械设备安装工既服务于传统机械设备制造业，也服务于新兴的高端机械设备制造领域，是承接机械产业转型升级的重要技术人才。

就业方式上，机械设备安装工可以通过高等教育或者职业教育，毕业后直接进入相关企业。该职业从业人员主要分布在机械制造行业、工业行业、交通运输行业、能源制造行业、电子行业。

吸纳机械设备安装工就业较多的用人单位主要有：

1. 机械制造行业：如潍柴动力股份有限公司、威海中远海运重工科技有限公司、中车青岛四方机车车辆股份有限公司、潍坊亚星化学股份有限公司、日照吉龙风电有限公司、珠海格力电器股份有限公司、美的集团股份有限公司、TCL 科技集团股份有限公司、海信家电集团股份有限公司、无锡小天鹅股份有限公司、宁波中集物流装备有限公司、舟山市定海海螺机械厂、经纬纺织机械股份有限公司等。

2. 工业行业：如中国东方电气集团有限公司、武汉华中数控股份有限公司、武汉霍夫堡工程技术有限公司、武汉德正伟业科技有限公司、武汉新世纪商汇金属材料市场股份有限公司、大连重工有限公司、大连船舶工业公司、大连宏达重型机床附件厂、郑州第二机床厂、郑州煤矿机械集团有限公司、河南卓辰机械科技有限公司、中船海洋与防务装备股份有限公司、重庆丰华股份有限公司等。

3. 交通运输行业：如中国南车股份有限公司、中国北车股份有限公司、中国商用飞机有限责任公司、上海电气集团股份有限公司、中车青岛四方机车车辆股份有限公司等。

4. 能源制造行业：如中国东方电气集团有限公司、上海电气集团股份有限公司、东方汽轮机有限公司、哈尔滨电气集团有限公司、天津国新新能源有限公司等。

5. 电子行业：如富士康科技集团有限公司、中兴通讯股份有限公司、海尔集团公司、TCL 科技集团股份有限公司、海信家电集团股份有限公司等。

注：以上机构信息仅供参考，不代表编写出版方对其推荐或认可。

八、机械设备安装工的职业贯通发展

机械设备安装工的职业发展路径主要有四条：

1. 管理路线，即从员工晋升至组长、项目经理等中层岗位，再晋升到分管领导、技术负责人等单位领导层，甚至往高级领导职务发展。

2. 专家路线，即不断提高技能水平，在职业等级上不断晋升，从机械设备安装工（初、中、高级），到工程师，再到技术专家、技术总监、首席技术官，成为机械设备领域专家。

3. 复合人才路线，即向其他行业跨越或职业转型，如通过学习相关知识和技能转型成为电气工程师、机电工程师、机械工程师等，与专业技术岗位横向贯通。

4. 创业路线，即基于个人资源能力进行创新创业。

机械设备安装工的职业贯通发展如图 6-29-03-01-02 所示。

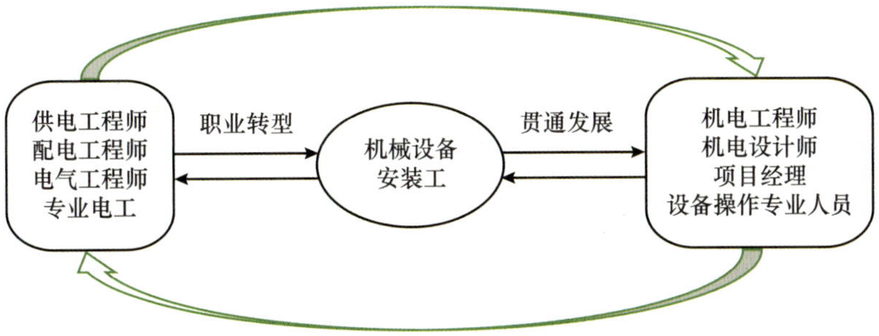

图 6-29-03-01-02 机械设备安装工的职业贯通发展

九、机械设备安装工的发展前景

从市场供需看。从制造业发展的市场供需情况看，作为制造业大国，中国的机械制造业属于典型的劳动密集型产业，大量技术熟练的操作工人是不可或缺的。在提升工程机械的技术水平方面，《加快推进传感器及智能化仪器仪表产业发展行动计划》旨在提高高端装备的智能化、自动化、国产化水平。《中国制造 2025》针对工程机械，组织攻克一批长期困扰产品质量提升的关键共性质量技术。此外《中共中央 国务院关于全面振兴东北地区等老工业基地的若干意见》《中共中央 国务院关于开展质量提升行动的指导意见》《2030 年前碳达峰行动方案》等都对工程机械的高质量发展提出了技术方面的要求。当前，中国制造业正处于持续升级中，对智能制造的需求日益增长，需要对大量先进的机械设备进行安装和调试，机械设备安装工是制造业发展所需要的重要技术力量，他们是连接传统机械制造业与智能制造的重要纽带，市场对这一专业人才的需求量会持续增大。

从产业发展看。我国正大力发展装备制造业，未来装备投资额将持续增长。杭州中经智盛市场研究有限公司发布的《2022—2026 年机械设备市场现状调查及发展前景分析报告》显示，科技成果向产业转化的比例偏低，目前约为 10%，与发达国家 30%~40% 的科技成果转化率相比有较大差距。中共中央、国务院印发《质量强国建设纲要》，纲要指出，到 2025 年，质量整体水平进一步全面提高，中国品牌影响力稳步提升。经济发展质量效益明显提升，产业质量竞争力持续增强，建成一批具有引领力的质量卓越产业集群；产品、工程、服务质量水平显著提升，品牌建设取得更大进展，并形成一大批质量过硬、优势明显的中国品牌。随着生产设备更新迭代，对机械设备安装的需求将持续扩大，机械设备安装工发展空间广阔。

从政策红利看。在国家工程机械政策方面，主要有两个方面的发展趋势，分别是绿色转型升级与提升工程机械的技术水平。在绿色转型升级方面，《关于支持民营企业加快改革发展与转型升级的实施意见》提出要进行绿色高效发展，推进老旧农业机械、工程机械及老旧船舶更新改造。《关于全面加强生态环境保护坚决打好污染防治攻坚战的意见》明确鼓励淘汰老旧船舶、工程机械和农业机械。《关于深入推进新型工业化产业示范基地建设的指导意见》旨在加快工程机械、农业机械等传统优势领域示范基地的转型升级。我国先后出台了《中国制造 2025》《智能制造发展规划（2016—2020 年）》《“十三五”国家战略性新兴产业发展规划》《高端智能再制造行动计划（2018—2020 年）》《促进新一代人工智能产业发展三年行动计划（2018—2020 年）》等重要文件，并以此形成了制造强国战略政策体系。除了国家层面出台政策外，各省市也相继出台了相关政策促进工程机械产业的发展。这为机械设备安装工的成长提供了政策支持，有利于吸引更多人才加入，提升行业发展。

十、相关内容链接

国家职业标准：扫码即可查看。

相关政策文件：见表 6-29-03-01-03。

表 6-29-03-01-03　机械设备安装工相关政策文件

发布或通过时间	发布或通过机构	文件名称
2015 年 5 月	国务院	《中国制造 2025》
2017 年 9 月	中共中央、国务院	《中共中央　国务院关于开展质量提升行动的指导意见》
2023 年 2 月	中共中央、国务院	《质量强国建设纲要》

供稿：武汉市城市道路桥隧事务中心　赵光

电梯安装维修工

职业编码：6-29-03-03

有城市的地方就有高楼，有高楼的地方就有电梯，它与人们的生活息息相关。高层写字楼里的白领们可以轻松上下班，商场内顾客们可以轻松地上下楼购物，工地上工人可以及时地将物料运送到高处的施工现场，这都是电梯带给我们的便利。电梯已成为我们日常生活中不可或缺的一种工具，当电梯维修而不得不爬楼梯回家时，当电梯突发故障人员被困轿厢时，都很影响正常工作生活，正是电梯安装维修工的及时维护，确保公众的安全。因此，有电梯的地方就时刻需要他们。图 6-29-03-03-01 为电梯安装维修工对电梯突发故障进行检修。

图 6-29-03-03-01　电梯突发故障检修

一、电梯安装维修工的一天

记录时间：2023 年 3 月 20 日　　记录人：朱某杰

上午工作情况

8 点 30 分至 9 点：

1. 与物业人员沟通说明今天需要保养的电梯和保养内容。（保养交底）

2. 准备好今天保养所需要的工具、材料等。（工料准备）

3. 小组人员进行作业前的 KY（危险预知演练），并做好记录。（安全教育）

4. 今日作业内容为井道检查及轿顶保养。（明确任务）

9 点至 10 点：

1. 进入轿顶观察轿顶的基本卫生情况及轿厢排风扇的运行情况。（轿顶轿厢检修）

2. 检查轿顶导轨润滑装置（油杯）的油量情况，是否达到标准的三分之二。（轿顶检修）

3. 检查轿顶检修箱内的卫生情况，线头松紧。（轿顶检修）

10 点至 11 点：

1. 电梯检修慢速上行，动作限位，检查上极限开关是否动作灵活且生效。（限位检修）

2. 电梯下行至合适位置，检查轿门门锁的触点压量，开关门情况。（轿门检修）

11 点至 12 点：

进入轿顶，电梯检修慢速下行，检查每层楼的门锁，开关门异响情况，并对其做出调整。（厅门检修）

下午工作情况

14 点至 15 点：

1. 将电梯检修开至对重区域时，检查对重油杯油量。（对重润滑检修）

2. 检查对重块压紧情况，是否晃动。（对重块检修）

3. 检查对重补偿链二次保护。（补偿链检修）

4. 检查对重反绳轮是否积攒油泥。（反绳轮检修）

15 点至 16 点：

1. 继续检修下行检查厅门锁钩自闭力。（厅门检修）

2. 检查厅门滑块磨损情况。（厅门检修）

16 点至 17 点：

1. 检查电梯随行电缆，有无表面破皮，是否刮擦井道壁。（电缆检修）

2. 检查井道照明是否正常。（井道检修）

3. 检查限速器钢丝绳绳夹螺丝是否紧固，钢丝绳表面是否锈蚀。（钢丝绳检修）

17 点至 18 点：

1. 收拾工具，恢复作业现场。（离场整顿）

2. 乘坐电梯体验运行状况。（现场测试）

3. 填写保养记录表，交至物业签字确认。（资料记录）

二、什么是电梯安装维修工

职业定义。电梯安装维修工是使用工具、夹具、量具、检测仪器及设备，安装、调试、维修、改造电梯的人员。

定义解读。电梯安装是指电梯各个部件的组装、电梯轿厢的固定、电梯门的安装等。电梯调试是指装配完成后检查电梯的速度、平层精度、启停性能等，确保在使用电梯过程中的舒适度和安全性。电梯维修是指排除电梯故障，用相应的新零件更换旧零件或加工、修理旧零件，还包含日常维护保养工作，如清洁、润滑、检查电梯的各个部分是否正常工作等，以确保电梯的长期稳定运行。电梯改造是指采用更换、调整、加装等作业方法，改变原电梯主要受力结构、机构（传动系统）或控制系统，致使电梯的性能参数与技术指标发生改变的活动。

关联职业。密切相关的职业有特种设备检验检测工程技术人员、特种设备管理和应用工程技术人员。特种设备检验检测工程技术人员是从事特种设备制造、安装、改造、维修过程监督检验、型式试验，用设备定期检验、无损检测的工程技术人员。特种设备管理和应用工程技术人员是从事特种设备管理和应用、维护技术指导的工程技术人员。

相应岗位。电梯安装工、电梯维修工等。

三、电梯安装维修工的主要工作职责

电梯是现代建筑中不可或缺的一部分，因此，电梯安装维修工的角色非常关键。电梯安装维修工的工作不仅局限于电梯的安装和维修，他们还负有确保公众安全的重要责任，除了安装和维修，还需要在安全教育、风险评估、应急响应等方面承担相应职责。电梯安装维修工的主要工作职责如下：

1. 安装、调整电梯曳引机、补偿钢丝绳及其张紧装置、导轨、地坎、层门装置及层门门扇、限速器与张紧轮、缓冲器、轿厢、对重及反绳轮、门机装置、轿门及门保护装置。

2. 敷设机房内的线槽、线管和电线电缆，安装井道、轿厢、底坑等系统的电气装置和电线电缆。

3. 安装自动扶梯和自动人行道桁架、梯级、梯路导轨与扶手带装置。

4. 安装、调整自动扶梯、自动人行道电缆、开关等电气设备。

5. 使用电梯加速度测试仪，进行电梯加、减速度检测。

6. 进行电梯平衡系数试验、曳引力试验、运行噪声测试、运行速度测试、超速保护装置可靠性试验。

7. 检查和维修曳引机、控制柜、导轨、层门召唤及显示系统、曳引绳、层轿门、补偿装置、端站开关、随行电缆、轿厢、对重装置、底坑设备和安全保护装置等，处理故障。

8. 检查自动扶梯和自动人行道运行状况，排除停梯等故障。

四、电梯安装维修工的薪酬福利待遇

平均薪酬水平。根据看准网统计数据，电梯安装维修工 2021—2023 年的平均薪酬在 6300 元 / 月左右，在统计的 45704 份样本中，薪酬在 2000~7000 元 / 月水平人员占 72%，7000~11000 元 / 月水平人员占 25%，11000 元 / 月以上水平人员占 3%。

与类似职业对比。根据看准网 2023 年数据，电梯安装维修工薪酬为 2000~11000 元 / 月，高于特种设备检验检测工程技术人员的薪酬（2000~10000 元 / 月），低于特种设备管理和应用工程技术人员的薪酬（2000~16000 元 / 月），见表 6-29-03-03-01。

表 6-29-03-03-01　类似职业薪酬水平

职业名称	薪酬水平（元 / 月）
特种设备检验检测工程技术人员	2000~10000
特种设备管理和应用工程技术人员	2000~16000

五、从事电梯安装维修工工作需要哪些本领

根据《电梯安装维修工国家职业技能标准》，该职业需具备的知识和技能见表 6-29-03-03-02。

表 6-29-03-03-02　电梯安装维修工需具备的知识和技能

职业功能	工作内容	知识和技能要求
安装调试	曳引驱动乘客电梯安装调试； 自动扶梯设备安装调试	能检查、调整曳引轮与导向轮的垂直度、平行度； 能调试检修运行功能； 能根据土建布置图，复核井道的垂直度和各层站门洞位置； 能安装悬挂比为 2 ∶ 1 电梯的曳引钢丝绳； 能安装、调整安全钳及联动机构、导靴； 能安装轿门门刀、调整门刀与门锁滚轮、地坎的间隙； 能调试扶手带的运行速度； 能安装电气主电源，接通主电源与控制柜的电气线路

续表

职业功能	工作内容	知识和技能要求
诊断修理	曳引驱动乘客电梯诊断修理； 自动扶梯设备诊断修理	能使用拉马器等工具更换、调整主机、曳引轮、导向轮、主机减振垫； 能通过修改驱动参数，调整电梯运行抖动、噪声； 能检查、修理控制柜内各电气线路与电气元件、控制系统通信功能、速度控制、位置控制及电梯启动、加减速度、停止逻辑控制的故障； 能更换曳引机的制动器、制动衬、制动臂、销轴、电磁铁、减速箱油封、轴承； 能更换电梯的补偿链 / 缆、随行电缆、对重轮； 能更换、调整层门门扇、悬挂装置、地坎； 能更换轿顶轮、轿底轮、安全钳、轿厢轿架、自动门机系统； 能检查、修理电梯轿厢称重装置的故障； 能更换扶手带、扶手带驱动装置、梯级链、主驱动轴和链轮、驱动主机、驱动链条、工作制动器、附加制动器； 能通过修改控制参数，调整运行速度、抖动
维护保养	曳引驱动乘客电梯维护保养； 自动扶梯设备维护保养	能检查、调整电梯驱动电动机的速度检测装置； 能使用百分表等工具检查并调整联轴器； 能检查、调整制动器间隙、制动力； 能使用电梯乘运质量分析仪、转速表等检测电梯的速度及加速度； 能使用刀口尺、刨刀等修整导轨接头； 能根据电梯运行的振动情况检查、调整导轨间距及垂直度； 能检查、调整层轿门联动机构； 能检查、调整轿厢减振垫； 能使用液压剪刀截短电梯曳引钢丝绳、钢带，调整缓冲距离； 能检查、调整扶手带托轮、滑轮群、防静电轮、梯级传动装置； 能检查、调整进入梳齿板处的梯级与导轮的轴向窜动量； 能检查、调整自动扶梯的速度检测装置及非操纵逆转监测装置； 能使用速度检测仪检测自动扶梯的运行速度

续表

职业功能	工作内容	知识和技能要求
改造更新	曳引驱动乘客电梯改造更新； 自动扶梯设备改造更新	能根据改造方案，拆装、改造、调试不同规格型号的曳引机； 能根据改造方案，拆装、改造、调试不同型号的控制系统； 能根据加层改造方案，加层、改造、调试曳引驱动乘客电梯； 能拆装、改造轿厢和内部装潢，调整轿厢平衡系数； 能根据悬挂比改造方案，拆装、改造曳引系统的悬挂比； 能加装读卡器（IC 卡）系统、残疾人操纵箱、能量反馈、应急平层及远程监控装置； 能加装变频器及其外部控制设备，调试自动扶梯的变频控制功能； 能改造、调试自动扶梯的控制系统
培训与管理	培训指导 技术管理	能对技能等级较低人员进行基础理论知识、专业技术理论知识的培训； 能对技能等级较低人员进行技能操作培训； 能指导技能等级较低人员查找并使用相关技术手册； 能撰写电梯安装维修技术报告； 能对技能等级较低人员进行技术指导； 能总结专业技术，向技能等级较低人员推广技术成果

六、电梯安装维修工的专业教育现状

（一）相关专业

目前已有较多院校开设了与该职业相关的专业，涉及普通本科院校、高职院校、中职学校等。普通本科院校主要以电气、机电类专业居多，如电气工程及其自动化等。职业院校以电梯类专业为主，如电梯工程技术、机电一体化专业、电梯安装与维修保养等。

（二）开设相关专业的院校（排名不分先后）

★ 相关院校：华中科技大学、西安交通大学、湘潭大学、湖南大学等。

◆ 相关院校：湖南电气职业技术学院、湖南机电职业技术学院、湖南城建职业技术学院、邵阳职业技术学院、杭州职业技术学院等。

▼ 相关院校：湖南建设中等职业学校、长沙市电子工业学校等。

▲ 相关院校：浙江建设技师学院、深圳技师学院、湖南建筑高级技工学校、广州市高级技工学校等。

七、电梯安装维修工的就业创业信息

该职业从业人员主要分布在一、二线城市及经济发达地区，以及城镇化建设快速发展的三、四线城市地区。随着社会经济进步及产业发展，电梯使用需求逐渐增大，电梯安装维修工就业创业形势会越来越好。具体的行业分布为电梯生产制造、安装调试、维护保养领域。电梯安装维修工在技术成熟后，常见的就业创业形式为成立电梯安装工程企业、电梯售后维保企业，或成为相关领域企业的合伙人。

吸纳电梯安装维修工就业较多的用人单位主要有：

1. 电梯生产制造企业：如通力电梯有限公司、康力电梯股份有限公司、杭州西奥电梯有限公司、苏州江南嘉捷电梯有限公司、浙江梅轮电梯股份有限公司、快意电梯股份有限公司、东南电梯股份有限公司、通用电梯股份有限公司、重庆迈高电梯有限公司、沈阳远大智能工业集团股份有限公司、华升富士达电梯有限公司、日立电梯（中国）有限公司、迅达（中国）电梯有限公司、上海三菱电梯有限公司、蒂森电梯有限公司、奥的斯电梯（中国）有限公司等各类电梯生产制造类企业。

2. 电梯安装企业：如日立电梯（中国）有限公司、迅达（中国）电梯有限公司、中铁建设集团有限公司、湖南建投安装公司等各类电梯安装企业。

3. 电梯维保企业：电梯维护市场由新装需求，维保需求和更新需求三部分构成。一台电梯的生命周期起于新梯安装，一般在安装完毕的 12 个月后最长不超过 30 个月开始需要进行维修和保养，进入维保周期，在电梯运行 15 年之后，将被淘汰更新。社会上有很多电梯维保公司，基本上是电梯生产企业和物业公司。比如湖南建设投资集团有限责任公司、中海物业管理有限公司等。

注：以上机构信息仅供参考，不代表编写出版方对其推荐或认可。

八、电梯安装维修工的职业贯通发展

该职业的发展路径主要有两条：

1. 技术发展路径，即通过实践技能水平的提升，在本职业领域成为电梯安装维修专家。由于本职业工作设备设施属特种设备，还可以向特种设备检验检测行业转型。

2. 管理发展路径，即通过实践经验积累晋升到公司高层领导职务。管理发展路径适用学历水平在大专及以上的技术人员。该职业还可以进一步学习电梯改造、电梯评估、电梯理赔等多方面的衍生技术知识，形成长期可持续发展的职业能力。

电梯安装维修工的职业贯通发展如图 6-29-03-03-02 所示。

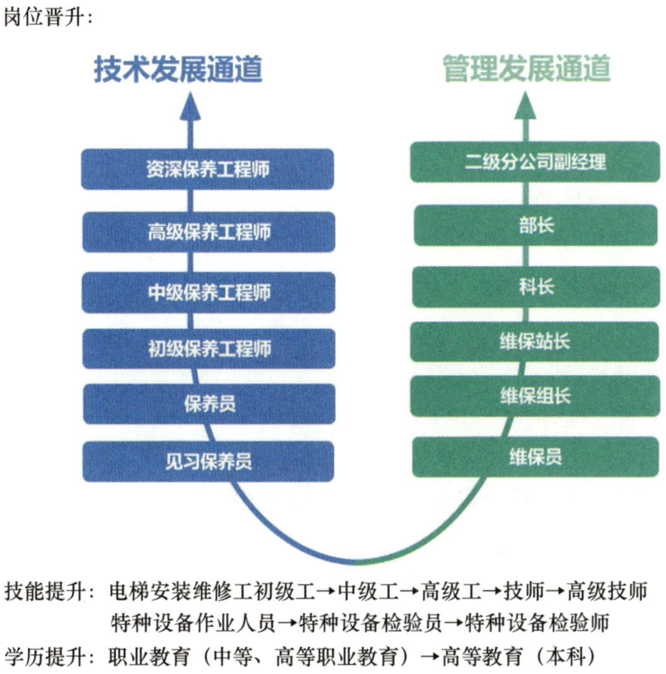

图 6-29-03-03-02　电梯安装维修工的职业贯通发展

九、电梯安装维修工的发展前景

从市场供需看。每台电梯都需要持特种作业操作证的人员来开展日常保养，但由于人手不足，经常只能一人负责多台电梯，这样不仅隐患巨大，还让维保工人长期超负荷运转。比如，两名工人一天可以维保两台电梯，则平均每名工人每月维保 30 台电梯。但现实是，许多维保工人月维保电梯数多达 60~70 台，甚至达到 90 台。所以从行业调研和政府数据分析可以看出，如此大规模的电梯保有量对电梯安装、维保服务市场提出了重大需求，为电梯后市场服务提供了巨大空间。

从产业发展看。随着国家城镇化的快速发展，电梯为人们的工作和生活提供了便捷、高效的服务，已成为城市垂直交通的重要组成部分。到 2021 年，我国电梯年产量为 120 万台，在用电梯数量已超过 900 万台，已成为全球电梯制造和使用的第一大国，电梯安装维修工需求巨大。

从政策红利看。社会人口老龄化的速度加快，各省市对老旧小区加装、改造电梯的激励政策；市场监管总局印发的《电梯安全筑底三年行动方案（2023—2025 年）》等政策的实施，都表明电梯市场迎来发展红利期，故电梯安装维修工市场空间也将进一步加大。

十、相关内容链接

国家职业标准：扫码即可查看。

相关政策文件：见表 6-29-03-03-03。

表 6-29-03-03-03　电梯安装维修工相关政策文件

发布或通过时间	发布或通过机构	文件名称
2023 年 6 月	市场监管总局	《电梯安全筑底三年行动方案（2023—2025 年）》

供稿：湖南建筑高级技工学校　刘洋

制冷空调系统安装维修工

职业编码：6-29-03-05

随着科技水平的提高，人民对生活品质、环境的要求也越来越高，随着制冷空调系统的普及，在炎炎夏日里，人们已无法抵挡空调房的魅力。制冷空调可以赶走夏日的炎热，给人们带来更多的凉爽，让我们的心情少一分烦躁，多一分愉悦，它已成为人们生活的必需品。保障制冷空调系统正常运行需要安装维修工的付出和努力。制冷空调系统安装维修工这个新职业的设立，让制冷空调系统检修操作更加专业化、规范化，也为产业的飞速发展提供了技术技能人才支撑。

一、制冷空调系统安装维修工的一天

记录时间：2023 年 8 月 1 日 **记录人：王某路**

上午工作情况

8 点至 11 点：

1. 根据图纸选择工具及领料。（识图、选工具）
2. 检查安装设备场地基础情况。（基础复验）
3. 打开设备箱，检验设备型号、数量等。（检验）
4. 对制冷主机、风口（或风机盘管）、冷却塔等进行安装就位、找正调平、安装。（安装）
5. 对风管、冷冻水管、冷却水管、冷凝水管等进行连接、固定。（管道连接）

11 点至 12 点：

1. 对过滤器、风管风道、冷凝器、风机等进行清洗。（清洗）

2. 通电调试制冷设备。（调试）

下午工作情况

14 点至 18 点：

1. 联系同事一起准备好维修工具及设备，到达客户家。（准备工作）

2. 询问空调发生故障的情况，根据现象做出判断并对电源线路、连接线、压缩机、控制板或遥控器、冷却塔、风机盘管等进行检查，如图 6-29-03-05-01 所示。（分析判断）

3. 根据判断依次进行检查，先排除电源问题，开机运行检测室内机和室外情况，检测温度、结露、室外噪声、性能测试、风口、风管等，如图 6-29-03-05-02 所示。（具体检测）

图 6-29-03-05-01　空调控制板检测

图 6-29-03-05-02　空调风口检测

4. 依据检测情况进行维修，常规包括：冲注制冷剂、压缩机维修或更换、电源维修或更换、风口清洗等。（具体维修）

二、什么是制冷空调系统安装维修工

职业定义。制冷空调系统安装维修工是使用通用和专用工具，安装、连接、装配、调试和维修制冷空调系统的人员。本职业包含但不限于下列工种：制冷空调系统安装调试工、制冷空调设备维修工、制冷剂回收再利用工。

定义解读。制冷空调系统采用液体气化制冷的原理为空调房间提供所需冷气，用以抵消室内环境的热负荷。制冷空调的运行好坏直接影响空调系统的经济性、高效性、合理性。制冷空调系统安装维修工负责制冷空调系统的安装、调试，能够进行系统的日常维护及故障检测和修理，保障制冷空调系统安全稳定运行。

关联职业。密切相关的职业有制冷工和中央空调系统操作员。制冷工是操作制冷压缩机、机泵等设备，用制冷剂及载冷体在生产系统中循环制冷的人员，主要负责制备冷源。中央空调系统操作员是从事中央空调系统运行、保养、维修工作的人员，主要负责空调系统的正常运行。而制冷空调系统安装维修工是负责具体的制冷空调系统的安装、调试和运维。

相应岗位。制冷工、维修电工、机修钳工、焊工、电子专用设备装调工、家用电器产品维修工、中央空调系统操作员等。

三、制冷空调系统安装维修工的主要工作职责

1. 遵守工作场所的各项规章制度，严格遵守劳动纪律，着装规范，完成上级领导交办的各项工作任务。

2. 操作、修理、保护、保养制冷机组及附属设备，保证其正常运行，如图 6-29-03-05-03 所示。

3. 操作、修理、保护、保养空调通风机组及空调末端设备，保证其正常运行。

4. 操作、修理、保护、保养热源及附属设备，保证其正常运行。

5. 根据季节温度变化及工作场所的要求，对制冷、空调、通风等设备的正常开关时间进行调整并按时操作。

6. 对工作场所环境温度及通风负责，保证夏季室温为 24~28℃，冬季室温为 16~20℃，并保持良好通风。

7. 按要求对制冷机组进行日常检修、保养，保证制冷剂充分，冷凝器换热效果良好；每年定期对制冷机组冷凝器进行清洗，夏季至少保持每月清洗一次。

8. 每两周对空调风机、风机盘管过滤网进行一次清洗，每年换季时对空调风机及风机盘管供水过滤器进行不少于 10% 的抽检，对不符合要求的进行清洗。

9. 负责对工作场所设备使用人员进行日常操作培训，对新入职制冷空调系统安装维修工进行培训。

图 6-29-03-05-03　制冷空调系统安装

四、制冷空调系统安装维修工的薪酬福利待遇

平均薪酬水平。根据国家统计局发布的 2022 年规模以上企业分岗位就业人员平均工资情况，该职业所属的建筑业在 16 个行业中属于中等。从岗位上看，该职业属于社会生产服务和生活服务人员，全国平均薪酬为 56684 元 / 年。从地区上看，东部地区平均薪酬为 77365 元 / 年，略高于其他地区。

与类似职业对比。根据智联招聘网 2023 年 7 月份数据，制冷空调系统安装维修工的薪酬一般高于其他生活服务人员的薪酬，见表 6-29-03-05-01。

表 6-29-03-05-01　类似职业薪酬水平

职业名称	薪酬水平（元 / 月）
制冷工	5000~8000
维修电工	4000~12000
机修钳工	5000~13500
电子专用设备装调工	6000~15000

五、从事制冷空调系统安装维修工工作需要哪些本领

制冷空调系统安装维修工需具备的知识和技能有：掌握基本的维修电工专业知识、钳工知识、制冷空调技术知识，变配电设施的管理能力，能够采用正确的工艺连接，熟知安全规范和操作规范。其核心技能是制冷空调系统的安装和维护。

根据《制冷空调系统安装维修工国家职业技能标准》，该职业需具备的知识和技能见表 6-29-03-05-02。

表 6-29-03-05-02　制冷空调系统安装维修工需具备的知识和技能

职业功能	工作内容	知识和技能要求
制冷空调系统识别	制冷剂循环系统部件识别	能对照制冷循环图进行制冷部件识别，能对制冷部件（压缩机、换热器、节流机构、单向阀、干燥过滤器等）实物进行识别
	制冷剂和冷冻油识别	能对制冷剂类型进行识别，能对冷冻油进行识别
	空调系统识别	能进行整体式、分体式空调器识别，能进行集中式空调系统识别
	制冷剂循环系统识别	能进行氨制冷系统、可燃制冷剂制冷系统、二氧化碳制冷系统、半导体制冷系统识别

续表

职业功能	工作内容	知识和技能要求
	空调器、风机盘管安装	能进行整体式、分体式空调器安装，能进行风机盘管吊装，能进行风控口安装，能进行风机盘管冷凝水排水管安装
	空调器控制电路安装	能进行空调器供电电路安装，能进行空调器室内机、室外机电源线安装，能进行空调器通信线和线控器等安装
制冷空调系统安装	制冷剂循环系统安装	能进行各种类型制冷系统空调机组及系统安装，能进行换热器、主机附件、分歧管等组件安装
	水系统安装	能进行各类水泵、冷却塔及其配套附件阀门的安装，能进行膨胀水箱和定压罐等安装
	通风系统安装	能进行各类空气处理设备、通风系统阀门及附件安装，能进行送风设备、排风设备、新风设备等安装
	电气系统安装	能进行变频控制电路、可编程控制电路、可燃及有毒气体报警控制电路安装，并可进行相关电路编程
管道连接	金属管路连接	能对螺纹管路进行连接，能使用洛克林环对管路进行连接
	非金属管路连接	能对非金属管路进行熔接和粘接
	管道钎焊	能进行钎焊工具使用，能对相同管径和不同管径铜管钎焊连接
	管道保温层安装	能安装管道保温层，能完成保温灰浆抹面，包缠层及一般金属护壳安装

续表

职业功能	工作内容	知识和技能要求
制冷空调系统调试	制冷空调系统性能调试	能对照技术资料做调试前检查、联机开机，能进行制冷空调系统正常、异常停机操作，能判断调试参数是否达到设计要求
	电气系统参数调整	能进行电气系统运行参数测定和使用参数调整
	制冷系统调试	能进行节流元件调整、制冷压缩机能量调节、节能设备设置与调试，能进行溴化锂溶液浓度调整
	水系统调试	能进行水流量调整
	通风系统调试	能进行风量、风压调整
	电气系统调试	能进行控制参数、通信线路调整
制冷空调系统维护	制冷系统维护	能调整压缩机吸、排压力，能检测压缩机油温、油位、油压及回油情况，能进行换热器清洗、冷冻油和干燥剂更换、蒸发器除霜、制冷剂回收等操作
	水系统维护	能进行管道柔性连接部件更换，能更换水泵轴承润滑油脂，能进行电动机和水泵联轴器同轴度检测与调整，能进行过滤器和冷却塔清洗、冷却塔风机维护及冷水、冷却水检测处理
	通风系统维护	能进行风机传动部位润滑油脂保养，能进行风管、空气过滤器、风口、风叶清洗和清扫，能检查风机传动及风阀工作状态，能进行洁净空调箱及系统附件维护
	电气系统维护	能进行电气部件紧固、电气系统除尘，能检查电气连接线路工作状态和电气元件的接地保护功能，能对配电柜进行防水、防火、防尘、防腐处理，能进行数据备份、远程监控系统维护和保养并配置现场控制器系统

续表

职业功能	工作内容	知识和技能要求
制冷空调系统检修	制冷系统检修	能进行制冷系统保温层更换、检查压缩机吸排气温度及高低压，能对系统工作状态进行检查和维修，能对制冷系统进行加压检漏、抽真空、制冷剂充注操作，能根据情况进行系统故障分析与检修
	水系统检修	能进行水泵、冷却塔等换热装置故障分析与检修
	通风系统检修	能进行风机及空气处理设备故障检修
	电气系统检修	能对系统电路、压缩机、风机、电动机、控制板等进行故障分析、检测和检修
制冷剂回收再生	冷热源机组制冷剂回收	能进行大型回收设备操作，能进行制冷剂回收操作
	溴化锂溶液再生	能进行溴化锂溶液回收操作、再生操作
制冷空调系统管理	制冷空调技术管理	能制定安全操作规程、实施系统维修工艺改进和管理，能进行技术状况评定、维修成本核算和定额管理，能组织实施安装维修作业，能研究、应用和推广新技术、新工艺、新方法、新材料
	技术文件编写	能撰写技术报告、技术论文
	质量管理、验收	能进行系统安装维修质量管理、分析安装维修质量造成的性能影响，能进行标准化指导安装与维修，能提出安装与维修质量改进措施
培训与指导	理论培训	能编写相应级别以下的人员理论培训讲义，能讲解基础理论知识和技能操作要领
	技术指导	能对相应级别以下的人员进行操作维护指导，能编写相应级别以下的人员技能培训教案，能讲解操作要点并及时总结，能进行相关程序编程

六、制冷空调系统安装维修工的专业教育现状

（一）相关专业

目前已有较多院校开设了与该职业相关的专业，涉及普通本科院校、高职院校及中职学校等。普通本科院校专业有建筑环境与能源应用工程。高职院校专业有制冷与空调技术、制冷与空调工程、供热通风与空调工程技术、建筑设备工程技术。中职学校专业有制冷和空调设备运行与维护、供热通风与空调施工运行。

（二）开设相关专业的院校（排名不分先后）

★ 相关院校：清华大学、西安交通大学、上海交通大学、浙江大学、华中科技大学、北京航空航天大学、东南大学、北京科技大学、同济大学、南京航空航天大学、山东建筑大学、西北工业大学、中国矿业大学等。

◆ 相关院校：天津海运职业学院、常州工程职业技术学院、江苏经贸职业技术学院、安徽职业技术学院、郑州职业技术学院、湖南铁道职业技术学院、昆明铁道职业技术学院、重庆能源职业学院等。

▼ 相关院校：郑州市科技工业学校、天津市第一商业学校、湛江机电学校等。

七、制冷空调系统安装维修工的就业创业信息

制冷空调系统安装维修工遍布全国各地。主要集中在北京、上海、广州、深圳等一线城市，以及经济发展较快或人口较多省份，如广东、山东、江苏等。

吸纳制冷空调系统安装维修工就业较多的用人单位主要有：

1. 空调生产企业：如珠海格力电器股份有限公司、美的集团股份有限公司、海尔集团、海信集团有限公司、大金（中国）投资有限公司等。

2. 空调安装企业：如北京中亚空调安装有限公司、德州福莱特环保科技有限公司、深圳市汇峰空调设备有限公司等。

3. 酒店宾馆：如锦江国际（集团）有限公司、华住集团、首旅如家酒店集团等。

4. 商场超市：如华润万家、大润发、北京华联集团、百联集团、永辉超市等。

5. 冷链物流：如顺丰速运有限公司、上海光明领鲜物流有限公司、北京首农大厨房供应链管理集团有限公司、江苏汇鸿冷链物流有限公司等。

注：以上机构信息仅供参考，不代表编写出版方对其推荐或认可。

八、制冷空调系统安装维修工的职业贯通发展

该职业的发展路径主要有四条：

1. 管理路线，即从员工晋升到主管 / 单位中层，再晋升到经理 / 单位领导层，甚至往更高的高级领导职务发展。

2. 专家路线，即不断提高技能水平，在职业等级上不断晋升，成为空调制冷领域专家。

3. 复合人才路线，即向其他行业跨越或职业转型，如通过学习相关知识和技能转型为家用电器产品维修工、中央空调系统运行操作员、注册公用设备工程师、设备监理师等，与专业技术岗位横向贯通。

4. 创业路线，即基于个人兴趣爱好进行创新创业。

制冷空调系统安装维修工的职业贯通发展如图 6-29-03-05-04 所示。

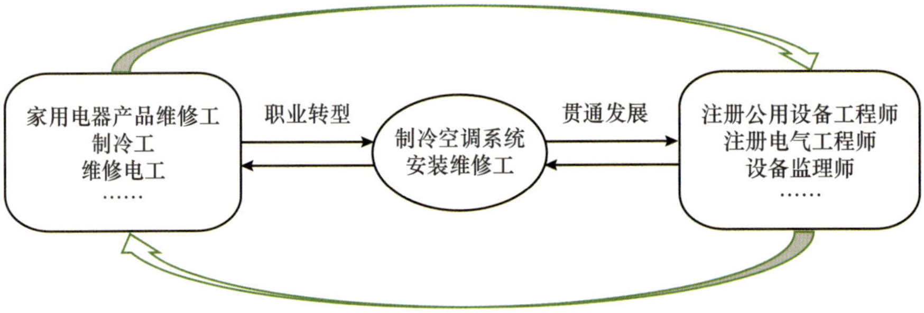

图 6-29-03-05-04　制冷空调系统安装维修工的职业贯通发展

九、制冷空调系统安装维修工的发展前景

从市场供需看。2021 年我国制冷设备市场规模 5412.49 亿元，2022 年国内需求和出口需求波动下降，整体市场规模小幅度下降至约 5313.8 亿元。就制冷设

备应用细分领域情况而言，我国制冷设备应用场景丰富，医疗和餐饮需求规模占比较高，从中长期来看，我国制冷设备将随着食品和医疗延续增长趋势。尤其是疫情后整体经济形势好转后，设备的延迟需求将有一波暴发，另外我国冷链仍处在发展初期，存在较大的需求缺口。按照制冷设备的需求发展来看，社会上制冷空调系统安装维修工的需求也将增大，预计岗位需求约为十万个。

从行业发展看。据京东家电联合奥维云网发布的《2022 空调行业趋势报告》显示，2021 年新风空调线上销售额约 8.2 亿元，规模同比上升 492.7%。2022 年仅第一季度，京东家电新风空调上新十余款，2022 年京东渠道新风空调产品数量预计突破 200 款。制冷设备安装维修行业发展迅速，但是维修人员供需短时间达不到平衡，制冷设备安装维修行业从业人员需求旺盛。

从政策红利看。2021 年 12 月国务院发布《“十四五”节能减排综合工作方案》，提出实施绿色高效制冷行动，更新升级制冷技术、设备等重点任务。除了中共中央、国务院等部门颁布一系列政策外，各省市同样出台了一些举措来指导中央空调行业、制冷设备安装维修行业的发展，如《广东省绿色高效制冷行动计划（2023—2025）》《上海市资源节约和循环经济发展“十四五”规划》。

十、相关内容链接

国家职业标准：扫码即可查看。

相关政策文件：见表 6-29-03-05-03。

表 6-29-03-05-03　制冷空调系统安装维修工相关政策文件

发布或通过时间	发布或通过机构	文件名称
2021 年 12 月	国务院	《“十四五”节能减排综合工作方案》

供稿：枣庄科技职业学院　姚洪文

轨道交通通信工

职业编码：6-29-03-09

当你迎着朝阳匆匆赶上早高峰的地铁时，当你搭乘高速铁路几小时便穿梭两省之间时，可曾好奇过这一班班准时高效、日复一日的列车背后是怎样运行的，又可曾思考过，是哪些人通过怎样的努力付出与辛勤工作才使得呼啸而过、奔腾不息的列车安全行驶在祖国的大地上，轨道交通通信工，正是参与这些大动脉源源不断地将血液输送到各方的背后无名英雄。不论是宽敞忙碌的调度大厅，还是寂静幽暗的区间隧道，不分昼夜，都有他们坚守岗位、倾情付出的身影。他们无愧于交通运输战线上的“守护神”称号！

一、轨道交通通信工的一天

记录时间：2022 年 9 月 13 日 **记录人：李某力**

白班上午工作情况

8 点 20 分至 11 点 40 分：

1. 更换工装，到达工班，如图 6-29-03-09-01 所示。（班前准备）

2. 交班，组织交班会，拍照发至工作群，打扫办公室卫生。（报道）

3. 确认检修作业，整理施工交底单、施工兑现表。（确认当日主要工作）

4. 安排施工负责人、班前会、班后会，整理检修记录表、工器具材料清单、物资出库清单。（安排工作及流程）

11 点 40 分至 12 点：

1. 安排值班人员办公室值班，交替用餐。（轮换执勤）

2. 巡视信号设备房。（巡视）

白班下午工作情况

15点30分至18点：

1. 组织值班人员培训。（组织培训）

2. 安排值班人员办公室值班，交替用餐。（轮换值勤）

3. 安排值班人员写交接班记录本，整理日报表，检查手台、电话、钥匙等。（安排人员，整理检查）

图 6-29-03-09-01　轨道交通通信工的工作机房

夜班晚上工作情况

18点20分至4点：

1. 更换工装，到达工班。（到班）

2. 组织交班会，拍照发至工作群。（交班）

3. 接班人员核对夜班施工作业。（核对工作内容）

4. 组织学习文件并签字，接班人员填写科室交接班模板并发送至工作群。（组织学习文件）

5. 安排人员统计丢标，组织人员培训。（统计丢标、培训）

6. 安排值班人员、调 MSS、巡视。（调 MSS、巡视）

7. 安排值班人员办公室值班，交替用餐。（安排值班、用餐）

8. 组织值班人员对信号，巡视通信设备室。（对信号，巡视通信设备室）

9. 安排施工负责人、班前会和班后会，整理检修记录表、工器具材料清单、物资出库清单。（安排负责人、组织会议、安排各项表达）

夜班凌晨工作情况

4 点至 6 点：

1. 运营前设备巡视，信号通信车载出库巡检。（运营前巡检）

2. 安排值班人员写交接班记录本，整理日报表。（安排交班、整理日报表）

3. 安排值班人员检查手台、电话、钥匙等。（安排检查基础设备）

4. 安排值班人员办公室值班，交替用餐。（安排值班、用餐）

5. 工作交接。（交班）

二、什么是轨道交通通信工

职业定义。轨道交通通信工是使用工具和设备，进行轨道交通通信工程施工和设备、设施维护的人员。本职业包含但不限于下列工种：铁路通信工、城市轨道交通通信工。

定义解读。轨道交通通信工的职业分类为：大类为生产制造及有关人员，中类为建筑施工人员，小类为建筑安装施工人员。轨道交通通信工对设备、设施的维护，即每日轮班检查设备状况，及时发现问题、上报维修，确保设备设施的正常运转。

关联职业。密切相关的职业有铁路、地铁公司的技术开发员、工程设计师等。当技术开发员研发出新型通信设备等设备设施后，轨道交通通信工需及时掌握并娴熟运用；而设计院设计出的各项方案下行后，也需要轨道交通通信工配合实行。

相应岗位。地铁列车信号工、地铁行车监控信号工、信号钳工、信号组调工、信号员、通信工程设计员等。

三、轨道交通通信工的主要工作职责

1. 每天分白班、夜班进行全天候巡查、测试与检修电子电气设备并记录设备情况（如图 6-29-03-09-02 所示）、完成施工任务。

图 6-29-03-09-02　轨道交通通信工检修设备

2. 现场传输、接入、数据、调度、图像通信等设备的测试、检修、故障处理及综合维护工作。

3. 集中机、调度分机、会议分机、空压机、区转机、站场广播等模拟设备的测试、检修、故障处理与维护。

4. 无线列调、车载电台、地面台、中继站、直放站设备及地面设备等的测试、检修、故障处理。

5. GSM-R 区段设备的测试、检修、故障处理及综合维护。

6. 机车综合无线通信设备（CIR）的测试、检修、故障处理。

7. 通信电源及机房环境监控设备的管理维护。

8. 识读专业图纸，对铁路通信设备进行故障诊断与处理。

9. 室内设备、室外设备的施工、调试。

10. 施工负责人夜班时设置 MSS 天窗点、确保室内无警报 MSS 调阅；组织班前会学习检修设备 SOP、召开班后会讨论作业期间发现的问题并商议整改措施；填写施工准备、整理班前班后会录音、保存进出场出清照片等；前往 DCC 施工请点、销点；检修设备。

11. 三清负责人每班确认工具准备并拍照。

12. 主（副）值班确认当天检修作业、施工交底单、施工兑现表；安排施工负责人、班前会、班后会，整理检修记录表、工器具材料清单、物资出库清单；安排交班轮值、填写交接班记录本；巡查值班人员信号设备房；组织值班人员培训。

四、轨道交通通信工的薪酬福利待遇

平均薪酬水平。58 同城发布《2020 中国蓝领就业市场景气指数年度报告》，从薪资水平来看，报告显示 2020 年前三季度交通运输、仓储和邮政业从业人员平均薪酬为 8924 元 / 月，高于全行业平均值，其次是居民服务、修理和其他服务业从业人员，平均薪酬为 7316 元 / 月。由于交通运输业市场需求较大、劳动强度较高，因此从业人员收入水平也居于领先地位。以南京地铁运营有限责任公司员工实际到手工资为例，一般维修工人（包括普通文员）3000~4000 元 / 月；技术管理员（包括司机）4000~5000 元 / 月；技术骨干或司机长 5000~6000 元 / 月；中层干部年薪 15 万 ~20 万元；高层干部年薪可达到 20 万元以上。

与类似职业对比。根据职友集网站 2023 年的数据，该职业岗位的薪酬为 4500~8000 元 / 月，一般略高于初级通信工程师等的薪酬，略低于数据通信工程师等的薪酬，见表 6-29-03-09-01。

表 6-29-03-09-01　类似职业薪酬水平

职业名称	薪酬水平（元 / 月）
初级通信工程师	3000~8000
数据通信工程师	6000~8000

五、从事轨道交通通信工工作需要哪些本领

该职业从业人员需具备的知识和技能有：具备通信信号专业理论知识，熟悉通信信号各种设备的工作原理，具有通信信号设备的安装与维护能力，能够从事轨道交通通信信号设备的安装、调试、维修养护与管理工作，具备职业素质和工匠精神。其核心技能是对交通信号装置的安装、调试、维修能力。该职业需具备的具体知识和技能见表 6-29-03-09-02。

表 6-29-03-09-02　轨道交通通信工需具备的知识技能

职业功能	工作内容	知识和技能要求
信息采集和处理	信息采集	识读通信工程图纸
	信息处理	使用仪器仪表
日常检修设备	电子电气设备	电子电气设备测试与检修
	站场通信设备	站场通信设备检修，列车广播、图像、数据等通信设备检修、拆装及故障处理
	数字调度系统设备	数字调度系统设备日常检修、指标测试、故障处理
	列车无线调度通信机车车载设备	列车无线调度通信机车车载设备的检修、维修及故障处理，CIR 出入库检测、拆装及维修
	电源系统及动力环境监控系统设备	电源系统及动力环境监控系统设备日常检修、指标测试、故障处理
	GSM-R 系统无线侧设备、列车无线调度通信地面设备	GSM-R 系统无线侧设备、列车无线调度通信地面设备日常检修、指标测试、故障处理

六、轨道交通通信工的专业教育现状

（一）相关专业

目前已有许多院校开设了与该职业相关的专业，包括普通本科院校、高职院校及中职学校。普通本科院校专业有交通运输、交通工程、电子商务等。职业院校相关专业有城市轨道交通通信信号技术、城市轨道交通工程技术、轨道交通通信信号设备制造与维护等。

（二）开设相关专业的院校（排名不分先后）

★ 相关院校：西南交通大学、北京交通大学、中南大学、兰州交通大学、华东交通大学、大连交通大学、石家庄铁道大学等。

◆ 相关院校：陕西铁路工程职业技术学院、重庆电子工程职业学院、成都工贸职业技术学院、山东交通职业学院、上海交通职业技术学院等。

七、轨道交通通信工的就业创业信息

该职业从业人员主要就职于各地的铁路局、城市地铁公司等。

吸纳轨道交通通信工就业较多的用人单位主要有：

1. 铁路局：如全国各地的铁路局电务段和通信段。

2. 中铁轨道交通有限公司：如西安中铁轨道交通有限公司可应聘的部门有设备部，可应聘的岗位有车载信号检修工、ATS 信号检修工、通信检修工。

3. 地铁运营公司：如西安市轨道交通集团有限公司运营分公司、北京市地铁运营有限公司、苏州市轨道交通集团有限公司、天津轨道交通运营集团有限公司、南昌轨道交通集团有限公司等。

4. 中铁工程局：如中铁七局集团有限公司、中铁北京工程局集团第一工程有限公司、中铁广州工程局集团有限公司、中铁上海工程局集团有限公司等。

注：以上机构信息仅供参考，不代表编写出版方对其推荐或认可。

八、轨道交通通信工的职业贯通发展

该职业的发展路径主要有四条：

1. 管理路线，即从工人晋升到单位中层，再晋升到单位领导层，甚至往高级领导层发展。

2. 专家路线，即不断学习提高自身专业技能，成为轨道交通通信领域的专家。

3. 复合人才路线，即向其他行业跨域或职业转型，如通过学习相关行业的知识，从检修工、轨道交通信号服务人员等转型为轨道交通信号工，与专业技术岗位横向贯通。

4. 创业路线，即基于个人兴趣爱好和擅长方向进行创新创业。轨道交通通信工的职业贯通发展如图 6-29-03-09-03 所示。

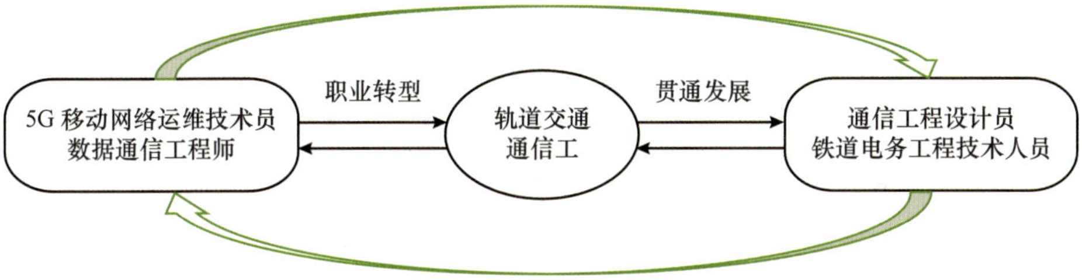

图 6-29-03-09-03　轨道交通通信工的职业贯通发展

九、轨道交通通信工的发展前景

从市场供需看。无论是城市轨道如地铁、城际轻轨，还是铁路，均是国有的，必将在很长一段时间内稳定且是必须存在、日日服务于民的。轨道交通通信工是保障轨道精确、安全、良好运行必不可少的角色。

从产业发展看。2022 年全国铁路固定资产投资完成 7109 亿元，投产新线 4100 公里，其中高速铁路 2082 公里。全国铁路营业里程达 15.5 万公里，其中，高速铁路营业里程达到 4.2 万公里。铁路复线率 59.6%，电化率 73.8%。西部地区铁路营业里程 6.3 万公里。全国铁路路网密度 161.1 公里 / 万平方公里。国家铁路营业里程 13.4 万公里，复线率 61.9%，电化率 75.6%。2022 年上半年共计新增城轨交通运营线路长度 366.87 公里。新增运营线路 7 条，新开后通段或既有线路的延伸段 11 段。新增 366.87 公里的城轨交通运营线路共涉及 3 种，其中，地铁 319.29 公里，占比 87.03%；市域快轨 18.20 公里，占比 4.96%；有轨电车 29.38

公里，占比 8.01%。2012—2022 年我国城市轨道交通运营路线长度如图 6-29-03-09-04 所示。

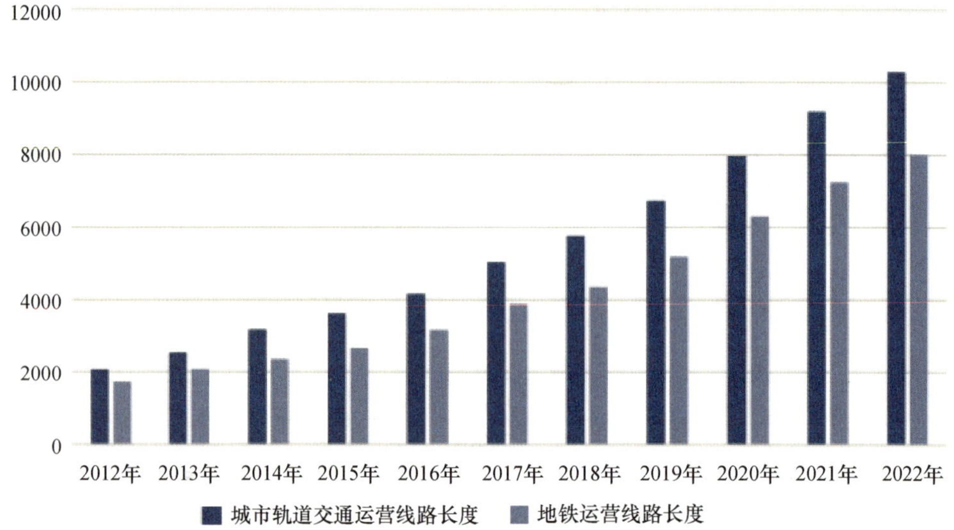

图 6-29-03-09-04　2012—2022 年我国城市轨道交通运营路线长度（单位：公里）

随着我国城市化进程的不断推进，也基于城市轨道交通运输量大、安全性高、速度越来越快等优势，我国轨道交通建设力度不断加大。根据中国城市轨道交通协会统计数据，截至 2022 年年底，中国内地累计有 55 个城市投运城市轨道交通，运营线路总长度达 10291.95 公里，其中地铁运营线路长度为 8012.85 公里，占比 77.85%。

从政策红利看。2021 年 12 月，国务院印发了《“十四五”现代综合交通运输体系发展规划》，指出交通运输是国民经济中具有基础性、先导性、战略性的产业，是重要的服务性行业和现代化经济体系的重要组成部分，是构建新发展格局的重要支撑和服务人民美好生活、促进共同富裕的坚实保障。提出到 2025 年，综合交通运输基本实现一体化融合发展，智能化、绿色化取得实质性突破，综合能力、服务品质、运行效率和整体效益显著提升，交通运输发展向世界一流水平迈进。可见，交通行业从过去到将来，都在国家统筹发展中占据重要地位。国家铁路局印发的《“十四五”铁路科技创新规划》中指出，铁路是综合交通运输体系的骨干，是建设现代化经济体系的重要支撑，是全面建设社会主义现代化国家的先行领域。铁路科技创新是国家科技创新体系的重要组成部分，是引领铁路发展的第一动力。要以推动铁路高质量发展为主题，以建设人民满意铁路为根本目的，以实现铁路科技高水平自立自强为努力方向，坚持走中国特色自主创新道路，聚焦铁路重点领域和关键环节，着力增强铁路科技创新能力，着力完善铁路科技创新体系，着力优化铁路科技创新生态，着力提升铁路科技创新水平，为建设安全、便捷、高效、绿色、智能、经济的现代化铁路，加快建设科技强国、交通强国提供有力支撑。而轨道交通通信工作为轨道交通方面的技术性人才，必将在未来得到越来越多的重视和需要。

十、相关内容链接

国家职业标准： 暂缺。

相关政策文件： 见表 6-29-03-09-03。

表 6-29-03-09-03　轨道交通通信工相关政策文件

发布或通过时间	发布或通过机构	文件名称
2021 年 12 月	国务院	《“十四五”现代综合交通运输体系发展规划》
2021 年 12 月	国家铁路局	《“十四五”铁路科技创新规划》

供稿：陕西铁路工程职业技术学院　何文敏

轨道交通信号工

职业编码：6-29-03-10

随着城市人口规模的不断扩大，汽车越来越多，地面交通也面临过于拥挤的问题。地铁作为城市快捷的交通工具，成为连接车站、穿梭城市的一条风景线。如何让地铁有序、平稳运行，让千千万万的乘客能安全、正点到达目的地，正是这样一群"隐形人"，白天他们在线路上巡视、检查、测试轨道电路；对信号机、道岔转辙机、ATS 等设备进行检查，保证设备正常运行；在机械室查看设备有无异常，调阅分析数据。夜间他们对相应的设备进行检修与维护。他们是风驰电掣的列车后方信号工，他们照亮了列车前行的道路，他们就是轨道交通信号工。

一、轨道交通信号工的一天

记录时间：2023 年 7 月 20 日 **记录人：余某月**

上午工作情况

8 点至 9 点：

1. 接班人员更换工装，到达工班。(班前准备)

2. 交班人员组织交班会，汇报前一天工作情况，未完成的工作，需要注意的事项。(工作交班)

3. 接班人员确认当天检修作业，施工交底单、施工兑现表，填写接班记录。(工作接班)

9点至10点：

1. 主值班员安排施工负责人、班前会、班后会，整理检修记录表、工器具材料清单、物资出库清单。（工作落实）

2. 工作负责人根据天窗点计划通知坐台联络员要点，进行天窗修人员分工、设备材料准备。（天窗修准备）

3. 工作负责人组织召开工前会，明确人员工作内容，携带工具设备材料赶赴作业地点。（赶赴作业地点）

10点至12点：

1. 测试轨道电路参数，更换断股的轨端连接线，对分路不良区段进行处理。（轨道电路检修）

2. 前往各个车站设备房进行巡视，对关键设备进行测试。（设备巡视）

下午工作情况

13点至15点：

1. 值班人员巡视信号设备房。（设备巡视）

2. 转辙机检修。（转辙机检修）

15点至18点：

1. 施工负责人组织人员填写施工总结，整理班前会、班后会、检修记录表，保存班前会、班后会录音及进出场出清照片等。（施工总结）

2. 主值班员组织值班人员培训（如微机监测系统的使用，计算机联锁系统常见故障的分析处理，继电器电路故障的查找，分线柜断线故障的分析，轨道电路红光带故障的处理，天窗修安全教育等）。（人员培训）

18点至18点30分：

1. 主值班员安排值班人员写交接班记录本，整理日报表，检查手台、电话、钥匙等。（交班记录）

2. 值班人员开始设备巡视，对关键设备进行测试，如图6-29-03-10-01所示。（设备巡视）

图 6-29-03-10-01　设备巡视

二、什么是轨道交通信号工

职业定义。轨道交通信号工是使用工具和设备，进行轨道交通信号工程施工和设备维护的人员。本职业包含但不限于下列工种：铁路信号工、城市轨道交通信号工。图 6-29-03-10-02 为轨道交通信号工实操训练场景。

图 6-29-03-10-02　轨道交通信号工实操训练

定义解读。轨道交通信号工是从事相关信号、相关设备的安装、维护、维修等相关工作。熟悉信号机、道岔转辙机、轨道电路、继电器、车载信号等信号相关设备的基本结构、技术条件、施工工艺、维护标准等。能够对设备进行安装、调试、日常掩护、故障处理。能够准确处理故障，保证轨道交通运用安全。

关联职业。密切关联的职业有铁路信号工、城市轨道交通信号工。按运输能力和速度进行分类，铁路、地铁统称为有轨运输。铁路信号工是指从事铁路信号相关设备的安装、维护、维修及改造工作的铁路职工，是铁路电务段相对应的工作。轨道交通信号工是使用工具和设备，进行城市轨道交通信号工程施工和设备维护的人员。

相应岗位。铁路通信工、城市轨道交通通信工，按照信号工类别分为正线信号、场段信号、车载信号、ATS 信号等岗位。

三、轨道交通信号工的主要工作职责

1. 检测、鉴定信号设备和器材质量，测试信号系统参数，判断设备运行情况。

2. 敷设、接续、防护信号电缆，制作电缆成端，对电缆进行测试，确保电缆施工质量。

3. 配线、焊接、安装和检测操作引入装置，进行试验，确保接线正确。

4. 安装、测试信号部件，确保信号部件正常使用。

5. 安装、调试、维修电气集中、调度集中、调度指挥系统、列车运行控制系统、闭塞系统、道口信号、信号监测等设备和信号保护装置。

6. 安装、调试、试验、维修轨道电路、转辙转换、信号机、信号电源等设备和机车信号、列车运行监控装置、列控车载系统等车载设备及驼峰信号设备。

7. 检测设备性能，分析处理设备故障，能在较短时间内处理故障，恢复设备使用。图 6-29-03-10-03 为轨道交通信号工检测设备性能场景。

8. 进行信号工区 24 小时值班工作，每天按规定时间对信号设备进行测试，记录测试数据，分析设备工作情况，并将当天值班情况向上级汇报。

9. 处理设备突发故障，设备出现故障的第一时间到达现场，向行车人员了解故障情况，判断故障性质，室内与室外配合分析故障原因，查找故障位置，快速处理故障，保障行车秩序。

10. 信号设备施工安装完毕，进行联锁试验，确保轨道电路、转辙机、信号机、计算机联锁系统密切配合，逻辑正确。

图 6-29-03-10-03　轨道交通信号工检测设备性能

四、轨道交通信号工的薪酬福利待遇

平均薪酬水平。轨道交通信号工的工资构成主要分为岗位工资、职级工资和绩效工资。目前，全国轨道交通信号工的薪酬水平差异比较大，与当地社会的经济发展水平和职级密切相关。以中级岗位轨道交通信号工薪酬为例，郑州就业人员平均薪酬为 7000 元 / 月，西安平均薪酬为 6000 元 / 月。

与类似职业对比。该职业的薪酬处于轨道交通集团有限公司的中等水平，具体见表 6-29-03-10-01。

表 6-29-03-10-01　类似职业薪酬水平

职业名称	薪酬水平（元 / 月）
轨道交通站务员	5000
轨道交通值班员	7000
轨道列车司机	8000

五、从事轨道交通信号工工作需要哪些本领

该职业从业人员需具备的知识和技能有：掌握城市轨道交通通信信号设备的基本结构、工作原理、技术条件、维护标准、施工工艺等专业技术理论知识；具有仪器仪表及工具使用的实践技能；具有城市轨道交通通信信号设备安装、调试、日常养护、故障处理及维修的专业技能；具有运用多种知识和技能分析问题、解决问题、制定工作计划并进行职业生涯规划的能力；具有良好的职业道德、敬业精神、适应能力、人际交往和沟通能力、团队协作和组织协调等能力等。其核心技能是设备的维护和协调、沟通能力。

根据《轨道交通信号工国家职业技能标准》，该职业需具备的知识和技能见表6-29-03-10-02。

表6-29-03-10-02　轨道交通信号工需具备的知识和技能

职业功能	工作内容	知识和技能要求
轨旁信号设备维护	设备识别	能识读信号设备平面布置图中信号机、道岔、轨道电路、计轴、信标等设备的表示符号； 能识读信号电缆平面布置图中电缆的走向； 能识别轨旁信号设备的型号、元器件及辅助材料
	设备巡检	能检查轨旁信号设备的安装、运行情况； 能对转辙机、轨道电路等一般故障进行室内外判定； 能对巡视发现的轨旁信号设备隐患进行处理； 能通过监测单元、仪表查看设备的工作状态信息、指针读数； 能进行设备倒机切换、重启初始化操作； 能使用微机监测系统测试管辖内信号设备技术指标
	设备检修	具有埋设信号设备的安装基础； 能分析、处理各种轨旁信号设备告警信息； 能进行道岔转换装置的测试和调整； 能鉴别轨旁信号设备元器件质量； 能按照作业程序完成转辙机的分解、组装、调试

续表

职业功能	工作内容	知识和技能要求
轨旁信号设备维护	设备故障处理	能根据故障诊断码表、告警信息及表示灯的异常显示判断设备状态； 能判断并处理线缆断线故障； 能处理轨旁信号设备开路等常见故障并进行应急处置； 能按信号技术图表进行设备线缆、配线的连接及焊接
中央信号设备维护	设备识别	能识读信号系统图中各子系统的结构； 能根据图纸识别中央系统设备及模块； 能识别中央信号设备型号、规格； 能识别信号专用传输网络组成部件
	设备巡检	能检查中央信号设备的安装、运行情况； 能对巡视发现的中央信号设备隐患进行处理； 能通过监测界面和仪表查看设备的工作状态、信息及数据； 能查看并使用调度员工作站进行调阅数据等简单操作
	设备检修	能分析、处理中央信号设备告警信息； 能检修中央信号设备； 能对冗余设备进行倒机切换操作； 能使用在线监测系统测试、分析管辖内中央信号设备的技术指标、状态； 能利用测试数据分析中央信号设备电气特性、排查设备隐患； 能进行软件初始化操作
	设备故障处理	能根据故障诊断码表、告警信息及表示灯的异常显示判断并处理中央信号设备故障； 能进行故障设备的主机、备机软件切换； 能判断并处理线缆断线故障； 能处理中央信号设备交换机、服务器等常见硬件的故障，并进行应急处置； 能对时刻表、运行图进行装载、检查等作业

续表

职业功能	工作内容	知识和技能要求
车载信号设备维护	设备识别	能根据图纸识别列车自动防护系统 / 列车自动运行系统设备及模块； 能识别车载信号设备主要显示灯位的表示含义； 能识读车载信号设备技术图表； 能操作车辆接口分工界面
	设备巡检	能检查车载信号设备的安装、运行情况； 能通过维修支持系统查看在线列车车载信号设备运行状态； 能更换板卡等部件并作相应试验； 能操作车载人机界面； 能完成车载信号设备检查、出入库的测试工作； 能完成车载数据的下载和拷贝
	设备检修	能对车载信号附属设备进行拆卸及外观、电气性能检查； 能对车载信号附属设备进行机械安装和电气连接； 能对车载信号设备系统进行静态测试； 能使用专用测试仪器对车载信号设备进行检测； 能下载、分析车载信号系统数据日志
	设备故障处理	能判断并处理车载信号电源故障； 能判断并区分车载与轨旁信号设备故障； 能判断并处理车地通信故障； 能更换车载信号故障器材； 能根据故障诊断码表，告警信息及表示灯的异常显示判断并处理车载信号设备故障

六、轨道交通信号工的专业教育现状

（一）相关专业

目前已有较多院校开设了与该职业相关的专业，涉及普通本科院校、高职院校及中职学校等。普通本科专业有轨道交通信号与控制、交通设备与控制工程、轨智慧交通等。职业院校相关专业有城市轨道交通通信信号技术、铁道信号自动控制、城市轨道交通机电技术等。

（二）开设相关专业的院校（排名不分先后）

★ 相关院校：北京交通大学、中北大学、大连交通大学、西南交通大学、兰州交通大学、中南大学、南京理工大学、华东交通大学等。

◆ 相关院校：陕西铁路工程职业技术学院、柳州铁道职业技术学院、西安铁路职业技术学院、新疆铁道职业技术学院、北京交通职业技术学院、河北交通职业技术学院、太原城市职业技术学院、辽宁省交通高等专科学校等。

七、轨道交通信号工的就业创业信息

该职业从业人员遍布全国各地，集中度较大的是具有城市轨道交通（如地铁）的超大特大城市，高速铁路、铁路辐射的区域也基本都会有该职业忙碌的身影。

吸纳轨道交通信号工就业较多的用人单位主要有：

1. 施工企业：中国中铁股份有限公司下设二级单位（如中铁一局集团有限公司）等各个有限公司、中国铁建股份有限公司下设二级单位（如中铁十一局集团有限公司）等各个有限公司、中国中铁电气化局集团有限公司等从事轨道交通信号工施工企业。

2. 运营企业：各个城市的地铁公司（如陕西轨道交通集团有限公司）；中国国家铁路集团有限公司管理的 18 个铁路局（如中国铁路西安局集团有限公司）等运营维护企业。

注：以上机构信息仅供参考，不代表编写出版方对其推荐或认可。

八、轨道交通信号工的职业贯通发展

该职业的发展路径主要有四条：

1. 专业路线，即从刚入职的五级 / 初级工逐步晋升到四级 / 中级工、三级 / 高级工、二级 / 技师、一级 / 高级技师，不断提高技能水平，在职业等级上不断晋升，成为大国工匠。

2. 管理路线，即从轨道交通信号工晋升为工班长 / 调度 / 办公室主任等，从而走上管理岗位。

3. 复合人才路线，即向其他行业跨越或进行职业转型，如通过学习相关知识和技能转型到其他岗位如通信工、车辆工等。

4. 创业路线，即基于个人兴趣爱好进行创新创业。

轨道交通信号工的职业贯通发展如图 6-29-03-10-04 所示。

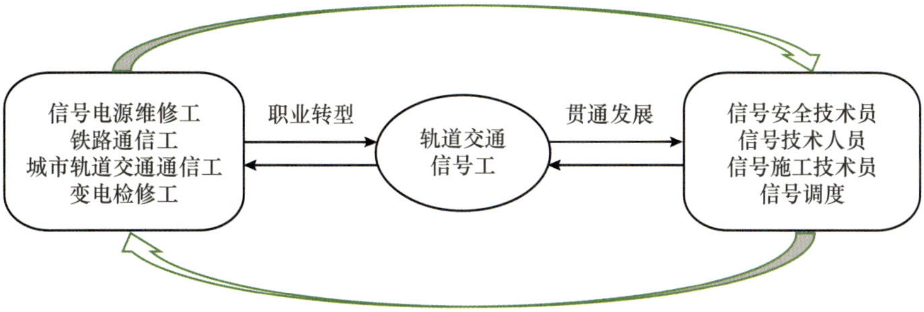

图 6-29-03-10-04　轨道交通信号工的职业贯通发展

九、轨道交通信号工的发展前景

从市场供需看。为助力城市发展，减缓城市交通运输压力，我国一、二线城市甚至于部分有实力的三线城市，均积极推动城市轨道交通项目落地，全国城市轨道交通开通城市不断增加，截至 2023 年 11 月，我国 31 个省和新疆生产建设兵团中，共有 55 个城市开通了城市轨道交通运营线路，累计开通运营线路数量达 300 条，运营里程 9915.6 公里。

《加快建设交通强国五年行动计划（2023—2027 年）》确定的行动目标是，到 2027 年，党的二十大关于交通运输工作部署得到全面贯彻落实，加快建设交通强国取得阶段性成果，交通运输高质量发展取得新突破，“四个一流”建设成效显著，现代化综合交通运输体系建设取得重大进展，“全国 123 出行交通圈”和“全球 123 快货物流圈”加速构建，有效服务保障全面建设社会主义现代化国家开局起步。

2023 年 3 月，多座城市轨道交通建设规划迎来发展新动态。《沈阳市城市轨道交通第四期建设规划（2025—2030 年）》启动首次环境影响评价并向多个城市进行公示，西安也启动了地铁四期规划研究工作。轨道交通发展，前景可期。城市轨道交通人员使用效率较高的城市，每公里运营线路的平均人员配置为 60~80

人，按照每公里城市轨道交通线路配备 60 人计算，未来轨道交通信号工需求也在持续增加。在不断推进交通智能化和自动化的过程中，对于高水平的信号技术人才的需求日益增长。

从产业发展看。随着城市轨道交通的快速发展，轨道交通信号与控制专业毕业生将拥有更加广阔的发展前景和就业机会。智慧城市轨道交通通过云计算、大数据、自动驾驶技术、物联网技术和人工智能等的应用，将进一步推动轨道交通信号领域的创新和发展。

从政策红利看。轨道交通的发展关系国民经济的发展，是国家战略性、关键性重大基础设施。《新时代交通强国铁路先行规划纲要》提出，到 2035 年，将率先建成服务安全优质、保障坚强有力、实力国际领先的现代化铁路强国。2021 年 3 月 11 日，十三届全国人大四次会议表决通过了《中华人民共和国国民经济和社会发展第十四个五年规划和 2035 年远景目标纲要（草案）》。规划提出，加快普速铁路建设和既有铁路电气化改造；推进城市群都市圈交通一体化，加快城际铁路、市域（郊）铁路建设。轨道交通信号作为轨道交通建设必不可少的组成部分，必将迎来大的发展。

十、相关内容链接

国家职业标准：扫码即可查看。

相关政策文件：见表 6-29-03-10-03。

表 6-29-03-10-03　轨道交通信号工相关政策文件

发布或通过时间	发布或通过机构	文件名称
2020 年 8 月	中国国家铁路集团有限公司	《新时代交通强国铁路先行规划纲要》
2023 年 3 月	交通运输部等	《加快建设交通强国五年行动计划（2023—2027 年）》

供稿：陕西铁路工程职业技术学院　李晓艳

装饰装修工

职业编码：6-29-04-01

色彩斑斓的墙面、温润高雅的木地板、光洁明亮的厨房、清新简约的装饰，让房屋的每一个角落都散发着美的气息。而这一切都离不开装饰装修工的辛勤劳作，他们使用不同工具对建筑表面和内部空间进行喷涂、抹涂、填塞、镶贴等艺术处理，他们是美好居住环境的建设者，美好城市的创造者。

2022 年我国城镇化率达 65.22%，较 2021 年提高 0.5 个百分点，城镇化进程的推进，伴随着产业结构调整、工业化发展，直接促进了建筑装饰装修行业的快速发展。行业的高质量发展需要高素质的产业工人支撑，装饰装修工只有符合规范化、标准化、专业化的职业要求，才能提交一份让客户满意的答卷。

一、装饰装修工的一天

记录时间：2023 年 8 月 16 日　　**记录人：王某丽**

上午工作情况

8 点至 9 点：

1. 现场施工员进行安全和施工技术交底，分配工作任务，确认施工内容和技术要求，做好安全防护措施，熟知应急预案。（班前教育、安全交底）

2. 熟悉施工方案，准备施工工具、材料、安全防护用品。（施工前准备）

3. 检查、清理施工区域，门窗洞口做好防护。（施工防护）

9 点至 12 点：

1. 饰面瓷砖外观质量检查，瓷砖背面脱模剂处理。（瓷砖处理）

2. 基面检查，对基面进行大面处理及节点处理。（基面处理）

3. 确定水平和横竖向起始位置，确定门窗高度，并根据图纸和现场进行瓷砖预排，如图 6-29-04-01-01 所示。（放线排砖）

下午工作情况

13 点至 17 点：

1. 根据排砖结果，对需要预处理的瓷砖进行切割、倒角及开孔，如图 6-29-04-01-02 所示。（瓷砖切割）

2. 按照瓷砖胶使用说明书，搅拌配制好瓷砖胶材料。（材料搅拌）

3. 先在基面薄批瓷砖胶并用齿形抹刀拉槽，再在瓷砖背面薄批瓷砖胶并用齿形抹刀拉槽，齿槽水平对齐铺贴瓷砖，并用力揉压，随后安装定位卡调整平整度，如图 6-29-04-01-03 所示。（瓷砖镶贴）

17 点至 18 点：

1. 清理瓷砖缝隙和瓷砖表面，将已完工区域清扫干净，并做好成品保护。（清理养护）

2. 施工过程信息记录和信息化管理的资料归档。（提交施工日志）

图 6-29-04-01-01　放线排砖

图 6-29-04-01-02　瓷砖切割

图 6-29-04-01-03　瓷砖镶贴

二、什么是装饰装修工

职业定义。装饰装修工是使用工具、机具或手工，进行建筑物、构筑物等表面和内部空间喷、涂、抹、填、镶贴、艺术处理，以及制作、安装装饰构件的人员。

定义解读。装饰装修是为保护建筑物的主体结构、完善建筑物的使用功能和美化建筑物，采用装饰装修材料或饰物，对建筑物的内外表面及空间进行的各种处理过程。通过装饰装修，整体提高建筑空间质量，改进和弥补建筑空间的不足之处，满足使用要求；覆盖新的装饰表面，满足视觉和触觉享受。装饰装修部位包括墙壁、地面、天花板、窗户和门等，通过应用材料、装饰品，调整照明、色彩等，来改变房屋的整体空间布局和风格，从而改善房屋的实用性和美观性。装饰装修工是指从事建筑装饰装修工程的施工工作人员，比如墙面抹灰找平施工人员（如图 6-29-04-01-04 所示）、瓷砖镶贴施工人员（如图 6-29-04-01-05 所示）、涂料涂刷施工人员等，是施工现场生产一线的工人。

图 6-29-04-01-04　墙面抹灰找平施工人员

图 6-29-04-01-05　瓷砖镶贴施工人员

关联职业。与装修设计师、水电工、木工、漆工以及装配式建筑施工员等职业关系较为密切。装修设计师负责制定设计方案，并与客户协商装修方案，根据客户的需求设计出符合其个性化的室内装饰方案。水电工负责安装水管、电线、插座和开关等，确保建筑的水电系统正常运行。木工负责根据设计图纸进行加工制作家具、门窗等室内用品。漆工负责给家具、墙壁、门窗等涂上油漆。装配式建筑施工员是将加工厂制作好的建筑部品部件在现场进行装配的人员。

相应岗位。抹灰工、油漆工、镶贴工、建筑涂装工、地板铺装工、厨卫设备安装维修工、地面供暖施工员、美缝师、艺术涂装师、裱糊工、小型供热供冷新风净水系统安装工、陶瓷饰面装饰工和地坪铺装工。

三、装饰装修工的主要工作职责

装饰装修是一项复杂、烦琐的工作，具体分项工程如 6-29-04-01-06 所示。装饰装修涉及许多不同的工种，如抹灰工、油漆工、镶贴工、涂装工等，每个工种都有其独特的技能和知识。俗话说“三分材料、七分施工”，施工操作人员的操作水平、质量意识直接影响了装饰装修工程质量。

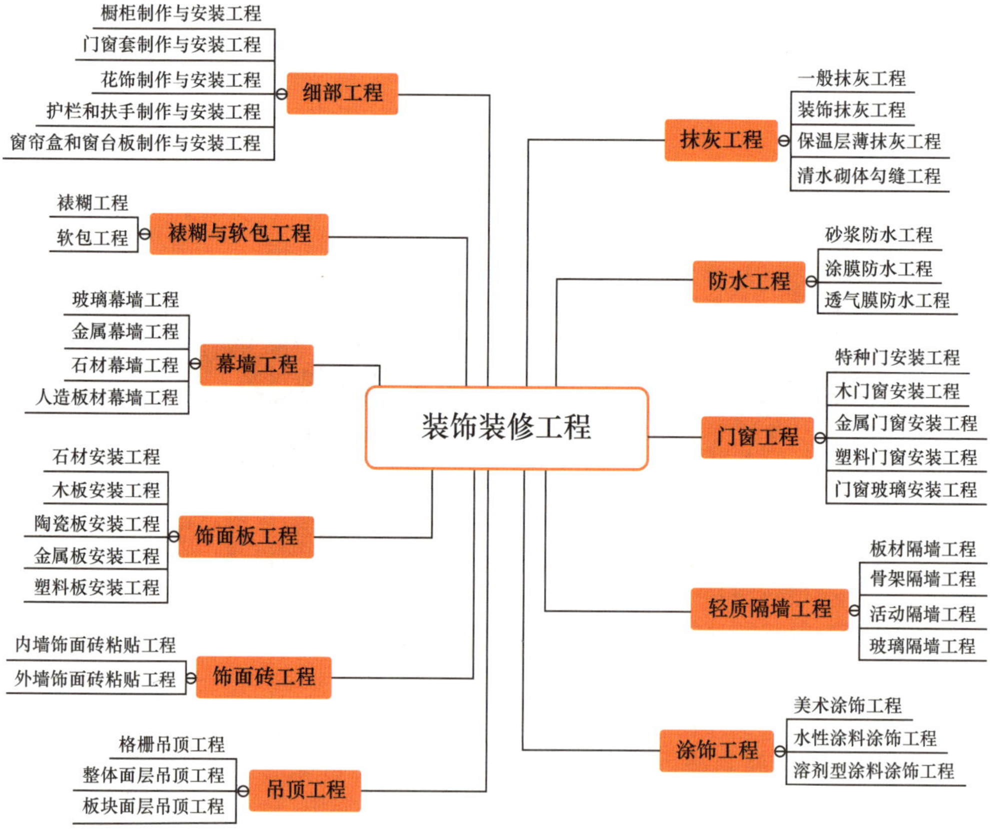

图 6-29-04-01-06 装饰装修工程的分项工程

1. 执行落实工程项目质量、安全、进度及文明施工要求。

2. 按照设计要求完成全部工序施工，无遗漏，严禁偷工漏料行为。

3. 接受施工安全交底，严格按照安全生产要求进行施工作业。

4. 接受施工技术交底，严格按照施工工艺要求，使用工具、机具或手工进行喷、涂、装裱、镶贴、铺设、美缝、安装门窗、安装吊顶和灯饰等施工作业。

5. 施工前对使用材料进行质量检查，严禁使用有质量缺陷的材料。

6. 施工过程中使用的机械工具应及时清理维护。

7. 施工完毕及时清理现场，做到人走料清，做好成品保护。

8. 按要求进行施工质量自检，若发现因施工原因造成的工程质量缺陷应及时修复处理。

9. 做好施工记录，参与各项检查、质量验收工作。

四、装饰装修工的薪酬福利待遇

平均薪酬水平。根据国家统计局发布的 2022 年规模以上企业就业人员年平均工资情况显示，建筑业生产制造及有关人员年平均薪酬为 62406 元，在全国 16 个行业分类中处于中等水平。从区域看，经济发展迅速的东部地区如上海、江苏、浙江等地的生产制造及有关人员年平均薪酬为 74054 元，高于其他区域人员的薪酬水平，如东北区域（辽宁、吉林、黑龙江）的生产制造及有关人员年平均薪酬为 68996 元。

与类似职业对比。根据智联招聘、58 同城、职友集的招聘信息，装饰装修工的薪酬水平为 10000~15000 元 / 月，高于木工、水电工与砌筑工，与室内装修设计师薪酬水平大致相当，见表 6-29-04-01-01。

表 6-29-04-01-01　类似职业薪酬水平

职业名称	薪酬水平（元 / 月）
室内装饰设计师	8000~15000
水电工	6000~9000
砌筑工	8000~11000
木工	7000~12000

五、从事装饰装修工工作需要哪些本领

该职业从业人员需具备的知识和技能包括：劳动法和安全法的相关知识、建筑识图常识、常用建筑材料性能、常用机具使用方法、工程测量定位、施工操作、施工质量验收和特殊部位处理等。其核心技能是掌握施工操作技能，熟练使用工具、机具或手工进行施工作业，达到质量验收标准。

该职业需具备的知识和技能见表 6-29-04-01-02。

表 6-29-04-01-02 装饰装修工需具备的知识和技能

职业功能	工作内容	知识和技能要求
岗位知识	安全生产知识	掌握施工用工器具的安全使用方法，熟悉劳动防护用品的使用，了解安全生产基本法律法规
	专业施工知识	掌握内外墙面、地面、顶棚、楼梯等基层处理质量要求，装饰装修质量验收标准；熟悉常用抹灰材料、镶贴材料、饰面材料等不同建筑材料种类、材料性能、外观质量要求；熟悉一般常用施工机械工具使用知识；熟悉季节施工操作要点；了解建筑识图的基本知识
操作技能	基层处理	掌握不同基层施工前的处理方法，不同材料基体交接处的加强措施
	测量放线	熟练操作各种施工仪器对建筑进行测量放线，根据图纸设计要求排版，进行水平控制线和垂直控制线施工
	抹灰作业	熟练进行做灰饼、挂线、冲筋、分格施工，熟练进行室内外墙面、地面、顶棚等抹灰施工，门窗洞口、阴阳角等细部节点处理施工，一般质量缺陷如空鼓、起砂等修复
	镶贴作业	会使用一般小型机械对饰面砖进行切割操作，熟练进行墙面、地面、一般饰面、块材镶贴，能进行留缝饰面、块材的勾缝施工，会石材缺陷的修补
	涂饰作业	会刷涂、滚涂，会粘贴壁纸、墙布，可熟练配制喷漆涂料，会喷花或刷花，会使用及维护喷枪

续表

职业功能	工作内容	知识和技能要求
操作技能	隔墙作业	能够砌筑填充墙、管道墙及零星砌体，掌握一顺一丁式、梅花丁式、三顺一丁式等砌筑方法
	吊顶作业	能够进行吊杆、龙骨、次龙骨、附加杆、饰面板的安装，会对不同材质的吊杆、龙骨进行相应的防腐、防锈、防火处理
	门窗作业	能够独立进行锯料、刨料、打眼、起槽、裁口等施工，会安装门锁、五金配件，会安装玻璃门窗、百叶门窗、暗推拉门窗等不同类型门窗
	季节施工	能够掌握不同季节施工对材料性能的要求，合理控制不同季节施工操作技术措施及材料养护
	检测工具使用	会使用水平尺、方尺、塞尺、空鼓锤等检测工具
现场管理	安全质量控制	能严格落实专项质量、安全监管内容和要求，填报专项质量、安全监管相关资料
	资料管理	能利用信息化管理手段进行施工过程记录，对施工项目竣工验收资料进行汇总、整理和归档

六、装饰装修工的专业教育现状

（一）相关专业

目前已有较多院校开设了与该职业相关的专业，涉及普通本科院校、高职院校及中职学校等。普通本科院校专业有土木工程、环境工程、艺术设计学等。职业院校专业有建筑装饰工程技术、室内艺术设计、建筑室内设计以及建筑动画技术。

（二）开设相关专业的院校（排名不分先后）

★ 相关院校：清华大学、哈尔滨工业大学、同济大学、天津大学、湖南大学、重庆大学、青岛理工大学、西安建筑科技大学、苏州大学、北京建筑大学等。

◆ 相关院校：江苏建筑职业技术学院、广东建设职业技术学院、河北建材职业技术学院、天津城市建设管理职业技术学院、山东城市建设职业学院、浙江建设职业技术学院、湖北城市建设职业技术学院、湖南城建职业技术学院、四川建筑职业技术学院等。

七、装饰装修工的就业创业信息

随着国家经济的持续发展和居民收入水平的提高，城镇化水平不断提高，而房地产业的发展促进了建筑装饰装修行业的快速发展，同时人们日益注重改善生活元素和对美的追求，也为建筑装饰装修行业的发展创造了大量机会。从区域发展上看，由于区域间经济发展的不均衡，建筑装饰装修行业形成了“东强西弱”的发展格局，北京、广东、江苏、上海、浙江等经济发展领先地区的企业数量较多，装饰装修工就业机会多。从企业性质上看，建筑装饰装修行业中民营企业数量达到企业总数的 95% 以上，占据绝大部分的市场份额。

虽然中国建筑装饰装修市场容量很大，并且每年保持高速增长，但由于从业者较多，行业竞争非常激烈，不具备建筑装饰装修专业资质的企业或临时装修队伍承揽工程也是屡禁不止，大多数从业人员不具备从业资格，缺乏必要的施工素质和技能。随着建筑装饰装修行业逐渐成为拉动居民消费的一大热点和助推建筑业经济发展的一个重要部分，行业必然逐渐规范化、标准化、专业化，从业人员素质和一线施工人员专业技能水平也将逐步提高。

吸纳装饰装修工就业较多的用人单位主要有：业之峰诺华家居装饰集团股份有限公司、东易日盛家居装饰集团股份有限公司、广东星艺装饰集团有限公司、苏州金螳螂建筑装饰股份有限公司、圣都家居装饰有限公司、北京阔达建筑装饰工程有限责任公司、深圳市居众装饰设计工程有限公司、广西品匠家居装饰工程集团有限公司、浙江亚夏装饰股份有限公司等。

注：以上机构信息仅供参考，不代表编写出版方对其推荐或认可。

八、装饰装修工的职业贯通发展

该职业的发展路径主要有四条：

1. 管理路线，即经过工程实践锻炼，逐步提升项目协调管理能力，从普通员工晋升到岗位主管、项目经理，甚至逐步晋升到单位中高层。

2. 专家路线，即不断学习专业知识和提升技能水平，从施工员到项目工程师、再晋升到项目技术总工程师，工程实践不断创新、技术职称不断晋升，成为装饰装修工程专家。

3. 复合人才路线，即通过学习相关知识和专业技能，拓展职业领域，转型为注册建造师、注册监理师、注册造价师、注册安全工程师、室内装饰设计师等，实现横向贯通和复合发展。

4. 创业路线，即基于个人业务能力、专业基础和兴趣爱好，选择合适机会进行创新创业，实现自我价值。

装饰装修工的职业贯通发展如图 6-29-04-01-07 所示。

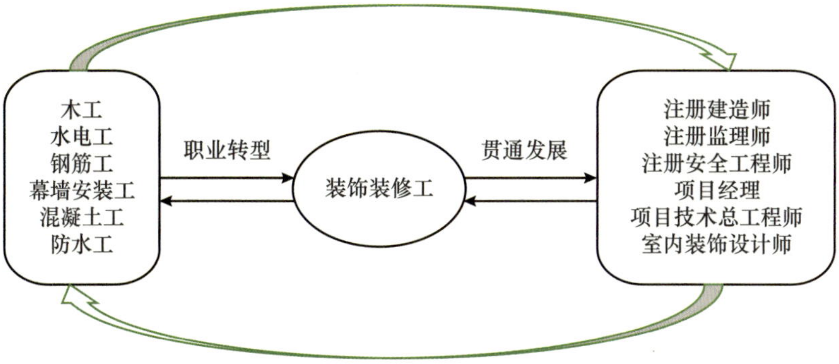

图 6-29-04-01-07 装饰装修工的职业贯通发展

九、装饰装修工的发展前景

从市场供需看。近年来，我国新建建筑面积不断增长，根据前瞻产业研究院预计，到 2025 年全国新增建筑面积超过 35 亿平方米，随着我国城镇化的进一步拓展和深化，大量城市商业空间面临着重新规划与整合的需求，在消费升级的大背景下，建筑装饰装修市场也将迎来较大发展。同时还有大量老旧建筑翻修、二手房装饰装修等室内装饰装修工程，对装饰装修工的需求数量将会逐年增多，尤其是经过了专业培训获得相应职业资格的人员缺口巨大，市场需求大，就业前景好，工资待遇高。

从行业发展看。装饰装修行业经过十多年的发展，在全国已经形成一个热门行业，其引领新经济的势头有目共睹。2016 年，《建筑装饰装修职业技能标准》发布实施，进一步提升了装饰装修生产操作人员的职业素养和技能水平。2022 年 10 月，国务院办公厅印发了《关于加强新时代高技能人才队伍建设的意见》，提出构建以行业企业为主体、职业学校为基础、政府推动与社会支持相结合的高技能人才培养体系，打破学历、资历、年龄、比例等限制，对技能高超、业绩突出的一线职工，可直接认定高级工以上职业技能等级，推进“学历证书＋若干职业技能证书”制度实施。根据企查查数据显示，2016—2021 年我国住宅装修行业相关企业注册量呈逐年上升趋势，其中 2021 年我国住宅装修行业相关企业注册量迅速增长，由 2020 年的 58753 家增加到 2021 年的 118813 家，装饰装修行业发展将向更迅猛、更适应市场需求的方向发展。

从政策红利看。自 1998 年起，中国的房地产业有了重大政策突破，调动了人们的买房积极性。其中《关于进一步深化城镇住房制度改革加快住房建设的通知》对住房分配体制进行了重大改革，调动了人们的购房积极性，对住房消费热点的形成起到了推动作用。此外国家对住房供应体制进行了重大调整，形成了适应不同收入人群的住房供应体制；国家同时还不断推进住房信贷政策改革，有效提高居民购房能力，解决资金瓶颈问题，刺激居民购房。2020 年 7 月，国务院办公厅发布的《关于全面推进城镇老旧小区改造工作的指导意见》鼓励有需要的居民结合小区改造进行户内改造或装饰装修、家电更新。2022 年 12 月，中共中央、国务院发布《扩大内需战略规划纲要（2022—2035 年）》，文件指出要推进无障碍设施建设，促进家庭装修消费。目前全国多个省市均发布了相关的支持和激励政策，使装饰装修行业得以不断创新发展。基于政策支持、行业发展，装饰装修工的市场需求也将进一步扩大。

十、相关内容链接

国家职业标准：暂缺。

相关政策文件：见表 6-29-04-01-03。

表 6-29-04-01-03　装饰装修工相关政策文件

发布或通过时间	发布或通过机构	文件名称
2023 年 6 月	住房城乡建设部	《关于进一步加强城市房屋室内装饰装修安全管理的通知》

供稿：东方雨虹砂粉科技集团有限公司　王培

建筑门窗幕墙安装工

职业编码：6-29-04-02

门窗是房屋最基本的构件之一，是建筑不可或缺的组成部分。幕墙是建筑物华丽的外衣，是建筑不承重的外墙围护，像幕布一样，是现代大型建筑和高层建筑常用的带有装饰效果的轻质墙体。确定门窗幕墙的位置是否准确，门窗幕墙的安装是否牢固，门窗幕墙与建筑物的连接是否可靠，是每一个建筑门窗幕墙安装工的职责。建筑门窗幕墙安装工是一个相对传统的职业，但由于新材料、新工艺的发展，已成为一个新兴且备受欢迎的职业。因此，建筑门窗安装工的职责是保证门窗幕墙的良好安装质量，使其能够在室内和室外环境中长时间稳定的使用。建筑门窗幕墙安装流程如图 6-29-04-02-01、图 6-29-04-02-02 所示。

(a) (b) (c)

图 6-29-04-02-01　门窗安装

(a)

(b)

图 6-29-04-02-02　幕墙安装

一、建筑门窗幕墙安装工的一天

记录时间：2023 年 8 月 10 日　　记录人：蒋某文

上午工作情况

8 点至 10 点：

1. 在施工现场参加班组例会，明确工作任务、工作内容、进度安排、质量要求、安全要求，接受施工工长的技术交底并签字。（明确工作任务）

2. 识读安装图或工艺单。（准备图纸）

3. 根据工作任务准备所用工具、机具、量具及设备。（准备机具）

4. 根据安装图或工艺单准备门窗、幕墙相关材料。（准备材料）

5. 检查建筑门窗洞口的位置、尺寸、质量；检查洞口或幕墙预埋件的种类、数量、规格及位置。对安装前的门窗及配件进行质量复核。（开工准备）

10 点至 12 点：

1. 根据安装图，使用测量仪器和工具，确定门窗安装基准线。（测量放线）

2. 按照安装图或工艺单将门窗、幕墙安装到指定位置。（初步安装）

3. 初步检查后，使用固定工具固定门窗框及拼樘料。（固定门窗框）

4. 将门窗扇安装到门窗框内。（安装门窗扇）

下午工作情况

14点至16点：

1. 安装门窗或幕墙的五金配件。（安装配件）
2. 安装门窗或幕墙的玻璃。（安装玻璃）
3. 进行门窗封堵作业。（门窗密封作业）
4. 门窗安装后进行调试。（调试）

16点至18点：

1. 检查门窗的安装质量。（质量检验）
2. 修复安装后的缺陷。（缺陷修复）
3. 成品保护。（成品保护）
4. 门窗安装完成后进行现场清理。（清理现场）
5. 整理工具，维护保养。（养护工具）

二、什么是建筑门窗幕墙安装工

职业定义。建筑门窗幕墙安装工是使用工具、机具设备或手工，安装建筑物的门窗及幕墙的人员。

定义解读。门和窗是建筑物围护结构系统中重要的组成部分。门起到室内外交通联系、交通疏散，兼通风、采光的作用。窗起到通风、采光、观景眺望的作用。门和窗按其所处的位置不同分为围护构件和分隔构件，门和窗还是建筑造型的重要组成部分，不仅要求美观、实用，还必须具有安全、防盗、防火、防水、保温、隔热、隔声等多项功能。按照材料，门窗分为木门窗、钢门窗、塑钢门窗、铝合金门窗、断桥铝门窗、铝木复合门窗、实木门窗、玻璃幕墙、木质幕墙。建筑门窗幕墙安装工是使用手工机具、机具设备或机械设备，将建筑门窗构配件、幕墙构配件、板块或幕墙单元板块按施工图设计要求在施工现场进行安装或维修的人员。

关联职业。密切相关的职业有建筑门窗制作工、建筑幕墙制作工、砌筑工、混凝土工、架子工、装饰装修工。建筑门窗制作、建筑幕墙制作是建筑门窗、幕墙安装的紧前工作，装饰装修是建筑门窗、幕墙安装的紧前紧后工作。砌筑工、混凝土工为建筑门窗、幕墙安装预留空间，架子工为建筑门窗、幕墙安装提供坚实牢固的工作面。

相应岗位。建筑门窗安装工、建筑幕墙安装工。

三、建筑门窗幕墙安装工的主要工作职责

1. 使用工具、机具设备，进行幕墙、门窗材料的下料、钻孔、铣切，组装门窗、幕墙部件，为门窗、幕墙安装做准备。

2. 使用卷尺、卡尺等量具，检查、确定门窗、幕墙的安装位置和尺寸，保证门窗洞口尺寸符合安装要求，保证门窗、幕墙安装位置符合设计要求；检查预埋件的种类、数量、规格及位置，预埋件一般在主体结构混凝土施工时埋入，预埋件的埋设应符合设计要求。

3. 使用机具设备和测量仪器，装配门窗的窗框、窗扇、门框，幕墙的面板、五金配件、玻璃及辅助材料。

4. 使用手动或气动扳手、螺丝刀和吊装设备等工具、器具，安装门窗、幕墙并固定，确保门窗、幕墙与结构墙体或预埋设施连接牢固，确保安全生产、文明施工。

5. 使用测量仪器、手动或气动扳手和螺丝刀等，调试门窗、幕墙，保证门窗、幕墙安装牢固。

6. 使用手工工具、打胶机等机具设备进行门窗与墙体，门窗框与窗扇、玻璃之间的密封处理，达到密闭、保温、隔热、节能、防火、隔声等要求，保证门窗、幕墙安装质量。

7. 能够正确使用门窗、幕墙安装所需的机具、工具、量具及机械设备，并掌握门窗、幕墙安装所需的机具、工具、量具及机械设备的维护保养方法。

8. 采用改善金属的组织结构增加其抗腐蚀能力、涂覆保护层、控制环境、改善介质、印记保护等方法做好幕墙龙骨、连接系统、支撑系统的防腐处理。

9. 采用适当的防火构造做好幕墙的防火。

10. 与建筑主体结构的防雷体系做好可靠的连接，实现幕墙防雷。

四、建筑门窗幕墙安装工的薪酬福利待遇

平均薪酬水平。根据国家统计局公布数据，建筑业规模以上企业就业人员年平均工资不断增长，从 2020 年的 64243 元提升到 2022 年的 70264 元。从区域看，一线城市和经济发展快的城市如北京、上海、深圳等地就业人员的工资高于其他城市。建筑门窗幕墙安装工的薪酬与当地的社会整体工资水平相关联，同时也与本地区经济发展、建筑业整体水平有关系。根据智联招聘网 2021 年 10 月数据显示，北京地区建筑门窗幕墙安装工薪酬为 6000~10000 元 / 月。

与类似职业对比。据智联招聘网 2021 年 10 月数据显示，在北京地区，类似职业薪酬水平见表 6-29-04-02-01。

表 6-29-04-02-01　北京地区类似职业薪酬水平

职业名称	薪酬水平（元 / 月）
架子工	4000~8000
砌筑工	6000~10000
混凝土工	6000~7000
抹灰工	4500~9600

五、从事建筑门窗幕墙安装工工作需要哪些本领

建筑门窗幕墙安装工应遵守下列职业守则：遵守建筑门窗安装工程相关标准和管理规定；养成和弘扬执着专注、作风严谨、精益求精、敬业守信的工匠精神；树立安全第一、质量至上的理念，团结协作，文明施工；刻苦钻研技术，掌握专业知识和专业技能，提升传承与创新能力。

该职业从业人员需具备一定的安全知识、理论知识和技能要求。其中安全知识有：掌握施工机具的安全使用常识；掌握安全操作规程；熟悉安全生产常识及常见安全生产防护用品的功能和使用方法；熟悉安全事故预防措施；了解一般安全事故的处理程序；了解安全生产基本法律法规。

根据住房城乡建设部发布的《建筑门窗安装工职业技能标准》的要求，该职业需具备的知识和技能见表 6-29-04-02-02。

表 6-29-04-02-02　建筑门窗幕墙安装工需具备的知识和技能

职业功能	工作内容	知识和技能要求
安装前准备	门窗拆除	熟悉门窗的拆除工艺； 会进行门窗的拆除作业
	门窗、幕墙安装相关准备	了解建筑门窗、幕墙安装前应具备的安装条件； 了解门窗、幕墙安装进场前需要准备的资料要求； 会根据门窗、幕墙安装图按品种、规格、尺寸分类堆放保管产品； 掌握门窗、幕墙产品运输、标识、存放、成品保护等要求； 了解门窗、幕墙的加工工艺
	检查、测量和处理洞口	掌握门窗、幕墙产品图、安装图的知识； 掌握门窗、幕墙和配件的名称、代号、分类； 掌握门窗洞口的测量方法； 能够测量门窗洞口尺寸； 掌握建筑门窗洞口的质量要求及检查与处理的方法
	检查门窗洞口预埋件	熟练确定洞口预埋件的种类、数量、规格及位置
	对安装前的门窗和配件进行质量复核	熟练对安装前的门窗及配件进行质量复核
安装操作	确定安装基准线	掌握门窗安装基准线的确定方法； 能够确定门窗安装基准线； 能够看懂安装工艺单、安装图

续表

职业功能	工作内容	知识和技能要求
安装操作	安装、调整和固定门窗框	会按安装图或工艺单的要求识别门窗并安装； 熟练调整门窗的安装位置； 能够固定门窗框及拼樘料； 掌握门窗各类安装连接与增强形式的知识
	安装门窗扇	会按安装图或工艺单的要求安装门窗扇； 会按安装图或工艺单的要求识别配件
	安装配件	能够按照门窗安装图将门窗配件安放到相应位置
	安装玻璃	能够安装相应的玻璃； 掌握门窗安装工艺
密封处理	进行门窗密封处理	掌握洞口间隙密封材料及密封处理工艺； 熟练使用密封材料处理洞口间隙； 能够进行门窗封堵作业
调整检查	检查与调试； 现场清理与成品保护； 修复缺陷或更换配件	掌握门窗安装后的调试方法； 熟练进行门窗安装后的调试； 能够进行门窗安装后的现场清理和成品保护； 门窗安装后的缺陷修复或配件更换
质量检测	安装后检测门窗安装质量	掌握门窗的安装质量要求； 熟悉验收要求； 了解交付验收的知识； 能够按质量验收要求进行门窗质量自检； 熟练检查门窗的安装质量
工具设备使用与维护	正确操作和保养工具、设备	掌握安装用工具和设备的操作方法和维护保养常识； 能够使用及维护机具、工具、量具及设备
	正确操作检测器具	掌握安装用检测器具的使用方法

六、建筑门窗幕墙安装工的专业教育现状

（一）相关专业

目前已有较多院校开设了与该职业相关的专业，涉及普通本科院校、高职院校、中职学校等。普通本科院校专业有土木工程、智能建造，职业院校专业有建筑工程、智能建造工程、建筑装饰工程、建筑工程技术、智能建造技术、建筑装饰工程技术、建筑工程施工、建筑装饰技术等。

（二）开设相关专业的院校（排名不分先后）

★ 相关院校：同济大学、天津大学、北京建筑大学、东南大学等。

◆ 相关院校：北京工业职业技术学院、北京交通职业技术学院、浙江建设职业技术学院、山东城市建设职业学院、广东建设职业技术学院、黄河水利职业技术学院等。

▼ 相关院校：北京金隅科技学校、上海市建筑工程学校、天津市建筑工程学校、广州市城市建设职业学校、河北城乡建设学校、黑龙江省工程学校等。

七、建筑门窗幕墙安装工的就业创业信息

有建筑的地方就需要建筑门窗幕墙安装工，该职业分布在全国各地。

吸纳建筑门窗幕墙安装工就业较多的用人单位主要有：

1. 建筑施工企业：如中国建筑集团有限公司、中铁建工集团有限公司、北京城建集团有限责任公司、北京建工集团有限责任公司、上海建工集团股份有限公司等。

2. 建筑装饰企业：如北京市建筑装饰设计工程有限公司、北京丽贝亚建筑装饰工程有限公司、业之峰诺华家居装饰集团股份有限公司、东易日盛家居装饰集团股份有限公司、苏州金螳螂建筑装饰股份有限公司、圣都家居装饰有限公司、北京阔达建筑装饰工程有限责任公司等。

3. 门窗生产及销售企业：如湖北拓邦幕墙门窗科技有限公司、广东皇派定制家居集团股份有限公司、宜昌盼盼木制品有限责任公司、北京维盾门窗有限公司、北京鼎霸门窗生产销售有限公司等。

注：以上机构信息仅供参考，不代表编写出版方对其推荐或认可。

八、建筑门窗幕墙安装工的职业贯通发展

该职业的发展路径主要有四条：

1. 管理路线，即通过工程实践经验积累，逐步提升业务水平和管理能力，成为建筑门窗幕墙施工员、建筑门窗幕墙技术员、建筑门窗幕墙施工主管、建筑幕墙项目经理，再逐步晋升到单位中层、高层，甚至往更高的领导职务发展。

2. 专家路线，即不断学习专业知识和提高技能水平，在本职业领域成为技术能手、大国工匠。

3. 复合人才路线，即通过学习相关专业知识和专业技能，拓展职业领域，向其他行业跨越或职业转型，转型为建筑门窗幕墙生产工、土建施工员、装饰装修工、装饰装修施工员、施工安全员等岗位，实现横向贯通和复合发展等。

4. 创业路线，即基于个人业务能力，结合专业基础及个人兴趣爱好，进行建筑门窗幕墙生产、销售、安装的创新创业。

建筑门窗幕墙安装工的职业贯通发展如图 6-29-04-02-03 所示。

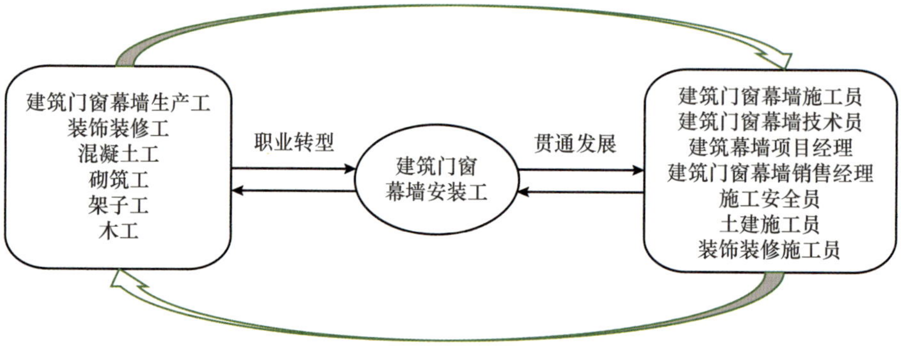

图 6-29-04-02-03　建筑门窗幕墙安装工的职业贯通发展

九、建筑门窗幕墙安装工的发展前景

从市场供需看。随着建筑材料种类的发展变化，门窗幕墙的材质、种类、形式也与时俱进，保温、隔热、隔声、密闭、防火等功能也越来越完善。加强既有

建筑节能绿色改造，提高既有居住建筑节能水平。在城镇老旧小区改造中，鼓励加强建筑节能改造，形成与小区公共环境整治、适老设施改造、基础设施和建筑使用功能提升改造统筹推进的节能、低碳、宜居综合改造模式。推动既有公共建筑节能绿色改造。引导各地分类制定公共建筑用能（用电）限额指标，开展建筑能耗对比和能效评价，逐步实施公共建筑用能管理。持续推进公共建筑能效提升重点城市建设，加强用能系统和围护结构改造。据各地统计上报数据，2023 年 1—7 月，全国新开工改造城镇老旧小区 4.66 万个，惠及居民 795 万户。建筑节能改造以及门窗种类的改进更迭，为建筑门窗幕墙安装工提供了广阔的就业空间。

从产业发展看。2022 年 3 月 11 日，住房城乡建设部发布《“十四五”建筑节能与绿色建筑发展规划》，提出到 2025 年，城镇新建建筑全面建成绿色建筑，建筑能源利用效率稳步提升，建筑用能结构逐步优化，建筑能耗和碳排放增长趋势得到有效控制，基本形成绿色、低碳、循环的建设发展方式，为城乡建设领域 2030 年前碳达峰奠定坚实基础。文件还提出了提升绿色建筑发展质量、提高新建建筑节能水平、加强既有建筑节能绿色改造、推动可再生能源应用、实施建筑电气化工程、推广新型绿色建造方式、促进绿色建材推广应用、推进区域建筑能源协同及推动绿色城市建设九大重点任务。门窗工程的密闭、保温对于绿色建筑发展，提高建筑节能水平有着重要作用。

从政策红利看。展望未来，我国建筑业仍有较长的红利期，同时未来我国建筑业加快向数字化、信息化、智能化发展，智能建筑和智能交通等必将成为新的发展方向，传统基础设施和新型基础设施也将融合发展。即使我国城镇化进程进入中后期，但建筑行业依然有较长红利期。

十、相关内容链接

国家职业标准：暂缺。

相关政策文件：见表 6-29-04-02-03。

表 6-29-04-02-03　建筑门窗幕墙安装工相关政策文件

发布或通过时间	发布或通过机构	文件名称
2020 年 7 月	住房城乡建设部	《关于推动智能建造与建筑工业化协同发展的指导意见》

供稿：北京金隅科技学校　郝桂荣

照明工程施工员

职业编码：6-29-04-03

夜幕降临，当你走进一间精心设计的房间，舒适柔和的灯光会让你忘却一天的疲惫，身心放松。夜晚的城市灯光秀会让城市充满生机。照明工程施工员如果能完美结合功能与美学，可以既营造出舒适的用光环境，又增加空间的艺术感染力。

照明工程施工员是点亮空间的光影艺术家，他们创造光明、构筑温暖。他们精通光线的运用，能够计算每个房间的精确照度需求，打造舒适优质的光照环境。他们有专业出色的设计与施工技艺，点亮了我们生活的每个角落。他们反复调试照明灯具参数，确保不同场景都能呈现出完美的光影效果。他们使用专业照明仪器测量各点照度数据，严格控制光照达到标准。图 6-29-04-03-01 为照明工程

图 6-29-04-03-01　隧道照明工程施工现场

施工员在隧道的照明工程施工场景。

照明工程施工员是照明行业发展的中坚力量，他们持之以恒地推动着照明行业的进步，他们专业出色的技能推动着建筑行业的发展，他们不懈的努力点亮了一个又一个美好空间。

一、照明工程施工员的一天

记录时间：2023 年 8 月 31 日　　记录人：赵某

上午工作情况

8 点至 9 点：

1. 参加施工队伍的早会，分配今日工程任务。（早会培训）

2. 检查照明工程设计图纸，了解系统布线。（准备工作）

3. 根据编制的施工方案与队友讨论施工需要注意的事项。（班前交流）

9 点至 10 点：

1. 到仓库领取各类灯具、开关按钮、电线、测光计等施工所需物资。（领取施工物资）

2. 将领取的物资运送到客户家中准备使用。（运送物资到位）

3. 进入现场，熟悉室内空间布局，做好施工前的准备工作。（施工准备）

10 点至 11 点：

1. 利用梯子在客厅开始安装灯具。（客厅主体灯具安装）

2. 对灯具进行正极、负极电源接线，连接好线路。（灯具线路连接）

3. 用螺丝刀拧紧吊灯灯具螺钉，检查灯具是否安装牢固。（灯具安装检查）

11 点至 12 点：

1. 对客厅已完成安装的灯具通电，进行初步调试。（客厅灯具调试）

2. 使用测光计检测灯具照亮区域的照度数值。（照度检测）

3. 通过调整灯具角度、灯泡参数，优化光照效果。（效果优化）

下午工作情况

14 点至 15 点：

1. 在卧室开始安装床头灯、壁灯等辅助照明灯具，如图 6-29-04-03-02 所示。（卧室辅助照明灯具安装）

2. 依次连接灯具的电源接线。（灯具接线）

3. 检查每个灯具是否牢固可靠。（灯具检查）

15 点至 16 点：

1. 对已完成安装的卧室灯具进行通电调试。（卧室灯具调试）

2. 使用测光计检测卧室各区域的照度指标使照明满足照明工程标准要求。（卧室照度检测）

3. 通过调节灯具使卧室内照明达到最佳效果。（效果调节优化）

图 6-29-04-03-02　照明工程施工员正在安装灯具

16 点至 17 点：

1. 对今日安装的灯具进行整体检测。（灯具检测）

2. 组织相关人员进行灯具验收工作。（灯具验收）

3. 照明工程验收合格后在验收任务单上签字。（验收签字）

17 点至 18 点：

1. 将照明工程施工过程中产生的材料垃圾进行分类收集。（施工现场清理）

2. 整理照明工程施工用物资和工具，带离现场。（工具材料收集）

3. 填写照明工程施工过程的工作日志和检测记录。（施工日志填写）

二、什么是照明工程施工员

职业定义。照明工程施工员是从事照明工程现场安装施工、调试与项目管理的人员。

定义解读。照明工程施工员根据设计图纸和施工方案，进行照明灯具、照明开关、照明电路线路等设备的具体安装工作。他们需要熟练使用照明工程电工工具，按照照明工程规程标准正确进行照明线路连接、照明配置和照明灯具安装。通过仪表测试调试，确保各项电气指标符合要求。照明工程施工员还需要按照设计要求，仔细调节照明灯具的位置、角度、光照参数等，使用光照计等专业设备进行现场光效测试，完成系统的调光调色，达到预期的使用效果。在整个照明工程施工过程中，照明工程施工员负责照明工程施工作业质量的监督和管理，进行系统的调试、检测和试运行。照明工程施工员需要处理各种照明工程施工现场技术问题，确保工程进度和质量，做好照明工程成本控制和材料管理等工作。

关联职业。照明工程施工员的工作与电气设计师、电气设备安装工、专业电工、建筑装修工、室内设计师等相关职业密切配合。电气设计师提供电气设计方案和电路图纸。电气设备安装工完成电气设备开关、电气设备配电箱等电气设备安装。专业电工负责底层强弱电路电线铺设。建筑装修工进行建筑顶棚吊装和建筑装修衔接。室内设计师提供建筑照明风格技术设计指导。

相应岗位。从业人员可以在建筑施工企业担任照明工程施工员，在房地产开发企业担任房屋装饰施工员，在建筑装修公司担任装修工，在灯具供应企业担任灯具安装工，在建材设备企业担任设备安装工，也可以在专业照明公司担任照明工程施工员等。

三、照明工程施工员的主要工作职责

1. 编制照明工程现场施工方案，详细规划施工工艺流程和安装步骤，组织制定施工中的安全措施，并对照明工程所需的各类照明材料、安装设备进行检查、验收，以确保符合照明工程相关设计规范。

2. 根据照明工程施工方案要求，进行照明灯具电路的敷设，对照明灯具的安装位置和方法进行过程控制，确保实现照明工程设计效果。并对照明光源、照明灯具、照明电器配件和照明智能控制系统进行调试，保证设备正常工作。

3. 在照明工程施工作业完成后，用照明检测仪器进行现场照度检测，检查各区域照明灯具照度指标是否符合设计要求，调整不合格区域的照明工程施工方案，严格控制照明工程质量，确保实现良好的照明环境。

4. 负责照明工程项目的施工管理和安全管理，制定照明工程项目安全生产方案，做好照明工程安全技术交底，做好照明工程施工现场的安全防护措施，严格执行安全操作规程，防止施工事故发生。

5. 在照明工程验收合格后，对照明项目相关人员进行专业培训，使其掌握照明系统的正确使用方法、日常维护保养流程和照明灯具故障维修排除等知识，并办理照明工程施工完成移交手续，以确保项目按标准规范进行后续运行与管理。

四、照明工程施工员的薪酬福利待遇

平均薪酬水平。照明工程施工员属于技能型劳动人才，需要扎实的电学、光学知识和丰富的实际施工经验，属于技术门槛较高的岗位，薪酬与技能要求相匹配。随着智能照明技术发展，高端建筑对照明系统要求提高，熟练的照明工程施工员稀缺，薪酬有较大上升空间。从地区差异来看，发达城市如北京、上海等地的高端项目从业人员薪酬明显高于普通城市，工资水平存在差异。照明工程施工员平均薪酬可达 5000~8000 元 / 月。

与类似职业对比。照明工程施工员的平均月薪为 5000~8000 元，高于普通施工员、普通建筑工人，但低于从事光学设计的照明设计师、设备工程师、电气设计师等技术岗位，见表 6-29-04-03-01。对比普通施工员、普通建筑工人，照明工程施工员的门槛更高，不仅需要电工技能，还需要对光学原理和设计有深入理解，工作复杂度更高，因此薪酬也较高。与照明设计师、设备工程师、电气设计师相比，照明工程施工员更侧重实际操作能力，照明设计师、设备工程师、电气设计师更侧重理论研发与设计，居于产业链不同环节，而照明工程施工员的薪酬略低。

表 6-29-04-03-01　类似职业薪酬水平

职业名称	薪酬水平（元 / 月）
普通施工员	3000~5000
普通建筑工人	3000~5000
照明设计师	10000~12000
设备工程师	10000~12000
电气设计师	10000~12000

五、从事照明工程施工员工作需要哪些本领

该职业从业人员需具备的知识和技能有：编制施工方案、灯具安装调试、用仪器检测灯具、施工现场安全管理、专业技术培训。其核心技能是灯具安装调试、用仪器检测灯具。

该职业需具备的知识和技能见表 6-29-04-03-02。

表 6-29-04-03-02　照明工程施工员需要具备的知识和技能

职业功能	工作内容	知识和技能要求
编制方案	熟悉照明工程图纸	熟知相关技术规范标准，了解设计图纸，熟练进行照明工程电路布线和施工
	编制照明工程施工方案	考虑照明效果、节能、成本因素，根据工程图纸，能编制出详尽完整的照明工程施工方案

续表

职业功能	工作内容	知识和技能要求
安装调试	运用工具进行灯具安装	根据照明工程图纸施工方案，运用工具进行照明工程灯具安装
	对灯具进行调试	完成灯具调试，满足要求
仪器检测	使用照明检测仪器	运用工具进行现场照度检测
	熟悉照明检测规范	对比数据，使照度满足规范要求
施工管理	照明工程质量管理	按照相关要求确保灯具质量
	照明工程安全管理	熟悉安全知识，确保施工现场安全
移交培训	照明工程移交手续	了解相关程序，办理移交手续
	照明工程技术培训	熟悉灯具技术，对相关人员进行照明工程技术培训

六、照明工程施工员的专业教育现状

（一）相关专业

照明工程施工员是建筑行业中的重要技术人才，其专业教育也得到高度重视。照明工程施工员所需要的专业知识分为电气专业知识、照明设计专业知识和照明施工专业知识。普通本科院校相关专业有光源与照明、电气工程及其自动化、建筑电气与智能化、建筑环境与能源应用工程等，可以培养学生在电工、自动控制、建筑设备集成等方面的技能。职业院校更加注重学生实际操作技能的培养，包括照明系统设计、灯具安装、调试等内容。

（二）开设相关专业的院校（排名不分先后）

★ 相关院校：清华大学、上海交通大学、东南大学、浙江大学、重庆大学、同济大学、南京理工大学、哈尔滨工业大学、西安交通大学、北京交通大学等。

◆ 相关院校：北京城市学院、北京电子科技职业学院、天津职业技术师范大学、江苏建筑职业技术学院、湖南机电职业技术学院、北京交通职业技术学院、广东省技师学院、湖北第二师范学院、聊城职业技术学院、四川电力职业技术学院等。

七、照明工程施工员的就业创业信息

照明工程施工员主要分布在经济发达的东南沿海城市，以及中西部地区城镇化建设速度较快的城市，这些地区建筑业发达，照明系统需求量大，主要服务于房屋建筑和市政工程建筑施工企业、房地产开发企业、建筑装修公司、灯具供应企业、建材设备企业。照明工程施工员从高等院校或职业院校毕业后直接签约企业或装修公司，因从业经验较少，一般通过培训积累经验后正式入行，也有部分人员从电工转岗过来。随着智能照明技术进步，照明工程施工员如果同时掌握智能控制知识，可以转型从事智能照明系统的设计集成工作。

吸纳照明工程施工员就业较多的用人单位主要有：

1. 建筑施工企业：如中国建筑集团有限公司、中冶建工集团有限公司、中国建筑第四建筑工程局、中国一冶集团有限公司、中国十九冶集团有限公司、中国十七冶集团有限公司、中国第十八冶金建设有限公司、中国二十冶集团有限公司、二十一冶建设集团有限公司等。

2. 房地产开发企业：如万科企业股份有限公司、碧桂园地产集团有限公司、华润置地控股有限公司、保利发展控股集团有限公司、融创中国控股有限公司、广州富力地产股份有限公司、金地（集团）股份有限公司、重庆龙湖地产发展有限公司、江西海棠房地产开发有限公司、佳兆业集团（深圳）有限公司等。

3. 建筑装修公司：如歌尔股份有限公司、重庆云洲装饰设计有限公司、广东冠豪高新技术股份有限公司、深圳谷丰产业发展有限公司、深圳市金地盈投资有限公司、深圳市天泽装饰设计工程有限公司、通力装饰材料商行、山东蓝海装饰有限公司、北京力生装饰工程有限公司、陕西景仁装饰工程有限公司等。

4. 灯具供应企业：如雷士照明（中国）有限公司、广州淡江建筑装饰有限公司、英飞特电子（杭州）股份有限公司、深圳市朗普照明电器有限公司等。

5. 建材设备企业：如圣象集团有限公司、佛山电器照明股份有限公司、中山市古镇锐锋照明电器厂、艾默生电气（中国）投资有限公司、ABB（中国）有限公司、西门子（中国）有限公司、上海舒克装潢有限公司等。

注：以上机构信息仅供参考，不代表编写出版方对其推荐或认可。

八、照明工程施工员的职业贯通发展

照明工程施工员的职业发展路径主要有四条：

1. 管理路线，即从普通照明工程施工员晋升至照明工程施工组长、照明工程项目经理等中层岗位，再晋升到照明企业分管领导、公司技术负责人等单位领导层，甚至往高级领导职务发展。

2. 专家路线，即不断提高照明工程技能水平，在职业等级上不断晋升，从施工员（初、中、高级）到照明工程工程师，再到照明工程技术专家、技术总监、首席技术官，成为照明工程领域专家。

3. 复合人才路线，即向其他行业跨越或职业转型，如通过学习相关知识和技能转型成为电气工程师、机电工程师、照明设计师等，与专业技术岗位横向贯通成为设备工程师、机械工程师、美术设计师。

4. 创业路线，即基于个人照明工程资源能力进行创新创业。

照明工程施工员的职业贯通发展如图 6-29-04-03-03 所示。

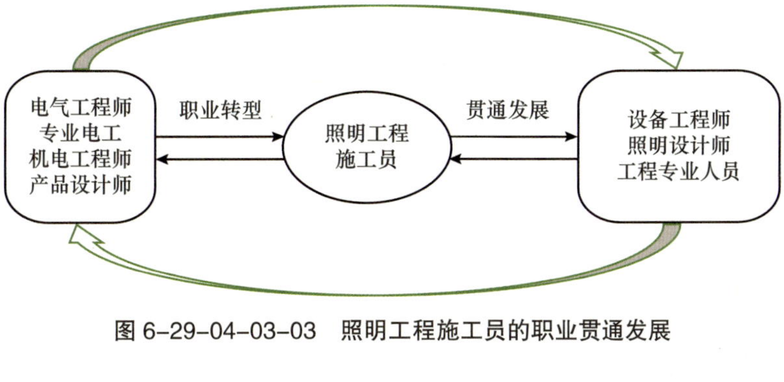

图 6-29-04-03-03　照明工程施工员的职业贯通发展

九、照明工程施工员的发展前景

从市场供需看。为了响应国家号召，各省市积极推动智能照明行业的发展，浙江省发布《浙江省全球先进制造业基地建设“十四五”规划》，提出要改造提升传统家居产业，着力突破高效变频、节能降噪、智能温控、远程调控等技术，做大做强智能门锁、智能家电、智能照明、智能厨卫等终端产品。重庆市提出要推动城市照明智能化发展，建立完善功能照明和景观照明有机统一的智慧控制系统，加快大数据、物联网等技术在城市照明行业的融合应用，提升路灯智能控制率。随着城市化进程的加快和现代建筑技术的发展，市场对于智能照明系统的需求日益增长，人们对于室内和室外照明环境的要求也越来越高，因此需要专业的智能照明工程施工人员来负责智能照明系统的设计、安装和调试工作。陕西省着力开发以硅烷等为代表的电子新材料，扩大半导体照明材料的生产规模和品质。

从产业发展看。近些年，为了促进智能照明行业的发展，我国陆续发布了许多政策，比如 2021 年工业和信息化部、国家发展改革委等部门发布的《5G 应用“扬帆”行动计划（2021—2023 年）》提出要推进 5G 与智慧家居融合，深化应用感应控制、语音控制、远程控制等技术手段，发展基于 5G 技术的智能家电、智能照明、智能安防监控、智能音箱、新型穿戴设备、服务机器人等，不断丰富 5G 应用载体。随着政策支持效应的逐步显现以及数字化、智能化进程的不断加快，我国智能照明需求量扩大，市场空间广阔，市场规模显著增长。照明工程施工员如果经验丰富且同时掌握智能控制知识和照明工程专业知识，可以到大型企业从事智能照明系统的智能制造设计集成工作。

从政策红利看。随着传统的照明行业逐渐向数字化转型，智能照明行业受到各级政府的高度重视和国家产业政策的重点支持。国家陆续出台了多项政策，鼓励智能照明行业发展与创新。照明工程施工员既服务于传统建筑业，也可积极拓展新兴智能照明领域，新兴智能照明领域也是国家重点扶持产业，照明工程施工员具有广阔的就业空间和创业前景。

十、相关内容链接

国家职业标准： 扫码即可查看。

相关政策文件： 见表 6-29-04-03-03。

表 6-29-04-03-03　照明工程施工员相关政策文件

发布或通过时间	发布或通过机构	文件名称
2015 年 5 月	国务院	《中国制造 2025》
2021 年 7 月	工业和信息化部等	《5G 应用“扬帆”行动计划（2021—2023 年）》

供稿：武汉市城市道路桥隧事务中心　赵光

古建筑工

职业编码：6-29-05-00

中华文明5000年的历史长河中有着数不尽的文化瑰宝，其中古建筑作为最直观，最具影响力的“史书”，作为历史的见证者，一直向华夏子孙诉说着过往岁月。位于北京的故宫博物院是建立在明清两朝的皇家宫殿、政治中心和文化载体基础上的综合性博物馆，也是世界现存规模最大、保存最完整的木质结构古建筑群之一。中国古建筑的类型繁多，有石砌体、竹或木结构、夯土结构等，每一处古建筑都在技术、文艺水平上达到相当高的程度，如古建筑上兼具结构和装饰功能的斗拱或藻井及颜色和图案丰富多彩但等级分明的建筑木雕和彩画，各种点缀在建筑上的栩栩如生又种类多样的石雕或砖雕，让身处现代社会的我们叹为观止。如何让保留下来的古建筑延续生命，如何在当今社会重现古建筑的辉煌？这离不开兼备技术和艺术两方面才能的古建筑工了。

一、古建筑工的一天

记录时间：2023 年 7 月 9 日　　记录人：龚某

上午工作情况

8 点至 10 点：

1. 到项目部开晨会，跟项目负责人对接，确认今天要完成的工作内容和要注意的相关事项。（班前准备）

2. 到项目现场准备所需的工具、材料和设备，并给本组成员分配各自的任务，进行图纸与工作交底。（工地准备）

3. 对正在进行的原木构件修复工作进行旁站监督，对操作人员进行适当指导和提醒，保证质量和安全。（旁站监督）

10 点至 12 点：

1. 吊车进场，进行大木架的吊装，负责现场指挥和协调。（吊装作业）

2. 与测量队伍沟通，核实吊装位置准确无误，垂直度符合要求。（测量作业）

3. 按施工方案的要求，完成吊装任务后，做现场影像资料留存，如图 6-29-05-00-01 所示。（影像资料留存）

图 6-29-05-00-01 现场影像资料

下午工作情况

15 点至 18 点：

1. 对施工现场进行巡查，了解木工和泥瓦工的工作进度，核对图纸，检查完成的零部件是否符合设计要求。（现场巡查）

2. 对明天要安装的斗拱进行预组装，并与监理和业主一起确认外观和质量是否符合要求。（预装检查）

3. 对今天完成的成品和半成品进行保护，确保不会受到天气和人为因素的影响。（成品保护）

4. 根据今天项目的实际完成情况，做好明天的吊装机具计划，确保明天的安装工作能顺利进行。（明日计划）

5. 填写施工日志，记录当日工作，并将收集的影像资料存入电脑。（工作小结）

二、什么是古建筑工

职业定义。古建筑工是使用手工工具，运用传统工艺、材料、技能，制作、安装非文物古建筑、仿古建筑构件和保护、修复古建筑的人员。该职业包含但不限于如下工种：古建筑传统木工、古建筑传统瓦工、古建筑传统石工、古建筑传统裱糊工、古建筑传统彩画工、古建筑传统油工。

定义解读。古建筑包含了文物古建筑、非文物古建筑、仿古建筑等类别，对不同类型的古建筑，古建筑工要采取的传统工艺和开展的工作也不尽相同。

古建筑工采用的传统工艺一般是指在古代建筑设计、施工、装饰、修复和保护等过程中所采用的和古建筑当时所处时代相同或相类似的技艺和手法。这些传统工艺通过世代传承，形成了独特的技术体系和艺术风格，为古建筑增添了独特的美感和文化内涵。

文物古建筑是指历史上所建造的，具有一定历史时期特色和文化价值的建筑物，并被国家或各省市列为文物保护单位。它们代表着特定时期的建筑风格、技术和文化水平，并常常与当时的社会、政治、宗教以及艺术等相关，是中国传统文化的重要组成部分，是人们了解、研究和传承文化遗产的重要载体。保护和修缮文物古建筑时，需要综合考虑其历史、文化、建筑特色等多个因素，确保在保留其原有风貌和价值的同时，能满足现代社会的功能需求和安全要求。文物古建筑的保护与传承是一项重要的文化遗产工作，旨在让后代欣赏、学习并从中汲取灵感，加深对历史和文化的理解。文物古建筑通常包括古代宫殿、寺庙、陵墓、城堡、官署、有代表性的民居等各类建筑形式。

非文物古建筑是指那些未被列入文物保护范围内，但具有一定历史时期特色和独特价值的古老建筑物。这些建筑可能没有被正式列为文物保护单位，但仍然有一定的历史和文化意义，或者在地方社区中有着重要的地位。虽然非文物古建筑在文物保护法律法规中不被直接列入保护范围，但同样需要合理保护和维护，以确保其历史与文化价值的传承。通过科学的修缮和合理的利用，非文物古建筑可以得到恰当的保护，为社会和人们的生活增添独特魅力，并促进地方文化的传承和发展。非文物古建筑包括各种类型的建筑，例如传统民居、祠堂、宗教建筑、古商店、工业建筑等。它们通常是在特定历史时期兴建的，展现了当地的建筑风格、材料和施工技术，反映了当时社会经济、文化和生活方式的特点。

仿古建筑是指按照古代建筑风格、形制和装饰特点进行设计和建造的新建建筑。它们通过模仿古代建筑的外观、结构和材料，致力于再现古代建筑的美学风格和文化内涵。仿古建筑一方面保留了古代建筑风格的精髓和历史价值，从而展示了人们对于古代文明和建筑艺术的追求和尊重，另一方面它们还为观众提供了感受古代文化氛围、欣赏传统建筑美学的机会，并成为旅游景点或文化场所。仿古建筑可以涵盖各类建筑形式，包括宫殿、寺庙、园林、古城墙、民居等。需要注意的是，仿古建筑并非真正的历史古迹，因为它们是在现代时期依据古代建筑进行设计和建造的。因此，在仿古建筑的设计和使用中，需要兼顾现代社会的功能需求、安全标准和可持续发展要求，并确保对历史文化的尊重和保护。

在对以上几种类型的古建筑开展工作时，会涉及大木工、石工、木雕工、上漆工等多个专业工种，也涉及绘画、书法、调色等多个艺术领域。古建筑设计和施工管理方向的工作会涉及建筑学、材料学、力学、工程管理等土建专业知识，所以具体工作方向不同，古建筑工应具备相关的技能和知识不同，且往往需要通过长时间的学习和实践积累丰富的经验，并与各专业等密切合作，共同致力于保护和传承人类宝贵的古建筑文化遗产。

关联职业。古建筑工的关联职业主要分两条线，一是专业技能工种路线，主要有古建筑传统木工、古建筑传统瓦工、古建筑传统石工、古建筑传统裱糊工、古建筑传统彩画工、古建筑传统油工等各项专业技能工种。二是设计和施工管理路线，可以从事的职业有古建筑设计师、古建筑施工员、监理员等，主要从事古建筑的设计或古建筑相关工程的项目管理工作，如图 6-29-05-00-02 所示。

图 6-29-05-00-02　古建筑工工作场景

三、古建筑工的主要工作职责

1. 识读设计文件并准备工具。

2. 检查和评估古建筑的现状和损坏程度，制定修复和保护计划。

3. 制作、安装和修复大木构架和木装饰件，如修复木构架、雕花板等。

4. 加工、安装、修复和保护砖石砌体、屋面、地面，如修复石雕、浮雕、门窗、砖石地面等，如图 6-29-05-00-03 所示。

5. 调制传统油漆、彩画材料，恢复古建筑的原始色彩和图案。

6. 采用传统裱糊工艺技术，修复现存相关实物。

7. 记录和研究古建筑的历史背景、建筑风格和技术特点，为修复和保护提供参考。

8. 指导和培训其他人员，传承古建筑修复技艺。

图 6-29-05-00-03　古建筑工对屋面进行修复

四、古建筑工的薪酬福利待遇

平均薪酬水平。古建筑工的薪酬福利待遇水平因为地区、工作经验、企业规模等因素不同可能有所不同。一般来说，古建筑工的薪酬相对较高，因为他们需要具备专业技能和丰富的经验。根据对多家古建筑施工单位的调查，在我国中部与西北部地区，古建筑工的月薪一般在 6000~12000 元，在沿海城市与经济发达地区，古建筑工的月薪一般在 8000~15000 元。各地区的专业作业人员收入则按工作计件或者计量进行计算，如江西一位专门做木雕的专业作业人员（高级工），在保证充足工单的前提下平均每年收入能达到 20 万元左右。在一些国际知名的文化遗产保护机构或项目中，古建筑工的薪酬可能会更高。

与类似职业对比。根据智联招聘网 2022 年 12 月数据，在湖南地区，该职业的薪酬一般要略高于普通建筑工程施工员和监理员的薪酬，略低于古建筑设计师和建筑工程专业监理的薪酬，见表 6-29-05-00-01。

表 6-29-05-00-01　类似职业薪酬水平

职业名称	薪酬水平（元 / 月）
建筑工程施工员	4000~10000
建筑工程监理员	5000~8000
古建筑设计师	8000~15000
建筑工程专业监理	7000~13500

五、从事古建筑工工作需要哪些本领

该职业从业人员需具备的知识和技能有：建筑学（古建筑类）知识、材料知识、古建筑施工技术、古建筑修复技术、文化遗产保护等相关知识。其核心技能是掌握古建筑识图、古建筑施工技术（木、石、瓦、油、裱糊类）、古建筑修复技术，见表 6-29-05-00-02。

表 6-29-05-00-02　古建筑工需具备的知识和技能

职业功能	工作内容	知识和技能要求
基础能力	古建筑历史、文化与艺术	熟悉中国建筑史、中国建筑文化艺术史； 熟悉古建筑相关的建筑材料、建筑力学、建筑结构与构造等知识； 具备基本的美学与艺术常识，能掌握正确的审美导向和能被社会接受的艺术表现
	古建筑施工工艺与修缮技术	熟悉古建筑的构造原理，包括梁柱结构、榫卯连接等； 了解古建筑所使用的材料，如木材、石材、泥土等的特性和使用方法； 掌握古建筑修缮的原则与方法，包括修旧如旧、材料匹配、技术先进并符合历史传统等； 熟悉古建筑施工工艺，包括木工、石工、泥塑、彩绘等传统工艺的技术要点和操作流程

续表

职业功能	工作内容	知识和技能要求
基础能力	古建筑相关法律法规与技术标准	了解相关的法律法规、政策文件和技术标准，掌握古建筑保护与修缮工作的法律依据和要求
	安全与环境保护	了解施工安全、文物保护与环境保护等方面的知识，遵守相关规定和要求，确保施工过程的安全性和环境友好性
专业能力	古建筑风格与分类	了解各个历史时期的古建筑风格及其特点，如中国古代的木结构建筑、砖石结构建筑，不同地区的建筑特色等
	古建筑构造与材料学	熟悉古建筑的结构原理，包括梁柱系统、受力传递机制等。了解古建筑所使用的材料，如木材、石材、泥土等的性能与使用方法
	古建筑维修与保护	掌握古建筑维修与保护的理论与方法，包括古建筑损害与病害的诊断、防治措施、修复技术等
	古建筑装饰与彩绘	了解古建筑装饰与彩绘的技术、风格和特点，掌握传统的装饰材料和技艺的运用
	古建筑室内设计与陈设	了解古建筑内部空间的设计原则，传统家具与陈设物品的使用及摆放方式
	古建筑诊断能力	能够准确诊断古建筑的损害和病害，分析原因和影响范围，并提出相应的修缮方案
其他能力	项目管理能力	具备项目管理能力，包括进度控制、成本管理、人员组织和协调等方面的能力，确保工程的顺利进行
	团队合作与沟通能力	能够与来自不同专业领域的团队成员进行有效沟通和协作，保证项目的顺利进行和质量控制
	文物保护法规意识	了解和遵守相关的法律法规、政策文件和技术标准，具备文物保护意识和责任感，保护古建筑的完整性和真实性
	创新与问题解决能力	具备创新思维和问题解决能力，在面对复杂的修缮问题时能够提出合理的解决方案

六、古建筑工的专业教育现状

（一）相关专业

目前已有较多院校开设了与该职业相关的专业，涉及普通本科院校、高职院校及中职学校等。普通本科院校专业有建筑学、文物与博物馆学等。职业院校专业有建筑工程技术、古建筑工程技术、文物展示利用技术、风景园林设计、古建筑修缮等。

（二）开设相关专业的院校（排名不分先后）

★ 相关院校：北京建筑大学、西安建筑科技大学、同济大学、重庆大学、华南理工大学、南京大学、北京大学、复旦大学、北京林业大学、哈尔滨工业大学等。

◆ 相关院校：北京工业职业技术学院、河南职业技术学院、湖南铁道职业技术学院、重庆工程职业技术学院、山东城市建设职业学院、上海城建职业学院、广东建设职业技术学院等。

七、古建筑工的就业创业信息

因为中国古建筑在全国范围内分部较广，各地域内的古建筑类型也有较大差别，所以古建筑工的就业岗位几乎遍布全国，特别是经济较发达且传统文化保护意识较强的地方，如陕西、山西、浙江、广东、北京等。

吸纳古建筑工就业较多的用人单位主要有：

1. 政府机构和文化遗产保护单位：如国家文物局、省级文物局、文物保护单位等政府机构和文化遗产保护单位。

2. 建筑设计企业：如湖南大学设计研究院有限公司古建所、中国建筑设计研究院有限公司建筑历史研究所、北京城建设计发展集团股份有限公司、上海市城市规划设计研究院、广东省建筑设计研究院有限公司。

3. 古建筑施工企业：如中国建筑集团有限公司、中交第四公路工程局有限公司、上海浙匠古建筑工程有限公司、北京景发装饰工程有限公司、广东广基建设集团有限公司、湖南中古建设工程有限公司、湖南省文保建设工程有限公司、湖南建工集团有限公司。

八、古建筑工的职业贯通发展

该职业的发展路径主要有三条：

1. 职业技能工种路线，即从初级工（五级）开始，随着技能水平的提高逐级晋升，最高晋升至高级技师（一级）。

2. 项目管理路线，即从古建筑施工员开始，随着工程经验的积累和管理水平的提高，晋升至技术负责人、生产经理，最高晋升至项目经理。

3. 创业路线，即根据自己在古建筑相关领域的优势和强项，开设工作室或者创办企业进行创新创业。

古建筑工的职业贯通发展如图 6-29-05-00-04 所示。

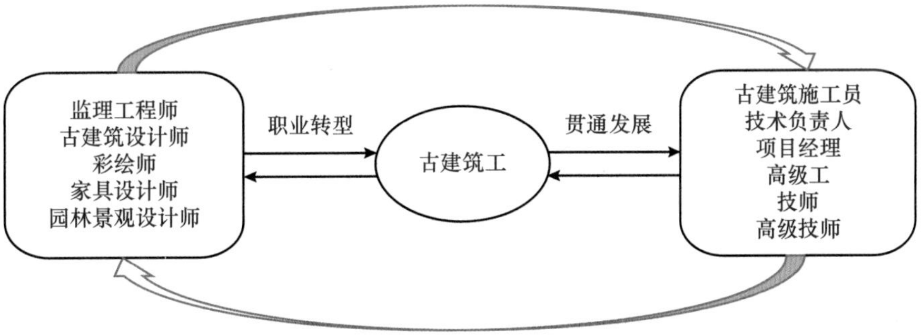

图 6-29-05-00-04　古建筑工的职业贯通发展

九、古建筑工的发展前景

从市场供需看。古建筑作为文化遗产，在社会上得到了广泛的关注。随着人们对历史文化的认同和文化旅游的兴起，古建筑的保护与修缮需求不断增加，从而为古建筑工提供了稳定的就业市场。同时，古建筑工作涉及许多传统工艺和技艺的应用与传承，这些传统工艺在今天仍然具有重要价值。随着人们对传统文化的重视，市场对传统工艺的需求也在增加，为古建筑工提供了发展机会，所以古建筑工的发展前景较为广阔。

从产业发展看。古建筑常常作为文化旅游景点的重要组成部分，吸引了大量的游客和文化爱好者。随着文化旅游行业的蓬勃发展，市场对古建筑修缮、保护和维护的需求也在增加，为古建筑工创造了更多的就业机会。另外，古建筑修缮与保护涉及许多传统的手工艺技能。随着社会对传统文化的重视，与古建筑工领域密切相关的传统手工艺也得到了复兴。传统手工艺的发展为古建筑工提供了发展的空间，古建筑工的发展前景积极向好。

从政策红利看。中国政府高度重视文物保护和传统文化的传承，出台了一系列的政策文件和法规以支持古建筑的修缮、保护和传承，这些政策为古建筑工提供了更多的市场机会。另外，为促进古建筑修缮与保护工作的规范化和标准化，政府出台了相关的指导标准和技术规范，这些标准和规范为古建筑工提供了参考和指导，提高了行业整体水平。与此同时，为了推动古建筑保护产业的发展，政府鼓励相关企业和机构参与古建筑修缮与保护工作，这为古建筑工提供了更多的就业机会和职业发展空间。

十、相关内容链接

国家职业标准：暂缺。

相关政策文件：见表 6-29-05-00-03。

表 6-29-05-00-03　古建筑工相关政策文件

发布或通过时间	发布或通过机构	文件名称
2024 年 3 月	国家发展改革委等	《文化保护传承利用工程实施方案》

供稿：湖南建筑高级技工学校　龚鑫